열강의 소용돌이에서 살아남기

열강의 소용돌이에서 살아남기

박노자·허동현 지음

푸른역사

■ 책머리를 대신하여

100년 만에 돌아온 열강 쟁패의 시대에

　최근 독도의 영유권에 대한 한일 간의 대립이 첨예화됐다. 푸른역사는 해외와 국내의 근현대사 전문가 두 분에게 전자우편을 보내 독도 문제에 대한 의견을 물어보았다. 멀리 노르웨이의 국립오슬로대학교에서 한국학을 강의하는 박노자 교수는 바로 답장을 보내왔는데, 그 일부를 소개하면 이러하다.

　　　　일본 우파의 궁극적 목적은 독도의 정복에 있는 것이 아니고 개헌과 재무장에 있어요. 그들은 일본 국내 여론을 자기들에게 유리하게 조성하기 위해 때아닌 독도 문제를 일으킨 거지요. 우리는 우파의 흉계를 직시하고, 그들을 양심적이고 선량한 대다수 일본 시민들과 분리해서 인식할 필요가 있다고 봐요. 오랫동안 패권주의를 열망해온 일본 우파에 맞서 싸울 당사자는 일본의 시민들입니다. 그들이야말로 우파의 모험주의적인 음모를 좌절시킬 수 있습니다. 따라서 양심적인 일본의 진보세력 그리고 각종 시민단체와 폭넓게 교류 연대하는 것이 우리로선 시급하고 또 절실한 과제라고 봅니다.

한편 사정이 있어 이틀 늦게 의견을 보내온 허동현 교수(한국근대사)는 박 교수의 의견에 대체로 동의하면서, 현재 한일 간에 또 다른 현안으로 부각되고 있는 일본 교과서 문제를 독도 문제와 함께 검토한다. 허 교수는 일본 우익의 전술을 이렇게 파헤친다.

일본 우익들이 독도와 역사교과서 문제를 동시에 들고 나온 근본 이유는 일본의 개헌과 재무장에 반대하는 일본 시민사회와 우리 시민사회 사이의 국제적 연대에 균열을 내기 위한 것입니다. 군국화 기도에 대해서 한일 양국의 시민사회는 모두 반대하지요. 하나 독도 문제에 대해서는 양 시민사회가 서로 다른 생각을 갖고 있으므로, 일본 우익들은 전략적으로 독도 문제를 한꺼번에 들고 나온 것일 테지요. 독도 문제를 개입시킴으로써 두 나라 시민사회 간에 민족주의라는 고압전류가 흐르게 만들려는 속셈, 이것이 일본 우익이나 일본의 집권 세력이 노리는 바일 것입니다.

허동현·박노자 교수의 말을 들어보니 독도와 일본 교과서 문제는, 한일관계라는 특수한 역사적 배경을 감안하지 않으면 제대로 이해하기 어려울 것 같다. 푸른역사는 마침 금년(2005)이 을사보호조약 100주년이요, 해방 60년이라는 점에 착안해, 두 분에게 한국 근현대의 국제관계에 대한 역사적인 정리를 부탁했다. 과거·현재·미래로 이어지는 시간의 흐름 속에서 열강과 우리의 관계를 조망해보기 위함이다.

열강의 문제를 검토하면서 이 책에서 가장 큰 비중을 둔 것은 개화기 조선의 지식인들이 열강을 어떻게 인식했는가 하는 문제다. 한반도가 사실상 제국주의적 열강과 첫 대면을 하던 시절, 우리는 그들에 대해 무엇을 알고 있었는가? 그들이 우리 역사에 제기한 도전의 실체는 무엇이었고, 과연 우리의 응전이 어떻게 잘못되었길래 한국의 유교문명은 침몰하고 말았는가? 이런 질문은 오늘날에도 여전히 중요하다.

20세기 영국의 문명사가 토인비는 모든 문명이 생성·발달·소멸의 과정을 겪는 것으로 파악했는데 전적으로 옳다고 보긴 어렵지만 일리있는 주장이다. 한국의 유교문명도 수백 년에 걸쳐 성장 발달해왔으나 19세기 말 내우외환에 휩싸였다. 내부의 문제가 없지 않았지만, 급작스레 밖에서부터 밀어닥친 거센 '도전'에 대해 한국 사회는 제대로 '응전'하지 못했고 그 결과는 비참했다.

거센 도전은 우선 일본으로부터 왔다. 중국과 러시아 그리고 미국을 비롯한 서구세계의 도전도 심각했다. 오늘날 우리가 한반도 주변 4강(미·일·러·중)이라 부르는 외세와의 근대적 만남은 약 100년 전부터 시작됐다. 그때부터 그들은 다방면에 걸쳐 직접적이고 지속적으로 우리 역사에 개입했다. 현재도 북핵을 포함해 남북 문제를 다루는 중요한 협상 테이블엔 여전히 그들 4강이 둘러앉는다. 때로 그들의 목소리는 당사자인 우리의 주장보다 무게를 가진다는 점에 문제의 심각성이 있다.

여러 해 전부터 현재 일본의 우파들은 다각도로 역사 논쟁을 일으킬 뿐만 아니라 '근대화를 위한 일본의 긍정적 역할'을 재인식하라는 투로 억지를 부린다. 중국 또한 천 년 넘게 우리 역사로 전해 내려온 고구려를 두고 자기네 '지방정권'이라며 역사를 왜곡한다. 그런가 하면 미국은 남북문제에 관해 자기들의 입장을 우리에게 설득하는 것 이상으로 강경한 태도를 보이기도 한다. 러시아는 침략전쟁의 일환인 러일전쟁을 미화하려는 경향이 뚜렷하다. 허동현 교수가 적절히 표현했듯, 지금은 "100년 만에 다시 돌아온 열강 쟁패의 시대"다.

4강을 비롯한 외부의 거센 도전에 우리는 어떻게 응전할 것인가. 이것은 100년 전에도 사활을 건 문제였고 지금도 또한 그러하다. 이처럼 중요한 문제를 수수께끼 풀듯 쉽게 해결할 수는 없다. 바로 그렇게 때문에 전문가인 두 교수에게서 열강과의 만남의 역사를 들어보는 것은 의미가 있다.

연구 시각이 '민족 넘어서기'와 '민족 지키기'로 팽팽히 맞선 두 교수는 격동의 구한말 역사를 정중한 편지에 담아 논전을 전개했다. 푸른역사는 이 책을 준비하며 여러 명의 독자들에게 그 편지들을 보여주고 독자들의 질문과 비판을 정리해 다시 두 교수에게 전달했다. 저자들은 독자들이 제기한 문제에 다시 응답했다. 이런 일련의 과정을 정리한 것이 이 책 《열강의 소용돌이에서 살아남기》이다. 엄밀한 의미로 지금 여러분 앞에 놓인 이 책은 필자들과 독자들이 함께 쓴 것이라 하겠다. 이 책을 통해 우리 모두는 역사를 읽는 즐거움, 역사에서 얻을 수 있는 지혜와 통찰을 다소나마 기대해도 좋을 것이다.

《역사란 무엇인가?》로 유명한 E. H. 카는 국가정책을 비롯한 현실 문제를 타개하는 데 역사 연구가 도움이 된다는 신념을 가졌다. 영국의 직업외교관이기도 했던 그는 역사의 유용성을 믿었다. 21세기는 '굿바이 E. H. 카'를 외치는 시대이지만, 카가 제기했던 문제의식은 여전히 유효한 것이 아닐까. '돌아온 열강 시대'의 거센 파도를 헤치고 희망의 미래로 나아가기 위해 우리는 카처럼 100년 전의 역사적 사실로 되돌아갈 필요가 있다.

역사는 결코 죽은 자를 위한 것이 아니라 여기 지금 산 자를 위한 것이다. 그것은 용감한 모든 이들의 희망일 수가 있다.

2005년 5월 20일
푸른역사 편집부

차례 · 열강의 소용돌이에서 살아남기

책머리를 대신하여 : 100년 만에 돌아온 열강 쟁패의 시대에

박노자 · 무지와 선망이 대미 맹종 불렀다 19
  전쟁을 먹고 사는 괴물| 요순 시대 버금가는 새로운 유토피아 |
  노동자 · 유색 인종 등 소수세력의 고통은 외면| 지금 우리는 미국의 제국주의적 실체를 제대로 알고 있나

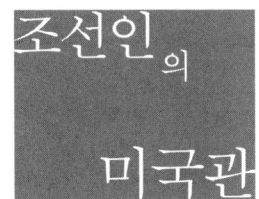
조선인의 미국관

허동현 · 개화파의 대미 의존은 불가피한 현실적 선택이었다 33
  미국을 몰라서 맹종한 것은 아니었다 | 유길준 · 윤치호도 미국의 치부 꿰뚫었으나 | 청 · 일 · 러 등 주변 열강의 침탈 속에 그나마 믿을 건 미국뿐 | 무조건적인 배척이나 추종은 바람직하지 않아

또 하나의 논쟁–독자를 대신하여 질문합니다 51

박노자 · 크고 군인 많으면 다 강국인가?, 강국 러시아의 허실 81
　천하제일의 약탈자 호랑이 러시아 | 중국 · 일본측 정보에 극단적으로 의존
| 지금은 나아졌다고 할 수 있나-전 체첸 지도자 얀다르비예프 암살 | 당대 제일의
외국통 민영환의 피상적 세계 인식 | 러시아의 패배로 깨진 '강대국 러시아'에 대
한 환상 | 낮은 수준의 정보력과 세계관의 종속으로 인한 내부의 부실

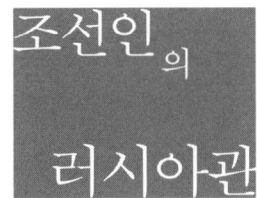
조선인의 러시아관

허동현 · 침략자인가 독립의 옹호자인가, 두려움의 대상에서 끌어들일
　　　　　나라로 96
　유럽과 아시아 모두 두려워한 '강대국' 러시아 | 17세기 조선 사람들 눈에도 러시
아는 강대국 | 러시아에 대한 정보를 중국과 일본에 의존한 것도 사실 | 공로증 감
염과 방아론의 대두 | 인아책引俄策의 수립 : 러시아는 조선 독립의 옹호자 | 오늘의
시점에서 바라본 한러 관계

또 하나의 논쟁-독자를 대신하여 질문합니다 119

박노자 · '모방적 오리엔탈리즘'의 시각으로 중국을 보는 오류 161
    오늘날의 수구주의자들은 북학파의 중국관을 본받아야 | 급진 개화파에 비하면 오히려 온건 개화파는 '차악次惡' | 중국 문제는 전 지구적인 문제들의 축소판

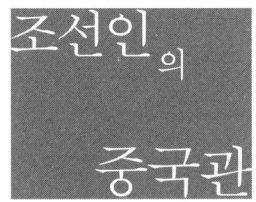

조선인의 중국관

허동현 · 약육강식 시대에 중국은 침략자였다 175
    북학파의 사상은 세계사의 큰 흐름에서 보아야 | 온건 개화파, 중국의 양무운동을 모방한 게 아니다 | 보호자인가, 침략자인가?

또 하나의 논쟁-독자를 대신하여 질문합니다 189

박노자 · 한국 민족주의가 일본을 미워하면서 배운다 223
　식민지의 아픔, 우리를 우리로 만든 공동의 기억 | 피해자로서 우리의 명과 암 |
　일본, 근대의 위협이자 거울 | 강간 형태의 근대 수업 | 탈근대적인 공존 모색

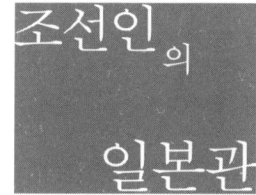
조선인의 일본관

허동현 · 우리 근대는 일본 근대의 사생아일까요? 238
　욕하면서 배우는 이율배반의 대일본 인식 | 개화기에 시동된 국민국가와 국민 만
들기 프로젝트 | 야누스의 두 얼굴, 저항적 민족주의와 패배적 민족주의 | 식민지
의 아픔만이 우리를 하나의 민족으로 상상하게 했을까요? | 우리 근대는 일본 근대
의 사생아일까요? | 탈근대만을 할 수 없는 우리의 현실 | 연대와 공존의 새 시대
를 바라며

또 하나의 논쟁-독자를 대신하여 질문합니다 255

부록 - 원전 읽기　280
찾아보기　328

허동현

"반공 이데올로기에 근거한 친미나 수정주의 사관에 입각한 반미나 모두 냉전 시대의 산물이라는 점에서 유효 기간이 지난 인식이라고 볼 수 있습니다. 지금 세계를 지배하는 게임의 논리는 힘의 법칙입니다. 힘이 정의인 세상에서 도덕률에 입각한 세상 보기는 더 이상 유효하지 않다는 게 제 생각입니다. 미국의 대외 정책이 도덕적으로 선이냐 악이냐를 기준으로 우리의 대미 정책을 입안해서는 곤란하다는 겁니다."

조선인의 미국관

박노자

"100년 전에 가졌던 호의적인 대미 의식을 오늘에 와서 돌이켜 생각해보면, 국제 정치에 대한 동시대인의 판단 능력의 한계를 절실히 느낍니다. 이즈음 그나마 우리가 미국의 실체를 바로 볼 수 있게 된 것은, 우리가 선조들에 비해서 더 똑똑해서가 아니고 단지 지난 세기의 역사를 거울 삼은 덕분입니다."

뉴욕, 디트로이트 등 미국 전역에서 격렬히 일어난 이라크 반전시위. 가운데 사진은 〈뉴욕타임즈〉에 반전광고를 낸 미국인 래리 시버슨.

▲ 허 "미국 시민 사회 전체가 네오콘의 제국주의적 대외 침략 정책에 동의하는 것은 아닙니다."

▼ 박 "석유 대신 인간의 살과 피를 태우는 살인마 미국의 모습을 지켜보니 제국주의가 드디어 인류의 역사를 막다른 골목까지 끌고 왔다는 생각이 듭니다."
  허 "미군 모두를 살인 기계로 보거나 미국 시민 사회를 '오락적인 폭력'으로 전쟁을 즐기는 타락한 사회로만 규정한다면, 우리는 인류 절망의 암울한 종말론을 벗어날 수 없을 겁니다."

이라크 병사의 주검 옆을 지나는 미군 병사

이화학당을 세운 스크랜턴Scranton 부인이 가사실습을 감독하는 모습

미국인 사업가 세브란스Severance가 거액을 기부, 1904년 준공된 세브란스병원

▲박 "경제 수탈과 이권 침탈만을 일삼던 다른 열강과 달리 미국 선교사들은 병원과 학교 건립을 통해서 조선에 '문명의 혜택을 부여'했다는 점을 개화파들이 높이 샀던 것 같습니다."

▼박 "미국은 1899~1902년, 3년 동안 약 30~40만 명에 이르는 무고한 필리핀 양민들을 살해하는 만행을 저질렀습니다. 이러한 대형 범죄를 미 제국주의자들은 사회진화론에서 말하는 '약육강식론'으로 합리화하거나 '야만인에 대한 문명화 작업'의 이름으로 정당화했습니다. 따지고 보면 개화기의 신지식인들은 제국주의의 논리에 완전히 압도당한 상태였습니다."

1899년부터 3년간 자행된 필리핀 양민 학살 현장

30세의 양계초(1903)

▲ 박 "양계초는 〈멸국신법론〉에 제국주의적 침략의 한 사례로 필리핀에 대한 미국의 식민화 정책을 들었고, 미국이 이미 침략적 제국주의 국가로 부상하고 있다고 명시했습니다. 그 글을 읽은 1900년대 한국의 개화파 선비들은, 과연 한국으로의 선교사 파견이 무엇을 겨냥했는지를 제대로 짐작할 수 있었겠습니까?"
허 "유길준은 '약자를 돕는 정의의 나라'라는 동시대인들의 피상적인 대미 인식에 경종을 울렸으며, 윤치호도 인종 차별, 마약과 범죄가 만연한 '기독교 국가' 미국의 치부를 꿰뚫고 있었지요."

▼ 허 "우리 지식인들이 호의적 대미 인식을 가진 중요한 이유는 19세기 후반 한국의 근대화를 도모한 친미 지식인들이 기독교를 유교를 대체할 정신적 지주로 보고, 미국식 민주공화제를 전제왕권과 양반 지배 사회를 대신할 국가 체제로 받아들인 데 있지 않을까요?"

자유 만주주의 국가로서의 미국을 상징하는 자유의 여신상

박 노 자

무지와 선망이 대미 맹종 불렀다

전쟁을 먹고 사는 괴물

허동현 선생님, 안녕하십니까? 개화기 조선 지식인들의 대미 인식에 대해서 글을 쓰려고 하니 묘한 느낌이 듭니다. 개화기 지식인들이 미국의 발전된 문물과 사상에 경도돼 미국이라는 나라에 대한 열망에 들떠 있었던 때와 사뭇 다른 대미 감정이 오늘날 우리를 비롯한 전세계인들의 마음 속에 자리하기 때문입니다. 문명의 요람 메소포타미아 땅이 미군의 군화에 짓밟혔고, 바그다드를 점령한 미군이 방관하는 가운데 서방 세계 미술품 밀수 조직의 '주문'을 받은 불량배들이 이라크 국립박물관을 약탈해 고귀한 수메르 문서와 바빌론 시대 유물 조각들을 훔치거나 파괴했습니다. 수천 명의 이라크 시민들에게 '폭도' 딱지를 붙여 영장도 재판의 기약도 없이 수용소에 가둔 채 고문·학대한 미군, 거의 매일 '폭도 진압 작전'이라는 명분으로 수십 명의 이라크 양민들을 학살한 미군, 이미 인간이기를 스스로 포기한 미 제국주의의 고용 살인자(전문 군인)들의 살기등등한 얼굴들을 텔레비전에서 볼 때마다 무자비하게 의병을 '토벌'하던 일본군들이나 벨로루시 Belorussia를 비롯한 피점령 지대에서 '빨치산'을 '소탕'한다는 명분 아래 수많은 마을을 송두리째 불살라버린 파시스트 독일의 아인자츠콤만도 Ein-satzkommando(특수작전부대, 일종의 특전사)의 모습이 연상되더군요.

범죄적 성격이 다분한 네오콘 neocon(신보수주의자)의 지배 아래 놓인 미국은 유로화와의 힘겨운 경쟁과 천문학적인 외채, 뿐만 아니라 새로운 외자 유입으로는 도저히 메워지지 않는 월 473억 달러에 달하는 경상 적자 등으로 경제가 악화일로에 있습니다. 히틀러가 동구의 자원 약탈과 군사적 긴장을 수단 삼아 체제를 유지해나갔듯, 미국 또한 이라크 유전의 약탈과 '후세인 체포' 같은 저질 쇼 없이는 내부의 통합을 유지하기가 어려웠을 겁니다.

때문에 군수복합체가 먹어버리는 하루 몇 억 달러의 전비, 미국 주식시장의 지수가 불과 몇 포인트 오르는 대가로 수십 명의 이라크 시민이 생명을 바치는 웃지 못할 일들이 벌어졌습니다. 언젠가는 미국이 '후세인 체포' 대신에 '김정일 체포'와 같은 쇼로 우민愚民이나 다름없는 가학적 상상력에 호소하게 될지도 모르겠습니다. 석유 대신 인간의 살과 피를 태우는 살인마 미국의 모습을 지켜보니 제국주의가 드디어 인류의 역사를 막다른 골목까지 끌고 왔다는 생각이 듭니다.

기독교적으로 말하면 원죄—불교에서 말하는 전생의 악업과 무명無明(avidya)과 같은 짐을 걸머지고 있는 인간은 직접 폭력을 저지르거나 그 에너지의 방출을 구경하며 즐길 잠재적 가능성을 항상 내포하고 있습니다. 사실 도덕론적으로 보면 직접적 폭력 행위와 폭력을 오락으로 삼는 것은 등가의 행동이지요. 정상적인 인간 사회라면 폭력을 순화하는 방향으로 나아가야 하겠지요. 하나 미국과 러시아를 비롯한 군사주의 성향이 강한 제국주의 사회는 오락적인 폭력과 폭력적인 오락을 매일같이 그 구성원들이 보고 즐기거나 직접 가담하는 지경에 이르렀습니다.

최근 유럽에서 실시된 한 여론 조사에서 미국과 이스라엘이 북한이나 이란보다 세계 평화를 더 위협하는 존재로 나타난 것은, 바로 세계인의 공통된 인식이 무엇인지를 뚜렷이 보여줍니다. 전쟁을 먹고 사는 괴물, 그 미국이 세계 체제의 정상에 서 있는 한 우리에게 평화는 결코 없을 것 같습니다.

요순 시대 버금가는 새로운 유토피아

개화기에 기술된 미국 관련 기록을 읽다 보면, 오늘의 미국과는 전혀 다른 나라에 대해서 이야기하는 것 같은 착각이 들 정도입니다. 19세기 말 미국은 자본주의 체제의 군사적 패권자가 아니었습니다. 유럽의 '보통' 열강(프랑스·독일·러시아 등)과 엇비슷한 수준의 상비병도 없었고, 영국을 제외한 거의 모든 열강들이 시행한 평시 징집제도도 없었던 그야말로 군사주의 세계의 '변방'이었지요. 그러나 좀 더 생각해보면 미국은 인디언 말살을 위해 토벌 작전을 수행하고, 중남미에 군사적 간섭을 지속했습니다. 그리고 1899~1902년, 3년 동안 약 30~40만 명에 이르는 무고한 필리핀 양민들을 살해하는 만행도 저질렀고요. 그러한 대형 범죄들도 미 제국주의자들은 사회진화론에서 말하는 '약육강식론'으로 합리화하거나 '야만인에 대한 문명화 작업'의 이름으로 정당화했습니다. 따지고 보면 개화기의 신지식인들은 제국주의의 논리에 완전히 압도당한 상태였습니다.

현대 소설의 효시라 할 수 있는 이광수李光洙(1892~1950)의 작품《무정無情》(1917)의 결말을 기억하시지요? 그 이야기의 주인공인 신지식인 한 쌍은 암담한 조선의 현실을 과학 문명을 통해서 타개하려는 일념으로 미국 유학을 떠나고 드디어는 시카고대학을 졸업하게 됩니다. 1910년대 후반 이광수의 의식 세계에서 미국은 과학과 문명의 화신이었고 교육을 통해서 무지몽매한 조선을 구원해줄 '구세주'이자 '시혜자'였던 겁니다.

바로 그 시카고에서 1886년 5월 1일부터 4일까지 나흘 동안 수만 명의 노동자가 경찰과 유혈 충돌을 빚었으며 그 사건을 계기로 노동절이 태어났다는 사실을 이광수는 진즉 알았을 테지만 중요하게 취급하지는 않았습니다. 소설은 일제 초기에 씌어졌지만, 그와 같은 긍정 일변도의 대미 의식은 개화기 초기부터 자라나기 시작했습니다. 1880년 청나라 사람 황준헌黃遵憲의 《조선책략朝鮮策略》을 통해서 청나라 양무洋務개혁 지도부의 호의적인 대미 의식이 조선에 이식된 상태였고, 당시 개화기 간행물들은 미국을 요순 시대에 버금가는 새로운 유토피아로 묘사했습니다. 예컨대, 조선 최초의 근대 신문인 〈한성순보漢城旬報〉(1883년 창간)는, 미국에서는 선거라는 제도 덕분에 오직 덕망이 높고 재간이 풍부한 사람만이 대통령이 된다고 하면서, 미국의 선거를 '임금을 뽑기 위한 과거 시험'처럼 매우 긍정적으로 서술했지요(1884년 8월 31일자). 그 '아름다운 제도' 덕분에 날로 부강해지는 미국의 번성함을 아무도 따를 수 없다는 것도 〈한성순보〉 대미관의 핵심적인 부분이었습니다.

노동자·유색 인종 등 소수 세력의 고통은 외면

한 가지 재미있는 것은, 한국 최초의 근대 신문인 〈한성순보〉나 〈한성주보漢城周報〉(1886~1888년간 발간)는 미국 노동자들의 파업을 '공장의 주인에 대한 협박' 쯤으로 간주했다는 겁니다. 노동운동에 대한 경찰의 무자비한 탄압과 노동자들이 겪고 있던 고통을 외면하고 파업을 일삼는 미국의 일부 노동자들을 마치 민란의 주모자인 양 준엄하게 꾸짖기도 했습니다.

영국 수도에서 온 소식에 의하면 미국 지방에 근래에 노동자 5만 1천여 명이 함께 파업했는데. 그 까닭을 아직 자세히 알 수 없다고 하였다. 이 소식은 영국 수도에서 2월 10일에 발송한 것이니 지금쯤은 파업을 끝내고 일을 시작했는지 알 수 없다. 미국의 노동자들은 그 무리의 많음을 믿고 조금이라도 뜻대로 되지 않으면 번번이 주인을 위협하고 공장의 주인이 일을 재촉하면 곧 서로 모여 노임을 올리라고 위협한다(〈한성주보〉 1886년 6월 28일자 외보外報란).

중국의 한 지방 신문의 보도를 옮겨 실다시피 한 이 기사는, 인용문에 다 드러나 있진 않지만 '쥐새끼처럼 노임만 챙기려 하고 약게 구는' 미국 노동자와 '신의를 지키고 공장 주인의 일을 자기 일처럼 여기는' 중국인 화교 노동자의 '질적인 차이'를 강조했습니다. 이 기사의 어조가 '강성 노조'를 비난하는 요즘의 수구 언론의 말투와 어쩌면 그렇게도 비슷합니까? 노동자를 머슴처럼 여기는 중세적인 의식에다가 서방 세계 '주류'들의 반反노동적인 세계관이 가미된 동아시아 근대 엘리트들의 노동자관觀

이 과연 지난 한 세기 동안 근본적으로 바뀌었는지 의문입니다.

또 하나 지적할 점은, 1880~1890년대 한국의 초기 친미파, 지미知美파 지식인들이 미국 내에서 발생한 중국 이민자들에 대한 인종주의적 박해와 왕따 현상에 대해서 도저히 납득할 수 없을 정도로 관대한(?) 태도를 취했다는 겁니다. 미국인으로서의 정체성을 획득하고자 못내 열망했던 윤치호尹致昊(1865~1945)는 '화석화된 동양 전통을 고수하고 시끄럽고 수치심도 없는' 화교들에 대해 미국이 단행한 이민 억제책을 당연하게 여겼고, 이민자들을 후원할 능력이 없는 청나라의 '약함'을 오히려 탓했습니다(《윤치호일기》, 1890년 2월 14일). '힘이 곧 정의'라는 논리에 사로잡혀 있던 그 당시의 윤치호에게는 화교들의 비참한 상황이 당연한 일로 보였지요. 유교적인 양심을 지키려 했던 유길준兪吉濬(1856~1914)마저도 샌프란시스코의 화교들에 대해서 다음과 같이 이야기할 정도였습니다.

　　　　　이 고장으로 이주해 온 자는 중국에서도 불학무식한 하류층 사람이기 때문에 아편을 좋아한다. 또 그들의 거주하는 양상은 미국 사람들처럼 깨끗한 습속에 젖어 있지 않는 까닭으로 온 세계 사람들이 어울려서 사는 지역에 섞여 살 권리를 잃고 중국인들만의 거류지를 따로 갖게 된 것이다. (……) 미국은 중국인들의 이주만은 허락치 않는다고 한다(《서유견문西遊見聞》 19편, 〈합중국의 여러 큰 도시들〉).

'깨끗하고 합리적인 미국인'과 '더러운 아편쟁이 중국인'의 상반된 모습을 대조시키고, 더러운 동양인들을 게토ghetto(소수자들의 밀집 거주지)

로 몰아내는 미국의 인종주의를 합리화하는 이 끔찍한 오리엔탈리즘을 보면, 초기 개화파들의 '하얀 가면'(서구의 인종주의적 담론에 함몰된 서구 중심주의적 인식)이 얼마나 두꺼웠는지 알 수 있을 듯합니다.

그 뒤에 〈독립신문獨立新聞〉은 한술 더 떠 미국을 '문명의 중심지'일 뿐만 아니라 국제 사회의 약자를 보호해주는 '수호천사'로까지 서술했지요. 서재필徐載弼(1864~1951)과 그 동료들에 따르면 미국은 "강토를 넓힐 생각이 없을 뿐만 아니라(……) 약한 나라가 강한 나라에게 무례하게 압제를 받으면 자기 나라의 군사를 죽이면서까지 약자를 구제해주는"(1899년 2월 27일자 논설) 공평함의 화신이었습니다. 미국 시민인 서재필이 그의 새로운 조국을 찬양한 것을 그 당시 한국 지식인들의 생각을 대표했다고는 할 수 없겠지요. 또한 식자층의 신뢰를 받던, 개신 유림들이 주도한 〈황성신문皇城新聞〉(1898년 창간)도 일본에서 나온 《미국독립사》를 번역, 출판하기도 하고(1899), 미국의 공평함과 신의를 극구 찬양했습니다. 쥐꼬리만 한 월급을 받으며 하루 11시간 이상 중노동에 시달린 이민 노동자들의 정당한 저항과 파업을 무차별 탄압했고 이를 빌미로 '유색 인종'의 이민을 최대한 제한했으며, 중남미에서 무장 간섭을 일삼았던 미국입니다. 그런데 어찌하여 한국의 개화파 유림들은 미국을 '요순의 나라'로 믿었을까요. 아니면 그렇게 믿고 싶었던 걸까요?

지금 우리는 미국의 제국주의적 실체를 제대로 알고 있나

몇 가지 이유를 짐작해봤습니다. 하나는, 개화 프로젝트의 골자가 최대한 빠른 시일 내의 '압축 성장'이었기에, 독립한 지 불과 100여 년 만에 영국의 식민지에서 세계 2대 무역 국가로 발전한 미국의 성장 속도가 개화파 지식인들에게는 경탄의 대상이었을 겁니다. 그 성장의 이면에는 저임금과 각종 차별 그리고 평균 하루 11시간에 달하는 장시간의 노동에 시달렸던 동·남유럽 출신의 이민 노동자의 희생이 있었습니다. 그럴지라도 그쯤이야 민초들에 대한 유교적인 애민愛民 의식에서 이미 멀어진 개화파들에게는 별 상관은 없었을 테지요. 물론 정확하게 이야기하자면 가렴주구 따위의 민폐에 대해 개화파 매체들이 분개하는 수사를 구사했지만, 그들이 무엇보다 강조했던 것은 인민의 직분이었습니다. 그래서 정부 법령을 준수하고 대군주 폐하를 사랑하고 자기 직분을 이행하는 양인의 범주에 들지 않는 8할의 조선 백성(동학·민란 가담자, 조세 납부 기피자, 유랑민 등)을 곧 나라를 병들게 하는 해악의 무리로 규탄했습니다(《독립신문》, 1898년 3월 3일 논설 '대한인민의 직무'). 조선 백성에 대해서도 이처럼 오만한 반민중적 세계관을 가진 자들에게 어찌 남의 나라 노동자들에 대한 인간적 관심을 기대할 수 있겠습니까?

그리고 국민 선거라는 메커니즘이 다른 나라에서 보기 드문 정치·사회적 안정성을 가져다주었다는 것도 개화파들에겐 매력적으로 다가왔습니다. 그런 그들로서야 정치에서 소외되고 경제적으로 희생만 강요받던 미국 하층민(흑인·이민자 빈민·준노예였던 중국 출신의 '쿨리苦力' 등)의 고통과 저항에 대해서 무슨 관심이 있었겠습니까? 의병이나 동학들을 '비도匪徒'라고 낮추어 불렀던 개화파 '신사'들이 아니었습니까? 그들이 우선적으로 생각한 미국은, 시카고 대학을 비롯한 엘리트 교육 기관들로 대변되는 지知의 천당이었습니다. 비단 미국뿐입니까? 일본의 유신을 찬양했던 거의 모든 개화파들이 주당 80~90시간의 노동과 박봉, 공장주의 학대와 인신 구속 등에 시달렸던 그 당시 일본 여공들에 대해서 약간이라도 관심을 가질 수 있었을까요? 요컨대 개발주의와 엘리트주의는 개화파가 친미화될 수 있는 토양을 만든 셈입니다.

둘째, 개화파가 그 당시로서는 미국이 극동 지역에 대한 영토적 야심이 비교적 적었고 침략적 성향을 노골적으로 드러내지 않았다는 사실을 확대해석하여, 미국을 '공평한 나라'로 인식한 겁니다. 미국이 중남미에서 침략의 역사를 되풀이해왔다는 점에 대해 개화파들은 자세히 알려고 하지도 않았지만, 어차피 조선과 상관이 없다고 믿었습니다. 여기서 그들 개화파의 국제 정세와 관련한 정보력이라든가 인식의 한계가 확연히 보입니다.

셋째, 경제 수탈과 이권 침탈만을 일삼던 다른 열강과 달리 미국 선교사들은 병원과 학교 건립을 통해서 조선에 '문명의 혜택을 부여'했다는 점을 개화파들이 높이 샀던 것 같습니다. 외국계 학교의 졸업생들이 외국 문화에 쉽게 '동화'되는 점을 신채호申采浩(1880~1936)가 개탄했지만, 미션스쿨에서 길러진 친미파들이 나중에 한국의 문화적 판도를 얼마나 바꾸게 될지, 대다수의 개신 유림들은 짐작도 못한 셈입니다.

물론 그들이 미국에 대한 헛된 꿈에 안주한 것은 아니었습니다. 유럽이라는 근대의 바다를 최초로 탐험한 100년 전의 동아시아 지식인들은 제국주의의 총칼이 가져올 위협을 피부로 느끼고 있었습니다. 1906년 9월 30일자 〈대한매일신보〉에 '거멸국신법론擧滅國新法論하여 고전한인사告全韓人士'라는 논설이 실렸는데, 개화파 유림들에게 상당한 영향력을 미친 듯합니다. 이 논설에서 길게 인용된 것이 바로 청나라의 망명객 양계초梁啓超(1873~1929)가 1901년에 중국에 대한 열강들의 이권 싸움을 지켜보면서 아픔과 걱정에 싸여 쓴 〈멸국신법론〉이었습니다.

그 핵심 요지는 과거 제국들이 약소국을 상대로 한 '멸국'은 어디까지나 통치자를 포로로 삼거나 죽이고 일시적인 약탈을 하는 데에 그쳤지만 오늘날의 멸국은 점차적이며, 통상과 외채, 각종 '선진국' 전문가의 파견과 도로 건설, 약소국 내의 당쟁 부추기기, 일부 약소국 엘리트의 매수로 이어진다는 겁니다. 무엇보다 중요한 건 이 모든 것들은 '문명화'의 미명하에 교묘하게 이루어진다는 사실입니다. 따라서 정신적 침략과 경제적 침투, 현지 지배층의 괴뢰화가 장기간에 걸쳐 진행됨으로써 나라의 이름은 그대로 남지만 독립 국가로서의 그 나라는 없어진다는 것이지요.

오늘날 미국과 유럽 제국주의 세력이 제3세계를 지배하는 방식을 파악하는 데 그대로 적용해도 좋을 만큼 통찰력이 뛰어난 텍스트입니다. 양계초는 〈멸국신법론〉에 제국주의적 침략의 한 사례로 필리핀에 대한 미국의 식민화 정책을 들었고, 미국이 이미 침략적 제국주의 국가로 부상하고 있다고 명시했습니다. 그 글을 읽은 1900년대 한국의 개화파 선비들은, 과연 중남미에 대한 미국의 정책이 갖는 정치적 의미, 그리고 한국으로의 선교사 파견이 무엇을 겨냥했는지를 제대로 짐작할 수 있었겠습니까? 양계초의 열렬한 '팬' 중의 한 사람인 신채호가 한국 신지식층의 '모방적 동화'를 개탄한 것은 양계초의 뛰어난 통찰과 무관하지 않았을 겁니다.

더욱 주목되는 점은, 양계초의 이 글의 서두에 나오는, '강한 나라가 약한 나라를 멸망시키는 것이 바로 자연의 법칙'이라는 사회진화론적인 선언문입니다(《음빙실문집飮氷室文集》, 통론通論편, 상해, 광지서국廣智書局,

1907, 230~242쪽).

 1919년 1차 세계대전 이후 폐허가 된 유럽을 목도한 양계초는 사회진화론이 자연의 법칙이 아니라 제국주의의 이데올로기임을 깨달았지만, 1900년대에는 그 자신도 아직 제국주의의 세뇌에서 벗어나지 못했지요. 제국주의가 비서구 나라들을 멸망시키는 교묘한 방법을 날카롭게 파악했건만, 정작 그는 사회진화론의 이데올로기가 비서구 지식인들을 포획·포섭하기 위한 '신법'이라는 점을 깨닫지는 못한 것입니다.

 비록 개화기의 한국 신문이나 잡지에 크게 보도되지는 않았지만 미국에 관한 양계초의 저술 중에는 1903~1904년경의 《신대륙유기新大陸游記》라는, 근대 초기 동아시아 지식인들의 미국관을 이해하는 데 결정적인 단서를 제공하는 작품도 있습니다. 그 글은 《음빙실문집》에 실려 한국의 식자층에게 널리 읽혔으리라 추측됩니다. 1903년 캐나다와 미국을 실제로 방문한 양계초는 태평양부터 대서양까지 구석구석 열심히 답사했는데, 세계 산업의 중심지 미국의 발전 정도에 놀라면서도 자본주의를 토대로 한 발전의 이면을 검토하는 데도 상당한 지면을 할애합니다. 예컨대 일본의 한국 침략을 지원한 장본인으로 악명이 높은 제국주의자 루즈벨트 Theodore Roosevelt(1858~1919) 대통령이 어느 연설에서 "20세기 미국의 세력 범위에 태평양이 들어가야 되고, 태평양의 장악이 우리 자손을 위한 100년 대계"라고 취지를 밝혔는데 그 내용을 신문에서 읽고 전율을 느끼기도 했습니다.

 중국이 급속한 근대화를 이루지 못할 경우 반半식민지가 되고 말 중국의 끔찍한 운명을, 통찰력이 뛰어난 애국자 양계초가 눈 밝게 알아본 겁니다. 그런데, 그에게 가장 큰 우려를 불러일으킨 것은 다름이 아닌 미국

산업의 독점화 추세, 즉 소수의 대형 재벌trust들이 미국의 보호 관세와 군사력을 이용해서 미국 국내 시장은 물론 전 세계를 다 집어 삼키려 한 100년 전 '무역 제국주의'로서 미국의 모습이었습니다. 소수 대형 재벌들이 노동자의 임금을 깎고 아시아·아프리카·남미산 자원의 가격을 임의로 떨어뜨림으로써 중국처럼 관세 장벽이 없던 시장을 쉽게 쓸어버릴 수 있겠다는 것을 양계초는 정확히 파악한 거지요. 제국주의 시대 중국에서의 불평등 무역과 노동 문제 이해의 초석이 된 이 글의 결론은 "중국이 개명 독재를 통해서 재빨리 자강하여 이 새로운 위협을 막아야 한다"는 그야말로 가진 자의 입장에서 내린 국가주의적 해결 방안이었지만, '미국의 문제'가 본격적으로 제기됐다는 점에서 큰 의미를 가집니다(《음빙실문집》, 유기遊記편, 15~35쪽).

모택동 등 미래의 혁명가들이 그러한 글을 청년 시절에 애독했기에 중국 지식층은 극미克美 의식을 다질 수 있었다고 봅니다. 그 당시 한국 개화파들도 양계초의 글을 몰랐을 리가 없는데, 제대로 평가하지 못한 것은 아무래도 한계가 아닐까 합니다. 개화기 때부터 동시에 병행돼온 사회·정치 분야에서의 대일 종속, 종교 및 대중문화 분야에서의 대미 종속 관계의 공고화는 결국 오늘날에도 가장 핵심적인 문제로 남은 듯합니다.

100년 전에 가졌던 호의적인 대미 의식을 오늘에 와서 돌이켜 생각해 보면, 국제 정치에 대한 동시대인의 판단 능력의 한계를 절실히 느낍니다. 이즈음 그나마 우리가 미국의 실체를 바로 볼 수 있게 된 것은, 우리가 선조들에 비해서 더 똑똑해서가 아니고 단지 지난 세기의 역사를 거울 삼은 덕분입니다. 그런데 미제의 야만적인 실체가 양계초가《신대륙유기》로 처음 경종을 울렸을 100년 전보다 뚜렷이 알려졌다고 해서 안심할 수가 있습니까? 우리는 지금도 유럽연합이나 중국과 같은 '마이너' 제국주의 세력들을 긍정적으로 보고 있는데, 만약 우리 후손들이 그들에게 시달림을 받게 되면 오늘날 우리의 단견이 역사의 심판대에 오를 것입니다.

늘 건강하시기를 바랍니다.
은세계의 오슬로에서 박노자 드림

■ 더 읽을 만한 책

김민환, 《개화기 민족지의 사회사상》, 나남, 1988.
박영신, 〈독립협회 지도 세력의 상징적 의식구조〉, 《동방학지》, 제20호, 1978.
최덕수, 〈독립협회의 정체론 및 외교론 연구〉, 《민족문화연구》, 제13호, 1978.
Howard Zinn, *A People's History of the United States: 1492~Present*, HarperCollin, 1995.
梁啓超, 《飮氷室文集》, 상해, 廣智書局, 1907.

허동현

개화파의 대미 의존은
불가피한 현실적 선택이었다

미국을 몰라서 맹종한 것은 아니었다

박노자 선생님 반갑습니다.

개화기 지식인들의 대미 인식을 오늘의 현안에 비추어 우리가 어떠한 교훈을 얻을지를 모색하는 옥고, 감명 깊게 읽었습니다. 선생님은 100년 전 우리 지식인들이 국제 정치에 대한 정보 부족과 판단 능력의 한계로 미국의 침략적 본성을 꿰뚫어 보지 못하고 짝사랑만 퍼붓다가 버림받았기 때문에, 오늘날 우리는 그 점을 거울로 삼아 종래의 단순한 친미 의식에서 벗어나 미국의 실체를 바로 보아야 한다고 생각하시는 것 같습니다. 저 역시 민주주의와 인권을 입버릇처럼 말하면서도 비서구 지역에 대해 반민주적이고 패권적인 폭력을 행사하는 미국의 이율배반적인 행태에 비판적인 입장입니다만, 선생님과 근본적으로 견해를 달리하는 부분이 없지 않습니다.

먼저 선생님은 100년 전 우리 지식인들이 미국을 '과학과 문명의 화신'·'문명의 중심지'·'영토 야심이 없는 공평한 나라'·'구세주'·'시혜자'·'약자를 보호하는 수호천사'·'공평함과 신의를 중시하는 요순의 나라'라고 호의적으로 본 이유를 크게 두 군데서 찾으셨더군요. 하나는 필리핀과 중남미에 대한 미국의 제국주의적 침략성, 유색 인종들에 대한 인종 차별, 그리고 노동자들에 대한 가혹한 착취 등이 웅변하는 미국의 사회·경제적 모순과 계급 갈등을 알아챌 만큼 우리 지식인들이 충분한 정보를 갖고 있지 못했다는 것이며, 다른 하나는 그들이 사회진화론의 약육강식 논리, 계급적 이해, 서구 중심주의적 인식에 함몰되어 '미제의 야만적 실체'를 깨닫지 못할 만큼 판단 능력이 떨어졌다는 것이지요.

유길준·윤치호도 미국의 치부 꿰뚫었으나

사실 박 선생님이 지적한 바와 같이, 1882년 전후에 형성되기 시작한 호의적 대미 인식은 1894~1905년 사이에는 민중들에게까지 확산되고 있던 것이 어느 정도 사실입니다. 그러나 저는 우리 지식인들이 미국의 제국주의적 실체나 내부 모순을 잘 몰랐기 때문에 미국을 좋게 보았다고는 생각하지 않습니다. 예컨대 미국에서 유학한 지미파 인사 유길준은 '약자를 돕는 정의의 나라'라는 동시대인들의 피상적인 대미 인식에 경종을 울렸으며, 윤치호도 인종 차별, 마약과 범죄가 만연한 '기독교 국가' 미국의 치부를 꿰뚫고 있었지요.

> 혹자는 말하기를 미국은 우리나라와 우의가 두터우니 의지하여 도

움을 받을 만하다고 하지만 그렇지 않다. 미국은 멀리 대양大洋 건너편에 있으며 우리나라와 별로 깊은 관계가 없다. 더구나 미국이 먼로 독트린蔓老約(the Monroe Doctrine)을 선포한 후에는 유럽이나 아시아의 일에 간섭할 수 없게 되어 있어 설사 우리나라가 위급해지더라도 그들이 말로는 도움을 줄 수 있을지언정 군대를 동원해서 구원해줄 수 없다. 옛말에 천 마디의 말이 한 발의 탄환만 못하다고 했다. 그러므로 미국은 우리의 통상의 상대로서 친할 뿐이며, 우리의 위급함을 구해주는 우방으로 믿을 바 못 된다"(유길준, 〈중립론中立論〉, 1885).

인도주의·문명·도덕·자유 등을 구가하는 강대국 기독교 국가 간에서 자행되는(노예제도·아편무역·주류 밀수 등) 죄악은 모두 혹독히 비판받아야 한다. 그것도 그 나라들의 문명 정도에 비례하여 비판되어야 한다. 강대국들의 이러한 범죄는 요즈음 자비로우신 하나님에 대한 나의 신앙에 혼란을 가져오고 있다. 공정하신 하나님께서 어찌 어떤 민족은 약하게 그리고 다른 민족은 강하게 만드셔서 후자가 전자를 못살게 굴 수 있도록 만드셨을까? 혹자는 하나님이 그렇게 창조하신 것은 아니라고 강변할지 모른다. 그렇지만 역사와 사실을 잘 살펴보면 이야기는 다르다. 적도赤道의 불볕 아래에나 한대寒帶에는 강건한 민족 혹은 국민이 도무지 없다. 뿐만 아니라 각 인종이 보유하는 정신적·육체적 능력에 현격한 차이가 있다. 왜 하나님은 모든 인종을 똑같은 환경 조건에 놓아두지 않으셨는가? 왜 하나님은 모든 인종에게 똑같은 체력과 지력을 허여하지 않으셨나? 이러한 질문에 답하기 힘들다. 나의 신앙이 이러한 의문들 때문에 흔들려서는 안 되겠다(윤치호,《윤치호일기》, 1889년 12월 23일자).

조미조약 체결에 관여한 김윤식金允植(1835~1922)도 1895년경에는 "미국 사람은 말만 떠벌리지 행동으로 우리를 도와주지 않는다"고 했지요. 선생님께서 미국을 약자의 '수호천사'로 그렸다고 본 〈독립신문〉에도 1898년 미국과 스페인 사이의 식민지 쟁탈전쟁 이후 본격적으로 나타난 미국의 대외 팽창주의를 비판하는 글이 실린 바 있습니다.

미국은 개국 이후 백여 년에 내치만 주장하여 속지屬地를 탐하지 않고 무역과 제조를 숭상하고 전쟁을 힘쓰지 않더니 작년부터 서반아西班牙와 싸워서 동으로는 포와국布蛙國(하와이)과 여송呂宋(필리핀) 군도를 서로는 쿠바와 프토릿고(푸에르토리코) 등 섬을 점령하여 이전에는 동서양 전화戰和에 큰 관계가 없더니 이제부터는 세계 정치에 대권리를 잡고 앉았으니 미국과 같이 부강한 나라가 속지정약(sic)을 시작하고 보면 미구에 만국사기와 지도를 변할 일이 많이 생기려니와(……)(〈독립신문〉, 1899년 1월 7일자).

청·일·러 등 주변 열강의 침탈 속에 그나마 믿을 건 미국뿐

이와 같이 우리 지식인들도 양계초에 뒤지지 않을 정도로 미국의 실체에 대해 정확한 정보를 갖고 있었으며, 1890년대 후반에 본격화된 미국의 대외 팽창 노선에 대해서도 충분히 이해하고 있었습니다. 그런데도 왜 우리 지식인들은 미국을 침략자의 손길에서 약자를 구해주는 '정의의 화신' 마이티 마우스나 기술과 문명을 가져다주는 산타클로스로 보았을까요?

저는 그 이유를 1882~1894년까지 중국의 압제에, 그리고 1895~1905

년까지 일본과 러시아 두 나라의 패권 다툼에 시달리던 조선 왕조의 상황에서 찾고 싶습니다. 아마도 그들은 중국·일본·러시아라는 부차적 제국주의 세력의 침략을 자력으로 막을 길이 없는 고립무원의 상황에서, 마치 물에 빠진 사람이 지푸라기 잡는 심정으로 미국에게서 독립과 생존에 필요한 외교적 지원은 물론 근대화를 위한 인적·물적 지원을 기대할 수밖에 없었을 것입니다.

물론 박 선생님 견해대로 100년 만에 식민지에서 제2의 무역 대국으로 변신한 미국의 압축 성장을 우리 지식인들이 높이 평가한 것도 호의적 대미 인식의 한 원인일 겁니다. 그러나 이보다 중요한 이유는 19세기 후반 한국의 근대화를 도모한 친미 지식인들이 기독교를 유교를 대체할 정신적 지주로 보고, 미국식 민주공화제를 전제왕권과 양반 지배 사회를 대신할 국가 체제로 받아들인 데 있지 않을까요? 근대 국민국가의 수립을 본격적으로 도모하기 시작한 1880년대에 들어 이들 친미 지식인들은 박영효朴泳孝(1861~1939)와 같이 기독교를 유교의 단점을 메워주어 근대화에 도움을 주는 종교로 보아 관용하거나, 심지어 서재필 같이 기독교도로 개종하기까지 했습니다. 이 두 사람은 갑신정변이 실패한 후 미국에서 망명 생활을 했는데, 기독교를 근간으로 한 미국식 민주공화제 국가를 한국에 세우길 꿈꿨습니다. 이 밖에 1899년 옥중에서 기독교로 개종한 이승만도 그러한 친미파 중 한 사람이지요. 이들의 눈에 미국은 과연 어떠한 모습으로 비쳤을까요?

나는 미국에 가서 여러 곳을 유람하며 마음을 두고 세밀히 관찰하였다. 과연 그 풍속이 문명하고 순량純良함은 오로지 야소교耶蘇敎의 교화에 의

함이다. (……) 동양제국은 야소교를 신봉치 아니하면 구미 각국과 같이 존립할 수 없음은 자명하다(박영효, 〈조야신문朝野新聞〉 1886년 3월 31일자).

우리 민족은 어떤 제도적 개혁을 단행하기에 앞서서 먼저 교육 수준을 높여야 하고 기독교화되어야만 합니다. 그 다음에야 우리는 헌정憲政을 이룩할 수가 있을 것이며, 먼 훗날 아마 미국과 같은 자유롭고도 개명된 국가가 될 수 있을 것입니다(박영효, F. A. 매켄지, 신복룡 역, 《대한제국의 비극》, 집문당, 1999).

나는 메이슨 가에 있는 장로교회 예배당에 다녔는데 그곳을 일요일마다 반드시 갔다. (……) 믿음과 사랑의 복음을 인류에게 전해준 그리스도의 뒤를 잇기로 맹세한 것도 이때이었다. 이 종교적 영향은 나의 일생을 통하여 위대한 힘을 주었다. (……) 박영효에게 본국 사정을 듣게 되자 나는 직접적으로 국가를 위하여 큰일을 하여 볼 좋은 기회가 닥쳐왔다고 깨달았다. 미국에서 오랫동안 내가 마음 깊이 그리던 자유와 독립의 이상을 실천할 천재일우千載一遇의 시기가 돌아온 것이다(김도태, 《서재필박사 자서전》, 을유문화사, 1972).

이렇듯 박영효와 서재필은 미국의 종교와 정체를 한국이 도입해야할 모델로 이상시했습니다.

그리고 이승만도 미국·일본·러시아의 수준을 기독교 사회화의 정도에 따라 평가한 〈교화로써 나라를 세울 것立國以敎化爲本〉이라는 ―1900년대 초에 쓴 것으로 보이는― 논설에서 미국은 이상적 모델로, 일본과 러시아는 비판적으로 수용해야 할 반면교사 내지 타산지석으로 이해하고 있었습니다.

　　　　〔기독교의〕 교화가 융성한 나라에서는 백성이 정권을 장악하기 때문에 반란·침어侵漁·기만欺瞞·시기猜忌 등의 폐단이 없다. 지금의 미국이 그러한 예이다. 정법政法을 교화보다 우선시하는 나라에서는 임금과 백성이 모두 정치를 하는 셈이다. 그래서 무릇 각국의 양법良法과 미규美規를 찬란하게 두루 갖추고는 있지만 이따금 뇌물과 청탁이 성행하여 투표할 때에 돈을 주고 사람을 사는 등의 갖가지 더러운 일이 일어난다. 오늘날의 일본이 그러한 예이다. 심지어 전연 교화에 힘쓰지 않는 나라도 있으니, 비록 천하를 웅시雄視하고 해외에 국위를 떨치고는 있지만 정변이 자주 일어나 국보國步에 어려움이 많다. 오늘날의 러시아가 그러한 예이다. 이것이 어찌 정법은 교화를 근본으로 삼아야 한다는 것을 쉽게 깨닫게 하는 분명한 증거가 아니겠는가?(이승만,《옥중잡기》, 유영익,〈이승만의《옥중잡기》백미〉, 유영익 편,《이승만연구》, 연세대 출판부, 2000에서 재인용)

　이처럼 친미파들은 미국에 대해 찬탄을 거듭한 반면 러시아와 일본에 내린 평가는 지극히 냉혹합니다. 조선이 택할 수 있는 발전 모델 가운데 미국식이 제일 낫다는 이들의 평가는 옳았다는 게 제 생각입니다. 따라서 한 세기 전 우리 지식인들이 사회진화론의 약육강식 논리, 계급적 이해, 서구 중심주의적 인식에 함몰되었다는 박 선생님의 지적도 설득력이 있지만, 제가 보기에 그런 관점은 지나치게 이상적이며 현재적이 아닌가 합니다. 양계초라는 동아시아의 선구적 지식인조차 1차 세계대전으로 폐허가 된 유럽을 두 눈으로 목격한 1919년에야 비로소 사회진화론이 제국주의 이데올로기라는 점을 깨달았고 그에 맞서 중국이 살아남을 방법으로 '개명 독재'라는 국가주의적 해결 방안을 고안했습니다. 양계초가 그러할진대 개화기 우리 지식인들에게 왜 사회진화론과 계급적 이해를 넘어서지 못했느냐고 채찍질 하는 것은 너무 많은 것을 요구하는 셈입니다.

어쨌거나 양계초가 사회진화론이 제국주의 이데올로기임을 깨달았을 무렵, 한국인 중에서도 러시아혁명(1917)이 성공한 이후 '혁명적인 마르크스·레닌주의'의 입장에서 미국을 자본주의적 제국주의 국가로 보아 비판하는 김규식金奎植(1881~1950), 박헌영朴憲永(1900~1955) 같은 인물들이 나왔다는 점도 짚고 넘어갈 필요가 있습니다.

우리는 원동遠東에서의 혁명 과업과 관련하여 왕왕 '연합전선'과 '협동'의 필요성을 운위합니다. 최근에 우리는 이의 필요성을 더욱 절실히 느끼게 되었습니다. 왜냐하면 서구라파와 미국의 자본주의 열강이 동아시아 전체를 공동으로 착취하기 위해 서로 어떻게 결탁하였는지를 목도하였기 때문입니다. 심지어 자국의 '이타주의利他主義' 지향성과 '민주주의' 원칙의 범세계적 적용을 그토록 떠들어온 위대한 미 공화국조차 워싱턴 회의에서 영국·프랑스·일본 등 악명 높은 3대 흡혈귀 국가와 가증할 4강 협정을 체결함으로써 자신의 가면을 벗어던졌습니다(김규식, The Asiatic Revolutionary Movement and Imperialism, *Communist Review*, 1922).

세상은 미국 건국의 역사를 보고 청교도적 순도殉道의 정신과 영웅적 행위가 충만하다고 찬미하나 그것은 표면만 본 피상적 관찰이 아니면 거짓말로서 정확한 사실을 숨기는 데 불과하다. 미국의 역사는 '토인 학살'로 그 첫

페이지가 열린다.' 미국에 처음 이주한 구주인은 신영토의 삼림과 황야에 사는 토인을 방축放逐하고 토민을 학살하고 토인의 주가住家를 약탈하는 일이 피등彼等에게 상제上帝가 준 '신성한 사업'이었다. 피등이 노예에 대한 법률이 혹독한 것은 구주 중세기 시대와 조금도 다를 것이 없었다. 교형絞刑·화형은 물론이오 '버-지니아' 교회에서는 17인, 신영란新英蘭(New England)의 교회에서는 12인의 노예가 일시에 사형에 처하였다는 사실은 결코 드문 일이 아니었다 (박헌영, 〈역사상으로 본 기독교의 내면〉, 《개벽》, 1925년 11월).

미국을 '흡혈귀'와 같은 제국주의 침략 국가로 보는 김규식의 대미관이나 기독교의 이율배반적 위선을 고발하는 박헌영의 미국 비판은 일제하와 해방을 거치며 우리 사회에서 미국을 바라보는 또 하나의 흐름이 됐지요. 사실 오늘날 미국만큼 우리에게 큰 영향을 끼치는 외세는 없습니다. 우리가 미국과 국교를 맺은 해는 120년쯤 전인 1882년이지만, 미국이 우리에게 막강한 영향력을 행사하게 된 것은 1945년 이후부터입니다. 우리는 유사 이래로 밀접한 관계를 가져온 중국과 일본에 대해 비교적 호오好惡가 분명한 인식 태도를 보이는 것과 달리, 미국에 대해서는 이처럼 짧은 교류 기간으로 인해 애정과 증오가 교차하는 불확정적인 이미지를 갖고 있습니다.

오늘 우리 사회를 돌아보면 미국을 문명국·강대국이자 우방으로 보는 친미론과 우리 민족의 주체적 역사 발전을 가로막는 제국주의 침략 국가로 보는 반미론이 격돌하고 있습니다. 이처럼 상반된 대미 인식은 어느 날 갑자기 돌출한 것이 아니라 상당한 역사적 연원을 갖고 있습니다.

개화기의 호의적인 대미관은 일제하 우파 민족주의자나 독립운동가의 대미 인식의 토대가 됐으며, 해방 후 6·25전쟁과 냉전기를 거치면서 미국은 대한민국에서 '구세주 나라'로 굳어졌지요.

반면 부정적인 대미 인식은 일제하 마르크스·레닌주의가 지식인들에게 전파되면서 형성되기 시작했다고 봅니다. 하지만 직접적인 뿌리는 1980년대 이후 군사정권을 지원한 미국에 실망한 지식인층이 수정주의 사관에 입각해 부정적인 대미 인식을 받아들인 데서 비롯됐습니다. 그러다가 1990년대 이후 한국의 민주화가 진전되고 다원적 시민사회가 형성되면서 외세에 대한 비판 의식이 더욱 증폭된 것이지요.

저 또한 '폭도'라는 이름으로 이라크 양민을 사살하고, 메소포타미아 문명의 유적과 유물들이 파괴·약탈당하는 것을 방조한 미군의 행위는 분명 야만적 반달리즘vandalism에 견줄 수 있다고 생각합니다. 그러나 저는 박 선생님의 대미 인식에 동의할 수가 없습니다. 이라크 주둔 미군들이 모두 다 '인간이기를 스스로 포기한 미제의 고용 살인자'이며, '기름 대신 인간의 살과 피를 태우는 살인 기계 미국의 모습을 보며 인류 역사가 막다른 골목에 왔다'는 주장은 과연 근거가 있습니까? 군복을 입었다는 이유만으로 모든 미군을 증오하고 적대하는 단순화의 오류를 범해서는 곤란합니다. 증오는 증오를 낳고 피는 피를 부를 뿐이지요. 2003년 5월 미국의 공식적 종전 선언 이후 복무지를 벗어나 소속부대로 돌아가지 않은 미군의 수가 1,700명이고, 정신 치료를 위해 본국으로 돌아간 미군도 7,000명이 넘는다는 신문보도를 본 적이 있습니다. 이 기사로 미루어 미군들도 군인이란 특수 신분 때문에 자신의 양심에 거슬리는 행위를 할 수밖에 없었지만, 스스로를 돌아보고 책망하는, 우리와 마찬가지로 양심과 이성을 가진 인간들이 대다수라고 믿습니다.

또한 아들 둘을 이라크 전선에 보낸 래리 시버슨이란 미국 시민이 쌈짓돈을 털어 2003년 9월 24일자 〈뉴욕타임스〉에 실은 '럼스펠드 국방장관은 내 아들들을 배신했다'는 제목의 반전 광고가 상징하듯, 미국 시민사회 전체가 네오콘의 제국주의적 대외 침략 정책에 동의하는 것도 아니라고 봅니다. 이라크전쟁에 대한 반전 시위가 전 세계에서 벌어질 때 미국 시민들도 베트남전쟁 반대 시위 이래 최대 규모의 반전 시위를 벌였으며, 지난 대통령 선거에 부시의 경쟁자로 나선 민주당 소속 후보들 중에는 이라크전쟁 반대를 슬로건으로 내건 인물들도 있지 않았습니까? 재미있는 것은 선생님이 미 제국주의의 실체를 꿰뚫어 보았다고 본 양계초가 미국의 대외 정책을 제국주의적이라고 통박했지만, 중국이 임오군란을 빌미로 군대를 파병해 조선을 거의 반식민지화한 침략 행위는 오늘날 미국의 네오콘이 이라크에서 행한 일과 진배없는데도 침략을 저지른 자국의 행위에 대해서는 언급한 적이 없다는 사실입니다. 오늘 고구려에 대한 역사 기억의 침략에 비판적인 중국의 지식인을 찾아볼 수 없는 것도 한 세기 전과 너무도 닮은꼴입니다.

무조건적인 배척이나 추종은 바람직하지 않아

미군 모두를 '살인 기계'로 보거나 미국 시민사회를 '오락적인 폭력'으로 전쟁을 즐기는 타락한 사회로만 규정한다면, 우리는 인류 멸망의 암울한 종말론eschatology을 벗어날 수 없을 겁니다. 이라크 주둔 미군과 미국 시민사회의 양식과 이성에 희망을 걸지 않는다면, 각국의 시민사회가 연대해 전개한 반전 시위나 평화 촉구의 의미는 어디에서 찾을 수 있겠습니까?

선생님께선 미국이 '전쟁을 먹고 사는 괴물'로 세계 체제의 정상에 서 있는 한 우리에게 평화의 날은 오지 않는다고 보고 계십니다. 또한 오늘의 한미 관계를 종속 관계로 보고 '극미 의식'을 갖는 것이 우리가 취할 태도라는 입장인 것 같습니다. 그러나 한미 관계사를 미국의 일방적인 전략적·경제적 이해타산에 의한 것이 아니라 우리의 필요에 의한 미국과의 유대 강화라는 관점에서 조망할 필요가 있습니다. 그렇다면 우리는 호의적 대미 인식을 바탕으로 미국과의 긴밀한 관계를 이용해 국내적으로는 민주주의 정치와 경제적 풍요를 누리는 다원적 시민사회를 이룩했고, 대외적으로는 조선 시대 이래의 폐쇄성을 극복해 서구 중심 세계 질서에 본격적으로 진출했다고도 볼 수 있지 않겠습니까?

우리 사회에서 격돌하고 있는 친미와 반미 두 입장은 냉전 이데올로기의 산물에 지나지 않기 때문에 시대착오적일 수 있습니다. 세계사적 시각에서 볼 때 냉전이 해체된 지금, 친미와 반미로 갈라져 벌이는 소모적 논쟁을 넘어 미국에 대해 유연한 인식을 갖는 것이 더 합리적인 자세라고 생각합니다. 아직도 우리가 냉전 시대의 소산인 김동리의 시 〈젊은 미국의 기빨 벤프리트 장군에게 드리는 예장禮狀〉과 1948년 '제주민중항쟁' 때 뿌려진 〈호소문〉에 입각해 또다시 동족상잔의 비극을 되풀이할 수는 없지 않습니까?

이번에 한국을 도와준 위대한 은인들
맥아더 릿쥬웨이 트루맨 아이젠하워 등
수많은 이름을 내 맘은 기리 잊지 못할 것입니다.
드러나 당신처럼 내 가슴에 고동을 주고

내 목에 흐느낌을 일으킨 이는 많지 않을 것입니다.
친구가 친구의 원수를 미워하고
형제가 형제의 원수를 갚되
어느 의인義人이 또한 나의 수도首都를 당신 같이
아끼며 사랑하며 지켜주었겠습니까
일찍이 한국의 어느 항구에 들어왔던 외인外人의 선박에서도
당신의 아드님을 비롯한 많은 부하들이
이 고장에 뿌려주신 선혈에 비하여 더 고귀한
빠이블과 십자가를 우리는 그 속에서 본 적이 없었습니다.
(김동리, 〈젊은 미국의 기빨 벤프리트 장군에게 드리는 예장禮狀〉)

시민 동포들에게
경애하는 부모 형제들이어!
'4·3' 오늘은 당신님이 아들 딸 동생은 무기를 들고 일어섰습니다.
매국 단선단정單選單政을 결사적으로 반대하고 조국의 통일 독립과 완전한 민족 해방을 위하여!
당신들의 고난과 불행을 강요하는 미제美帝 식인종과 주구走狗들의 학살 만행을 제거하기 위하여!
오늘 당신님들의 뼈에 사무친 원한을 풀기 위하여! 우리들은 무기를 들고 궐기하였습니다.
당신님들은 종국의 승리를 위하여 싸우는 우리들을 보위하고 우리와 함께 조국과 인민의 부르는 길에 궐기하여야 하겠습니다!
(〈호소문〉, 1948)

'제국의 오만'을 과시하는 미국의 패권주의로 인해 한반도를 둘러싼 열강 간의 갈등이 다시 재연될 가능성이 점점 커지고 있습니다. 오늘을 사는 우리들도 한 세기 후 우리 후손들이 이 시대 한미 관계의 회계 장부에 어떤 점수를 매길지 유념해야겠지요. 반미와 친미의 고정관념을 넘어 그 영향력을 무시할 수 없는 미국에 대해 우리들이 갖고 있는 인식 체계에 결함은 없는지, 그리고 한 세기 전 실패한 용미用美의 개선책이 무엇인지를 좀 더 냉철하고 합리적으로 점검해봐야 할 때가 아닌가 합니다.

한 세기 전 우리 조상들은 냉전 시대에 미국이 한반도에 대해 갖고 있던 전략적 동기를 그 때의 미국도 가져주기를 바래 운산금광 채굴권과 경부·경인철도 부설권과 같은 각종 이권을 건네준 바 있습니다. 당시 조선 사람들이 알짜배기 이권을 미국에게 준 이유는 그 침략성을 모를 만큼 순진했기 때문이 아닙니다. 한반도를 통째로 집어삼키려 했던 일본이나 정치적 지배를 영속하려 했던 중국에 비해, 기독교 포교와 무역과 같은 문화적·경제적 관심을 갖고 있을 뿐인 미국이나 부동항 확보라는 전략적 동기를 갖고 있던 러시아가 덜 침략적으로 보였기 때문이지요. 따라서 당시 조선 사람들은 러시아와 미국을 이권을 미끼로 끌어들여 한국을 둘러싼 열강 간의 각축전에서 세력 균형을 이뤄내려고 했던 것이지요. 그러나 러시아는 부동항을 중국 쪽에서 구할 수 있게 되자 한반도에서 발을 빼려 했고, 미국은 단물만 빨아먹고 우리 선조들이 기대한 조정자나 중재자 역할에는 관심이 없었습니다. 결국 우리는 자기 힘을 기르지 않고 남의 힘에 기대어 살아남으려 한 것이 얼마나 부질없는 일인지를 망국이라는 비싼 대가를 치르고야 깨달았습니다. 냉전 해체 이후 한반도에 대한 열강의 이해가 엇갈리기 시작한 오늘 실패의 역사에서 배운 교훈은, 힘의 논리가 지배하는 약육강식의 세상에서 우리의 생존과 양심을 지키기 위해서는 자신의 힘 기르기가 무엇보다 중요하다는 것입니다.

100년 전의 힘 기르기가 부국강병이었다면, 오늘의 힘 기르기는 다원적 시민사회의 완성에 있다는 것이 그 차이겠지요. 다원적 시민사회를 이루지 못한 전체주의 사회는 공포와 무력으로 자국민을 통치하기에 대내적 통합력이 떨어지고, 정당성이 결여된 독재 체제는 인권 등을 빌미로 외세가 개입할 여지를 주기 때문에 우리의 생존을 지켜줄 방패는 되지 못합니다. 즉, 오늘의 힘 기르기는 군사력과 경제력이라는 물리적인 힘도 중요하지만, 외세에게 유의미한 타자로 존중받을 수 있는 다원적 시민사회의 완성이 더욱 중요할 것입니다.

그런데 오늘의 딜레마는 우리가 비록 100년 전에 비해 괄목할 성장을 한 것은 사실이지만, 세계 체제의 심장인 미국, 미국과 자웅을 겨룰 정도로 급성장한 중국, 세계 제일의 경제대국이자 다시 군사 강국화할 가능성이 큰 일본, 그리고 여전히 막강한 군사력을 보유한 러시아를 상대로 우리의 자존을 지켜내기에는 아직 내실이 부족하다는 사실입니다. 따라서 우리는 내실 쌓기와 함께 이해를 달리하는 열강 사이의 세력 균형을 도모하기 위한 외교 전략도 여전히 필요하다고 봅니다. 그렇다면 오늘 우리에게 가장 큰 위협 세력은 박 선생님 주장처럼 미국일까요? 선생님께서는 미국의 북한 침략이 임박한 것으로 보시지만 저는 중국이 북한을 군사적으로 점령할 가능성도 마찬가지로 크다고 생각합니다. 중국 정부가 도모하는 '동북공정'은 고구려 강역이었던 북한 지역에 대한 중국의 영향력 확보책으로도 볼 수 있습니다. 그렇다면 만약 북한에서 임오군란과 같은 정변이 일어난다면 이를 기화로 북한과 중국의 국경 지대에 주둔하고 있는 15만의 중국군이 북한을 점령할지도 모릅니다.

  요즘과 같이 힘이 정의인 신자유주의 시대에 선생님이 최악最惡으로 보는 미국 제국주의나 차악次惡으로 보는 중국이나 유럽연합 같은 '마이너' 제국주의나 침략의 속성은 매한가지가 아닐까요? 그렇다면 종래의 선악 이분법적인 외세 인식, 즉 외세에 대한 무비판적인 추종이나 무조건적인 배척에서 벗어나 한층 현실적이고 객관적인 눈으로 미국을 비롯한 우리 주변의 외세들을 다시 보아야 할 것 같습니다.

항상 행운과 건강이 함께 하시길 기원하며
허동현 드림

■ 더 읽을 만한 책

김기정,《미국의 동아시아 개입의 역사적 원형과 20세기 초 한미관계 연구》, 문학과지성사, 2003.
김용덕,〈한국인의 미국관〉,《중앙사론》 1, 1972.
문동환·임재경,〈(대담) 우리에게 미국은 누구인가?〉, 문동환·임재경 외,《한국과 미국》, 실천문학사, 1986.
유영익,〈통시기적으로 본 대미 인식〉, 유영익 등,《한국인의 대미 인식》, 민음사, 1994.
_____ ,〈개화기의 대미 인식〉, 위의 책.
_____ ,〈조미조약의 성립과 초기 한미관계의 전개〉,《한국근현대사론》, 일조각, 1992.
아라리 연구원 편,《제주민중항쟁》1, 소나무, 1988.
유성하,《한미관계의 발자취》, 대동, 1991.
유영렬,《개화기의 윤치호 연구》, 한길사, 1985.
한국정신문화연구원,《한·미수교 1세기의 회고와 전망》, 한국정신문화연구원, 1983.
한철호 역,《미국의 대한 정책 1834~1950》, 아시아문화연구소, 1998.
Taik Sup Auh, Korean Perception of U. S-Korean Relations, Robert A. Scalapino and Sung-joo Han, eds., *United States-Korean Relations*, Berkeley: Institute of East Asian Studies, University of California, 1986.

또 하나의 논쟁
독자를 대신하여 질문합니다

박노자, 허동현 선생님께

안녕하세요, 푸른역사입니다.
《우리 역사 최전선》에서도 두 분의 유쾌하고 진지한 역사 논쟁의 장에 많은 독자들이 즐겁게 동참하여 뜨거운 반응을 보여주었습니다. 무엇보다 보수와 진보라는 틀을 통쾌하게 깨뜨려버린 열린 대화와 토론이 신선하게 다가왔다는 사실을 인터넷 서점에 올라온 독자 서평을 보아도 알 수 있습니다.
그런데 두 분이 논의를 진행하실 때 먼저 박 선생님이 의견을 개진하고 이어서 허 선생님이 주장을 맞받아치고 나면 곧 대화가 종결되는 구도가 반복되다 보니, 박 선생님은 보충 설명이랄까 반론을 제기할 기회를 갖지 못했습니다. 그 점을 안타깝게 여긴 독자들이 많았으리라 생각합니다. 그래서 생각 끝에 독자들을 대신해 두 분에게 보충질문을 드리게 되었습니다. 박 선생님은 이 기회를 활용해 허 선생님과 반대되는 논지를 더욱 날카롭게 개진해주고, 허 선생님도 역시 반론에 대한 반론을 펴 모처럼 재개된 논쟁에 불을 지펴주길 기대합니다.
그럼, 이제 시작하겠습니다.
박 선생님은 개화기의 식자층이 미국을 일종의 유토피아로 보아 극도로 친미성을 띠거나 숭미적이었다고 말합니다. 그들의 맹목적 친미 행위가 한국의 지도층 사이에 면면이 이어져 오늘날까지 지속되고 있다는 견해도 덧붙입니다. 그에 대해 허 선생님은 완전히 다른 주장을 폅니다. 이미 19세기 말에도 조선의 일부 식자들은 놀랄 만큼 객관적으로 미국의 다중성을 꿰뚫어 보고 있었다는 것이지요. 두 분의 글을 다 읽고 나서 독자들은 다음과 같은 질문을 가지게 될 법합니다.

●●● 허동현 선생님께 묻습니다

푸른역사   만일 허 선생님의 견해처럼 구한말 일부 선각자들의 대미 의식이 그처럼 객관적이고 투철했다면 미국에 대한 당시의 외교 정책은 어떠하였습니까?

>허동현   대미 외교 정책을 말씀드리기 전에 먼저 해명해야 할 바가 있습니다. 사실 저는 구한말 즉, 개화기 우리 선각자들의 대미 인식이 '객관적이고 투철했다'기보다 주체적이고 합리적이었다고 보는 견해를 갖고 있습니다. 저는 개화기에 호의적 대미 인식이 형성된 데는 중국의 양무개혁 지도부의 영향도 있으나 박 선생님 주장처럼 그러한 인식이 타율적으로 이식된 것은 아니라고 생각합니다.
>즉, 미국에 대한 호의적 인식은 먼저 17세기 실학자들이 북경에서 수집한 세계 인문지리서들에 담긴 지식에서 발단했습니다. 그리고 나서 개항 이후 미국의 문물제도에 대해 중국과 일본에서 수집한 정보와 우리 스스로의 미국 경험에 의해 자생적으로 형성된 것이죠. 또한 저는 사회진화론이 만연하던 19세기 말이나 지금이나 세계 어디에서도 박 선생님이 이야기하는 차별과 착취 없이 평등이 구현된 이상 사회가 존재한 적이 없었다고 생각합니다.
>따라서 저는 박 선생님이 갖고 있는 현실 비판의 바이어스 즉, 미래에 언젠가는 구현돼야 할 역사적 당위로서의 이상 사회를

기준으로 한 세기 전이나 현재의 우리 사회를 비판하는 것에 동의하지 않습니다. 우리 선각자들이 개화기 당시 현존하던 국가 체제 중 상대적으로 우월한 제도와 문물을 갖추고 있던 미국을 발전 모델로 본 것은 잘못된 선택이 아니라 탁견입니다. 왜냐하면 당시 그들이 내린 판단에 기초가 된 미국의 공화제·삼권분립원칙과 예결산·선거·교육제도 등은 그때나 지금이나 단점보다는 장점이 많거든요. 사실 박 선생님이 미국을 비판하는 동일한 잣대로 세상을 잰다면 그 어떤 나라도 비판의 칼날 앞에 자유롭지 못할 겁니다.

그럼 이제 개화기 대미 외교 정책이 어떠했는지 말해보겠습니다. 크게 보아 당시 위정자들은 당시의 국제 질서를 사회진화론에서 설파하는 약육강식과 우승열패의 논리가 판치는 살벌한 싸움터로 봤습니다. 그들은 이러한 상황에서 살아남기 위해 대내적으로는 근대화 정책을 펼치려 했으며, 대외적으로는 한반도를 둘러싼 열강 사이에 힘의 균형을 맞추려고 노력했습니다.

이 과정에서 조선의 집권 세력들은 서구 열강 중 미국과 가장 먼저 조약을 체결할 정도로 미국을 가장 좋게 보았기에, 미국으로부터 근대화와 생존에 필요한 외교적·물적·인적 지원을 기대하는 외교 정책을 펼친 것이 사실입니다. 실제로 1883년 외교사절단 보빙사報聘使의 파견, 1888년 청국의 방해에도 불구하고 워싱턴에 개설한 주미공사관, 미국인 군사고문관 초빙, 미국 기업에 대한 각종 이권 양여, 그리고 을사조약 이후 고종의 대미 독립 외교에 이르기까지 갖가지 방법으로 미국과의 유대를 강화하고 그 문물을 본뜨려 한 것이 개화기 우리 위정자들이 펼친 대미 정책의 주된 흐름이었습니다.

푸른역사   만일 개화파들의 정확한 대미 인식이 외교 정책과 괴리되었다면 구체적으로 어떠한 차이가 나타났는지 좀 더 부연 설명해주시길 바랍니다.

허동현   저는 개화기에 조선 위정자들의 호의적 대미 인식이 외교 정책과 괴리되었다기보다 미국이 우리를 보는 눈과 우리가 그들을 보는 눈 사이에 큰 차이가 있었다고 생각합니다. 우리는 미국이 우리에 대해 전략적 가치를 부여해주길 바란 데 비해 미국의 관심은 경제적인 데에 불과했던 것이 그러한 괴리를 낳은 것이죠.

예를 들어볼까요? 1883년 조선에 부임한 푸트 미국 공사는 조선의 "수출 가능 물품은 소가죽·쌀·사람 머리털·전복 껍데기 등등이다"라고 하여 당시 한국의 경제적 가치를 '단물 빠진 껌 내지 계륵鷄肋'이라고 평가한 보고서를 올렸습니다. 이후 미국의 대한 정책은 불간섭주의와 중립주의로 굳어졌습니다. 그 결과 개화기 조선과 미국은 일방적 짝사랑과 무관심이 교차하는 고장난명孤掌難鳴의 관계를 연출하고 말았던 것이죠. 미국의 한반도에 대한 관심은 2차 세계대전 이후 초강대국으로 부상한 미국이 소련과 이데올로기 경쟁에 나서면서 '반공의 보루'로 남한의 전략적 가치를 재평가한 이후에야 본격적으로 불붙기 시작한 것으로 보입니다.

푸른역사 미국에 대한 국내의 비판적인 인식은 일제 시대에도 존속했을 듯하고, 해방 직후 미 군정 하에서는 더욱 더 확산됐을 것 같습니다. 그럼에도 불구하고 1980년대 이후 수정주의 사관의 영향으로 반미 감정이 발생했다고 보는 이유는 무엇인가요?

허동현 미국에 대해 한국인이 갖고 있는 비판적 인식 체계는 크게 네 가지입니다. 첫째, 세상을 유교화된 문명 사회와 그러지 못한 야만 사회로 이분하는 화이華夷론에 입각한 미국 혐오관입니다. 둘째, 마르크스·레닌주의적 세계관에 입각해 미국을 자본주의적 제국주의 침략 국가로 보는 인식입니다. 셋째, 일본이 퍼뜨린 황인종주의에 의거해 미국을 백인종 침략 국가로 보는 견해입니다. 넷째, 서구 문명 전체는 필히 망한다는 서구문명쇠퇴론의 시각에서 미국을 로마제국처럼 정신적·도덕적으로 타락한 나라로 보는 시각입니다.
이들 중 화이론에 입각한 미국 혐오를 제외한 세 개의 비판적 대미 인식은 일제 시대에 만들어졌습니다. 또한 질문한 것처럼 해방 직후 미 군정 하에서는 마르크스·레닌주의에 입각한 비판적 대미 인식이 좌파적 세계관을 가진 사람들 사이에 확산되었으며, 6·25전쟁 시기에 미군이 범한, 그리고 그 이후 주한 미군 병사들이 저지른 만행으로 인해 한국인들의 가슴 한편에 추악한 미국인의 모습이 새겨진 것도 사실입니다. 사실 미국에 대한 부정적이고 비판적인 인식 체계는 모두 그것이 형성될 무렵 우리와 미국의 상황을 반영해 나름의 시의성과 호소력을 가졌던 것 같습니다. 그러나 사회 전체적으로 볼 때 소수만이 미국에 대해 비판적이었을 뿐, 미국을 호의적으로 보는 인식이 1880년대 이래 우리 사회의 주류적 대미 인식이었습니다. 특히 미국과 소련의 대리전이자 국제전인 6·25전쟁을 치르면서 미국은 우리의 우방이자 최고의 문명국이라는 인식이 남한 사회에 그 뿌리를 깊이 내렸죠.

전쟁 이후 이승만의 문민 독재와 박정희의 군사 독재가 이어지면서 남한은 북한의 위협으로부터 자유로워지려면 시민 개인의 자유와 인권을 유보할 수밖에 없다는 독재 정권의 반공논리에 함몰됐습니다. 공산 진영으로부터 우리를 지켜주는 보호자와도 같은 미국에 대한 비판은 있을 수 없는 일이었죠. 당시 우리 사회에서는 반정부보다 반미가 더한 금기였습니다. 그러나 군사 독재의 질곡을 뚫고 성장한 남한의 시민사회는 1980년 봄 완전한 자유와 인권이 보장되는 다원화된 민주 사회를 꿈꾸었습니다. 그러나 이러한 시민사회의 기대는 신군부의 대두로 인해 좌절되고 말았습니다. 한국인들은 1980년 신군부가 광주에서 벌인 시민 학살의 배후에 당시 군 작전권을 쥐고 있던 미국의 존재를 감지했습니다. 차츰 자유와 민주주의를 지켜주는 우방이란 고정관념에 균열이 가기 시작하더니 대학가와 노동·농민 세력이 주도하는 격렬한 반미 시위가 지속적으로 일어났습니다.

이때 미국을 자유와 인권을 전파하고 지키는 나라가 아니라, 제국주의적 침략국가로 보는 미국 뉴레프트 계열의 수정주의 사관이 담겨 있는 책들이 널리 열독되면서 우리 지식인 사회에 미국에 대한 비판적 시각이 널리 확산된 것입니다.

푸른역사 허 선생님은 박 선생님의 대미관을 사실상 맹목적인 반미로 규정하고 그 위험성을 경고합니다. 미국을 상대하는 방법이 유연해야 한다는 입장인데, 그것은 현실적으로 어떻게 표현해야 하는 것입니까?

허동현 반공 이데올로기에 근거한 친미나 수정주의 사관에 입각한 반미나 모두 냉전 시대의 산물이라는 점에서 유효 기간이 지난 인식이라고 볼 수 있습니다. 지금 세계를 지배하는 게임의 논리는 힘의 법칙입니다. 힘이 정의인 세상에서 도덕률에 입각한 세상 보기는 더 이상 유효하지 않다는 게 제 생각입니다. 미국의 대외 정책이 도덕적으로 선이냐 악이냐를 기준으로 우리의 대미 정책을 입안해서는 곤란하다는 겁니다. 제가 외교학자나 정치학자가 아니라 역사학자인 관계로 미국에 대한 정책이 어떠해야 한다고 말하는 것은 어불성설일 수 있습니다. 하나 나름의 소견을 풀어본다면, 현재 미국은 박 선생님이 생각하는 것처럼 무너질 운명에 처한 제국이기보다 세계 전체를 지배할 그물망을 촘촘히 펼치며 한껏 기세를 올리는 제국이란 생각입니다.

미국이란 제국에 대해 제국의 반열에 들지 못한 우리가 나름의 목소리를 내기란 매우 어려운 일입니다. 즉, 미국과 우리의 관계는 국민국가 대 국민국가의 평등한 관계가 아니라 제국 대 非제국이라는 불평등한 관계에 서 있다는 점을 우리가 인정해야 합니다. 제국의 행보에 반대할 때 우리의 생존이 위태로워진다는 점을 부정할 수 없습니다. 우리에게 던져진 화두는 우리의 생존을 위협하는 마이너 제국인 중국·일본·러시아 사이에서 힘의 균형을 이루기 위해 미국이라는 제국의 힘을 활용할 수 있는가 하는 점입니다. 이때 제국의 비위를 건드리지 않고 자주성을 유지하는 것도 염두에 둬야겠지요. 제가 말하는 미국을 상대하는 유연성이란, 친미는 종속, 반미는 자주라는 소박한 관념에서 놓여나 제국과 타협하되 우리의 양심을 지키면서 생존을 담보하는 능력 기르기를 말하는 것입니다.

푸른역사 허 선생님의 주장을 듣다 보면 100년 전 친미 개화파들이 미국과 타협한 것이나 선생님의 논지인 공조 체제가 사실상 아무런 차이가 없는 것 같기도 합니다. 미국은 우리보다 힘이 세고, 그래도 다른 이웃 나라에 비하면 믿을 만하지 않는가 하는 입장이라는 오해의 여지가 있지 않을까요?

허동현 사실 100년 전과 오늘은 제국의 시대라는 점에서 유사합니다. 그러나 100년 전에는 국민국가 단위의 제국들이 경합하던 근대였다면, 요즘은 국민국가의 외연을 넘어 자본주의가 전 지구적 차원에서 제국을 형성한 탈근대의 시대입니다. 즉 예전에는 국민국가가 외부로 팽창하여 비서구 지역의 나라들을 식민지화하여 제국의 판도에 넣었지만, 요즘의 제국은 자본의 지배에 장애가 되는 적대 세력만을 속아낼 뿐 영토적 지배를 꾀하지는 않습니다.

100년 전 친미 개화파들은 미국의 도움과 지지를 일방적으로 요구했을 뿐 미국과 '타협'할 어떤 카드도 갖고 있지 못했습니다. 종래 100년 전 제국주의 체제에 맞선 저항 주체는 민중이고 개화파와 같은 상층 지배층은 외세에 의존한 한계가 있었지만 발전 주체였다고 볼 수 있습니다. 다시 돌아온 제국의 시대에 우리의 지배층은 이라크 파병을 놓고 보더라도 제국과 타협 내지 공조 체제를 도모한 것이 분명합니다. 저는 "우리보다 힘이 세고 다른 외세에 비해 믿을 만하다"는 단순한 발상에서 미국과 공조, 제 표현으로는 유연한 대응을 말한 게 아닙니다. 이미 말씀드렸듯이 세계 질서가 변하고 인식 주체인 우리나 대상인 미국 모두 끊임없이 변하는데, 친미니 반미니 이미 시효가 끝난 시대착오적인 고정관념을 고집하지 말자는 것입니다.

1990년대 한국에 다원적 시민사회가 형성된 이후의 한미 관계는 그간 일방적 관계에서 주고받는 동반자 관계로의 전환이 모색되고 있는 것으로 보입니다. 물론 오늘의 양국 관계는 동등한 국민국가 간의 만남이 아니라 제국과 비제국의 만남이라는 점에서 동반자 관계의 수립이라는 우리의 꿈이 현실성이 없어 보이기는 합니다. 사실 저는 우리가 우리 능력 이상의 실제를 필요 이상으로 과대평가하는 자대自大 의식에서 벗어나 강자와 더불어 살 수 있는 현실적 인식을 가져야 한다고 생각합니다.

푸른역사 박 선생님은 미국에 대해 '미제'라고 표현하면서 현재의 미국을 "네오콘이라는 마피아가 지배한다"고 단정적으로 선언했습니다. 그 주장에 대한 허 선생님의 비판을 듣고 싶습니다.

허동현 제가 보기에 100년 전 제국주의에 맞선 민중들은 저항 주체로서 깨어 있지 못했기에 세상을 바꾸는 데 실패했습니다. 그러나 오늘 우리의 시민들은 한데 뭉쳐 다니는 우중이 아니라, 자신의 양심과 소신에 따라 연대하는 주체들입니다. 이런 각성된 개별 주체들의 연합은 국민국가의 틀을 넘어 전 지구적으로 전개될 수 있으며, 이들 세계 시민들의 연대가 제국의 지배를 깰 유일한 희망이자 무기라고 생각합니다. 이라크전쟁 당시 전 세계적으로 전개된 반전 시위가 하나의 가능성을 보여준 예죠. 미국에도 분명 제국에 항거하는 시민사회가 존재한다고 생각합니다. 물론 부시 대통령의 재선으로 향후 4년 간 미국은 네오콘의 영향력 하에 놓일 것은 분명합니다. 그러나 네오콘에 반대한 민주당 대통령 후보 캐리가 부시와 박빙의 승부를 펼친 것이나, "우리 이름으론 안 돼Not In Our Name"라는 성명서를 내 2기 부시 정부의 출범에 반대한 촘스키 및 9,000명의 지식인의 존재를 볼 때, 미국을 네오콘이 지배하는 악의 제국으로 단순화하는 것은 무리가 아닐까 하는 생각입니다.

●●● 박노자 선생님께 묻습니다

푸른역사 허 선생님의 견해처럼 구한말에도 미국의 사정을 꿰뚫어본 조선의 식자층이 정말로 존재했다고 볼 수 있는지요? 아니면 허 선생님의 주장이 지나치게 과장된 것이라고 생각하는지요?

박노자 '미국의 정체를 꿰뚫어본다'는 것이 과연 무엇을 의미하는지가 문제입니다. 미국에 장기간 체류 경험이 있었던 개화기의 친미 개화파들은 미국의 야만적인 측면들을 어느 정도 정확히 알고 있었습니다. 그러나 그렇다고 미국 문명을 '최상의 문명'으로 간주하는 잘못된 선입관을 고친 것은 아니었습니다.

그들은 '미국화'·'기독교화'가 조선을 구해줄 수 있는 유일한 묘약이라고 믿었습니다. 더러 미국 본위의 세계관을 포기한 예가 없지 않으나, 대개 일본의 대동아공영론의 영향을 강하게 받아 '황인종연대론'이라는 어쩌면 더욱 끔찍한 세계관을 선택했습니다. 일본도 미국도 노동자를 지옥으로 몰아넣는 자본주의라고 하는 문제의식은 1920년대에 공산주의와 아나키즘 사상이 대거 들어온 뒤에만 성립되었습니다.

구체적인 사례를 들어보겠습니다. 개화기의 거물 윤치호는 미국에 머무는 동안 황인종이라는 이유로 호텔 투숙을 거부당하기도 하고 야유와 물리적인 폭력을 경험하기도 했습니다. 그러한 체험이 있었던 만큼 허 선생님이 지적했듯이 '자유'라는 미국의 궤변 뒤에 숨겨져 있는 것이 바로 인종주의라는 사실 정도는 깨달았겠지요.

그러나 윤치호는 자기 자신을 "사상·신념 차원에서 미국인보다 더 미국적인 사람"으로 규정하고, 자신의 일기 곳곳에서 문명의 최상을 구가하는 앵글로색슨 인종의 용기·담력·근면성 등을 극구 찬양했습니다. 그뿐인가요. 인디언 학살 등의 범행을 합리화하는 한편, 미국인이 조선에서 전개한 선교 사업을 "조선의 문명화를 위한 필수적인 부분"이라고 높이 평가하여 적극 협력했습니다. 즉, 윤치호는 미국의 야만적인 현실을 잘 알면서도 사회진화론에 매몰돼 이를 그 현실을 수용했던 것입니다.

결국 윤치호를 포함한 개화파들은 미국의 침략성을 알고 있었지만, 사회진화론에 입각해 그걸 어디까지나 강자의 당연한 도리로 봤던 것입니다. 윤치호가 자주 말했듯이 이 세상에는 힘이 곧 정의이고, 이길 힘이 없다면 떠들지도 말아야 하는 거였지요.

윤치호 등이 실천에 옮길 수 있던 유일한 반항은 일본 중심의 황인종연대론에 동참해 백인과 '인종적 대결'을 벌이는 것이었습니다. 개화기에는 "지구의 천당인 일본에서 인종 차별을 당하지 않고 살고 싶다"는 개인적 희망, 이것이 러일전쟁 때는 "황인종 일본"의 승리에 대한 기쁨으로 바뀝니다. 그러다가 일제 말기에는 황인종연대론이 "소신 친일"하게 된 윤치호의 이념적 근거가 됐습니다. 과거 자신에게 폭력을 휘둘렀던 백인들을 쳐부

수고 있는 "황인종의 일본 황군"이 그에게 일종의 대리 만족을 줬던 것이지요. 그것도 물론 반미라면 반미지만, 우리가 지금 그러한 수준의 반미를 바라는 건 아닙니다. 진정한 반미란 결국 자본주의와 그 기본 이념인 사회진화론, 인종주의 등에 대한 종합적인 문제 제기여야 합니다. 하지만 대다수가 지주·관료 출신인 개화파에게는 자본주의에 대해 이러한 비판을 기대할 수 없었지요.

푸른역사 선생님의 견해에 따르면 한국의 지도층은 100년 전부터 줄곧 맹목적으로 숭미를 일삼아온 셈입니다. 그렇다면 한국의 중간 계층 또는 일반 민중의 대미관은 어땠을까요?

박노자 미국 이민자들의 친척이나 친지를 비롯해 운산금광 등 미국 이권 사업체에서 일하는 조선인, 그리고 미국 선교사들의 영향권에 있던 기독교 신자 등을 제외하면 개화기 또는 식민지 시대 조선의 중간 계층이 미국과 직접 대면할 기회는 거의 없었습니다. 중간 계층은 그렇다치고 박은식이나 신채호와 같은 유림 계통의 유명 지식인조차 조지 워싱턴의 위업과 미국 독립의 역사를 찬양하면서도 미국땅을 밟아보지 못한 것은 물론 영어도 잘 해득하지 못했습니다(신채호는 1910~1920년대에 영어를 배워볼 시도를 했는데 그리 능통치 못했습니다).

그런데 한국의 중간 계층으로서 미국 이민자나 미국 기업의 고용인, 기독교 신자들이 과연 얼마나 됐겠습니까? 1920년대 초반 하와이의 한인은 1만 명 안팎이었고, 미국 대륙을 통틀어 총 1,200여 명에 불과했습니다(그 정도로 인종적 차별이 극심했지요). 개신교 교인의 총수는 1920년대 중반에 22만 명 정도였으나, 그들 모두가 미국 선교사들과 직접 접촉한 것도 아니었지요. 또한 미국 기업의 고용인 수도 몇천 명에 지나지 않았습니다. 이들 한국인 특히 기독교도들은 미국과의 접촉이 일제 지배자들의 포악한 행위에서 그들을 보호해줄 '방패'로 인식했습니다. 그러나 그와 동시에 미국인들의 인종주의적 오만에 시달리기도 했지요. 1920년대에는 미션스쿨 학생들이, 조선인들을 열등시하는 선교사들이 제정한 극히 엄격한 규율에 반대해 동맹휴학을 많이 하지 않았습니까? 즉, 미국이란 나라에 대해 상당히 이중적인 이미지를 가졌으리라 봅니다.

그러나 미국과 직접 접촉을 하지 않고 영어를 전혀 몰랐던 대다수 중간 계층은 미국에 대한 지식을 주로 언론, 특히 일간지에서 얻었습니다. 한데 개화기나 일제 시대의 언론들이 미국을 주로 장밋빛으로 그린 게 사실입니다. 1930년대 후반 미일 갈등이 심화된 다음에야 미화된 미국관이 일제의 어용적, 또는 인종주의적인 반미 선전으로 교체됐습니다. 언론 매체로부터 유리됐던 하층, 특히 농민들의 경우, 1945년 미군이 한반도 남부를 점령하자 처음으로 미국을 알게 되었습니다. 정리하면, 하층민들의 대미관을 이야기하긴 어렵지만 중간 계층의 경우는 여론 주도층의 대미관에 크게 좌우됐습니다.

푸른역사 선생님의 글을 읽고 독자들은 선생님의 판단 기준이 '현재적'이라는 데 놀랄지도 모르겠습니다. 역사를 바라보는 선생님의 관점이 '현재적'이라면 그 타당성을 변호해주세요.

박노자 역사 서술이라는 것은, 역사학자가 아무리 '실증사학', '사실에 입각한 객관적 묘사' 등을 내세워도 결국 서술 주체의 이해 관계와 세계관 등의 여러 가지 현재적 욕망에 의해서 규정되는 내러티브, 즉 이야기지요. 그것이 고금동서 역사학의 '공공연한 비밀'입니다. 만약 과거가 현재의 문제들을 풀기 위해서 필요한 것이 아니라면, 이미 지나간 이야기를 왜 다시 꺼내야 합니까? 결국 현재적인 욕망을 충족시키기 위해서 우리는 역사를 논하는 게 아닙니까? 물론 '나'만의 현재적 욕망을 채우기 위해서 과거 사실을 왜곡하거나 뻔히 아는 사료를 일부러 빼버린다면 그것은 전문가다운 일도 아니고 타자의 존재와 그 욕망을 무시한다는 점에서 최악의 아집이 되겠지요. 따라서 사료에 충실한 태도를 취하고 남의 입장과 의견을 충분히 존중하고 참고한다면 서술자의 입장에서 역사를 기술한다는 것이 극히 자연스러운 일이라 봅니다.

그런 모범적인 사례로 하버드 진이라는 미국의 대표적인 진보 사학자가 쓴 《미국 민중사》를 추천합니다. 이 책에는 사료 왜곡이나 의도적인 묵살 등은 전혀 없지만, 오늘날 지구 문명을 멸망케 하는 미국의 반反환경적·인종주의적·제국주의적 오만의 기원이 어디 있는지가 '현재적으로' 설명돼 있습니다.

우리가 기억해야 할 것은, 오늘날 고전으로 간주되는 박은식의 《한국통사》나 신채호의 《조선상고사》, 문일평의 《한미50년사》 등 식민지 시대의 사학 서적들도 지극히 현재적으로 씌어졌다는 사실입니다. 이들 사서史書들은 일제 어용사관의 허구성을 보여주기도 하지만, 독립투쟁의 정당성, 조선인으로서 긍지를 갖고 살 수 있는 근거를 제공해주었습니다. 또 그만큼 전문가뿐만 아니라 수많은 독자의 사랑을 받았지요. 그게 진정한 역사 아닙니까?

푸른역사 선생님은 "미국이 세계 체제의 정상에 서 있는 한 평화의 날은 오지 않을 것"이라고 단언했습니다. 허 선생님은 그러한 의견이 지나치게 단순한 흑백논리라고 공박했는데요, 선생님은 자신의 주장을 좀 더 분명하게 변호해주시기 바랍니다.

박노자 자본주의적 세계 체제 내에서 패권 국가라는 것이 과연 무엇입니까? 당연히 자국의 경제적·금융적·기술적 우위를 무기화해 자국 위주의 세계 질서를 유지시키고, 그람시가 말한 이데올로기적 헤게모니, 즉 문화·사상·학술 분야의 '소프트 파워'를 활용해 각국의 문화 엘리트를 지배하고 이로써 일종의 이데올로기적 간접 지배를 기도하는 것이 패권 국가의 행동 양식입니다.

무엇보다 그들은 우월한 군사력을 이용해 '보이지 않는 손'을 끊임없이 작동시킵니다. 19세기에 패권 국가 영국은 10년에

2~3건씩 식민지 정복선쟁을 일으켰는데 1885~1887년까지는 거문도를 불법 점거한 바도 있습니다. 그 뒤 1945년 독일·일본 블록이 2차 세계대전에서 패배하자 이를 계기로 미국은 전 세계에 패권을 행사하게 돼 주변부 민중의 탈선에 대한 폭력 진압을 '특기'로 삼아왔습니다.

1950년대에 미국은 푸에르토리코·베트남·레바논 등 제3세계 여러 지역의 탈식민화와 진보화 움직임에 대해 폭력과 응징으로 대응했지요. 그럼에도 그 시기는 미국인들에게 '비교적 평화로운 시절'로 기억됩니다. 그 뒤 1960년대에는 동남아에서의 학살전쟁이 본격화되었고, 중동 지역에선 이스라엘과 한 패가 되어 폭력으로 깊이 관여하게 되는데 이걸 어떻게 봐야 합니까?

패권 유지 자체도 목적이 었겠지만, 무기 생산 업체에 대한 국가적 투자, 즉 군비 지출을 통해 단기적으로 주가를 올리고 경제를 활성화시키는 지속적 무기 생산의 경제permanent arms economy라는 미국의 근본적인 경제 모델 역시 미국의 무력 개입에 한몫을 했던 것입니다. 한데 지금 이라크 독립군의 움직임에서 볼 수 있듯 제3세계 민중에 대한 미국의 탄압은 오히려 거센 저항을 낳을 뿐이며, 무기 생산에 쏟는 과다 지출 역시 이른바 쌍둥이 적자(예산 적자와 수출입상의 경상 적자)로 그대로 연결돼 미국 경제를 파탄으로 이끌고 있습니다. 미 제국의 폭력성이 지금 스스로 무덤을 파는 격입니다!

푸른역사   선생님은 미국뿐만 아니라 '유럽 연합과 중국 등 이른바 마이너 제국에 대해서 긍정적으로 봐서는 안 된다'라고 했습니다. 그렇다면 우리는 그들을 어떻게 상대해야 한다는 뜻입니까?

박노자   등거리 외교의 차원에서 그들과 우리의 이해 관계가 맞아떨어지는 부분에서 서로 연대해야 하지요. 또한 북한 경제에 대한 그들의 투자를 적극 장려함으로써 미국의 북한 고립화 전략에 맞서야 합니다. 아울러 중국·유럽에 북한 유학생을 보내는 일에 한국 외교부가 적극 나서서 주선하거나 지원해도 좋을 듯합니다. 그렇게 해야 북한에서 개혁 지향적인 엘리트층이 두꺼워질 것입니다.

그러나 설사 미 제국의 일방적 횡포를 막는 '균형추'로서 마이너 제국주의들과의 연대가 필요하다 해도 지나친 신뢰는 금물입니다. 예컨대 한국의 몇몇 은행을 유럽 자본이 지배하게 놔두는 것은 결코 바람직한 현상이 아닙니다. 은행에 대한 지배권이 세계 자본의 중심부 세력에 넘어간다면 단기적 이득이 적은 장기적인 투자가 둔화되어 결국 한국 경제의 미래는 어두워질 것입니다. 강도 국가 미국에 비해 덜 폭력적인 마이너 제국들과 연대하는 것은 좋은 일이지만, 경제 주권을 놓쳐서는 절대 안 됩니다.

●●● 두 분 모두에게 드리는 공통된 질문입니다

푸른역사 박 선생님의 주장 가운데 구한말 개화파 관리들은 '민초들에 대한 유교적 애민愛民 의식(동감)'으로부터 멀어졌다고 한 대목이 있습니다. '동감'이란 동류 의식 또는 유가의 대동사상을 말한 것 같은데요, 그렇다면 이른바 그 동감이란 것이 민주적 또는 민중 위주의 사고방식이라고 볼 수 있을까요?

허동현 제가 보기에는 유교 지식인에게 민民은 피치의 대상일 뿐 동격의 주체가 아니기에 유교의 애민사상은 '민주적' 사고방식과 거리가 멀다고 봅니다. 박 선생님은 근대적 민중사상가들이 민중과 자신을 동일시했다고 보아 애민사상과 민중사상이 질적인 차이가 있는 것으로 생각하지만, 제 단견으로는 근대의 민중주의자들도 먼저 각성한 전위前衛로서 자신들을 민중 위에 놓고 민중을 계몽할 대상으로 보았다는 점에서 유교적 지식인들과 마찬가지의 우를 범한 것이 아닌가 합니다.

박노자 제가 '동감'이라고 말한 유교의 이른바 애민사상이라는 것은, 물론 근대적 의미의 '민주' 내지 '민중'과는 본질적으로 다릅니다. 근대적 민중사상가들은 자신과 민중을 동일시하는 경향이 있지만, 유교적 애민주의자들은 어디까지나 착취 계급의 입장에서 잉여가치의 수탈 체제를 장기적으로 안정시키는 데 목적을 두었습니다. 그들은 과도한 수취나 반체제적 감정을 유발할 수 있는 체제의 허점들만을 비판했습니다. 그들은 가부장적인 온정주의의 연막 뒤에 수탈 체제를 감춘 채 '태평' 사회의 구현을 부르짖었습니다.

예컨대 이익·정약용 같은 애민사상가들은 각종 모순이 심화돼가는 조선 후기 민중의 처지를 불쌍히 여기고 여러 가지 개선책을 내놓았지만, 그들이 자신들을 상놈들과 동일시했을 턱이 없습니다. 김윤식을 비롯한 개화기의 일부 동도서기론적 관료들은 실학과도 학맥과 이념이 닿아 있었지만, 수탈성이 강한 준準사조직으로 전락한 고종 시대에 기용된 이상 그 국가를 부정하는 사상을 표현하거나 행동을 취하기는 불가능했을 겁니다.

흥미롭게도 1895~1905년 간 이른바 광무개혁을 추진한 고종 측근의 근왕 세력들 중에는 무명의 잔반·평민, 심지어 천민 출신까지도 꽤 많이 섞여 있었지만, 고종과 민씨 척족 세도가 의주머니를 넉넉하게 만드는 데 목적을 둔 국가였던 만큼 민중을 위해주기는커녕 오히려 대민 수탈이나 민중과 나라를 팔아먹는 매국 행위에 더 앞장섰습니다.

예를 들어보지요. 그 당시 궁내부의 주역인 이용익은 함경도의 천민 출신이었지만 지방관으로 부임하자 탐학이 하도 심해 그 지방민들이 민란을 일으킨 적도 있었습니다. 본인의 욕심도 문제였지만, 그렇게 해야 고종에게 상납을 많이 바쳐 자신의 지위를 유지할 수 있었을 것입니다. 무명의 무인 집안 출신이었으나 고종과 민씨 황후의 두터운 신임을 받아 발탁됐던 이근택은 1900~1905년에는 법부, 군부대신으로 기용돼 처음에는 고종의 성향에 따라 친러배일 정책을 폈지만, 을사늑약이 강요됐던 무렵에는 급속히 친일로 전환해 나중에는 친일 매국노로 일관했습니다. 일본의 협박·매수공작에 넘어간 부분도 있었겠지만, 일본과 굴욕적인 타협을 하지 않고서는 아무런 민중적 지지기반이 없는 고종의 수탈적인 왕국을 유지시킬 수 없다는 자신의 판단도 작용했을 것입니다.

그밖에 자신의 부정 행위를 폭로한 〈대한황성신문〉을 겁주기 위해 수백 명의 백성을 강제 동원해 관제 시위를 시킨 고종의 총신, 백정 출신의 길영수는 어떤가요? 근왕 세력들의 부정 행각도 문제였지만, 그들과 함께 고종 정부의 또 한 축을 담당했던 민씨 척족은 과연 어땠던가요? 그 중 그래도 개명 관료이자 개화 학교의 창립자로 이름난 민영환은 전봉준이 매관매직의 주역으로 지목했을 정도로 부정한 관리였으며, 민영휘는 수십 년에 걸친 탐학 행위로 축적한 덕분에 식민지 시기 서울의 최고 부자가 되었습니다.

푸른역사   개화파 관리들은 그 이전 시기의 양반 지배층들보다도 일반 민중의 처지에 더욱 더 무관심했다고 봐야 합니까? 또한 근본적인 의미에서 개화파 관리들의 가치관은 유교적인 가치관에서 얼마나 벗어나 있었다고 생각합니까?

허동현   제가 보기에 개화파 관리들이 근대 만들기를 꿈꾼 이들이라면, 이들은 민중을 국민으로 진화시키려 했던 인물들입니다. 조선 시대의 피치자인 백성, 즉 민중은 국민국가의 시대에 국민으로 진화하지 못하고 일본제국의 신민臣民으로 전락했으며, 그들은 현실에 존재하지 않는 나라의 국민 되기를 꿈꾼 민족이었습니다. 해방 후 민족은 국민과 인민으로 갈렸고, 남한의 국민은 이제 시민으로 탈바꿈했습니다. 따라서 거시적으로 볼 때 개화파 인사들이 비록 실패했지만 시대의 흐름에 제대로 대응한 사람들이었다고 봅니다.

사실 유교적 가치관이란 요순 시대와 같은 이상적인 세상을 만들어 내겠다는 도덕적 가치를 우선시하는 것이라면, 개화파의 가치관은 현세가 춘추전국 시대와 같은 난세이며 이를 넘어서기 위해서는 부국강병에 힘써야 한다는 것입니다. 따라서 이들의 가치관은 종래의 유교적 가치관을 완전히 벗어나 있어야만 하겠지만, 현실은 그렇지 않았던 것 같습니다. 사실 우리 개화파 인사들 중 대다수는 평생 유교적 소양을 학습하던 유교적 지식인이었다가, 일본이나 미국의 근대를 목격하고 기존의 가치관을 바꾼 이들입니다. 그러나 이들 중 서구 근대를 정규 교육기관에서 체계적으로 배운 이는 몇 안 되고, 대부분은 어깨너머로 근대를 배웠기에 종래의 유교적 가치관을 완전히 버렸다고는 말하기 어렵다고 생각합니다. 기독교로 개종하고 미국에 유학한 윤치호·서재필·이승만 정도가 유교적 가치 체계에서 비교적 자유로웠다고 말할 수 있습니다.

박노자　근왕 세력이나 민씨 척족과 경쟁 관계에 있던 갑신정변이나 갑오개혁, 독립협회 세력의 지도자 중에도 역시 민중 착취에 그 경제적 기반을 둔 명문세족 출신들(박영효·김옥균·김홍집 등)이 많았고 그게 아니라도 수탈의 일선에 선 지방관 출신들(남궁억·정교 등)이 많았지요. 그들 가운데서 미국 교육을 철저하게 내면화한 윤치호나 서재필과 같은 사상가들은 아예 조선인 모두를 타자화하고 자신들을 미국인과 동일시할 정도였지요. 그들은 백성들에 대한 애정이 약했습니다. 유교 정신이 비교적 강했던 유길준의 경우 그 지경까지는 아니었지만, 그가 받아들여 내면화한 영국식 경제 자유방임주의 역시 문제였습니다. 빈곤에 대한 책임은 빈민 그 자신들에게 있을 뿐 국가나 사회 차원의 구제는 불필요하다는 거지요.

유길준은 빈민들을 "불학무식의 무리"라고 멸시하며 불안의 요소로 여겼습니다. 1900년대 지방 출신의 개신 유림 언론가(박은식·장지연·유근 등)들은 애민 의식이 좀 더 강한 편이었지만, 국가주의 사상이 강했던 그들 역시 민생 회복보다 국가 위주의 자강을 훨씬 더 중요시했습니다. 즉, 위에서 살핀 것처럼 개화기 엘리트는 분파별로 사상적 차이가 컸지만, 그래도 총체적으로 말하자면 대민 수탈·탐학에 빠지거나(근왕 세력·민씨 척족), "문명 진보"라는 관점에 압도당해 맹목적인 국가 위주의 근대화를 지향했다고 봅니다(갑신정변·갑오개혁·독립협회 내지 개신 유림 계통). 그들은 결코 유교의 애민사상을 실천할 사람들은 아니었습니다.

개화파 관료들과 개신 유림 출신의 언론가들이 민중으로부터 철저하게 소외를 당한 까닭이 바로 여기에 있었습니다. 식민지 시기〈동아일보〉중심의 '문화민족주의자'나 '실력양성파'들도 그들과 비슷한 구석이 많았지요. 결국 이승만 일파와 국내의 식민지 엘리트들이 손을 맞잡고 미국의 총검을 빌어 남한만의 단독 정권을 만들어 분단을 본격화시키게 됩니다. 그들은 수십만 명의 민중을 무자비하게 학살하지 않고서는 정권을 확립할 길이 없었습니다. 한국 부르주아들은 처음부터 끝까지 매판적·수탈적 성격으로 일관해온 '지배의 동의적 기반'(그람시가 이야기했던 이데올로기적 헤게모니)은 그 정도로 얕은 것이었습니다.

박노자

"내실 없는 '강국 러시아'는 무너지기 일보직전의 '진흙 다리의 거인'이었지요. 이런 약점을 일본에선 꽤 정확히 파악했습니다만 구한말의 지식인들은 전혀 몰랐습니다. 그 당시 한국의 빈약한 정보 인프라를 이보다 극명하게 보여주는 사례는 아마 드물 겁니다."

조선인의 러시아관

허동현

"고종을 위시한 조선 정부도 직접적인 정보 수집을 통해 러시아의 남침 가능성을 검증하고자 부심했지요. 실제로 조선 정부는 일본과 청국이 강요하다시피 주입시킨 러시아 위협론을 맹목적으로 추종하지 않았으며, 독자적으로 수집한 정보를 바탕으로 한반도를 둘러싼 열강 간의 세력 균형을 잡기 위해 러시아를 동원하려고 그 방안을 모색해왔습니다."

거대한 러시아인과 그에 비하면 마치 난쟁이와 같은 일본(아시아)인

▲ 박 "구한말 지배층의 눈에 비친 러시아는 무엇보다도 '강병의 국가', '강한 국가'가 아니었을까요?"

▼ 박 "러일전쟁에서 러시아가 참패한 사건은 구한말 지배층에게 청천벽력과 같은 충격이었습니다."

1904~1905년 간 일어난 러일전쟁을 묘사한 그림

1917년 10월 발생한 러시아 혁명

▲박 "1917년 볼셰비키가 집권한 뒤 러시아는 식민지 조선 지식인들에게 혁명의 동의어로 사용됐습니다. '적로赤露'에 대한 입장은, 조선의 지성인들을 이미 1920년대 초반부터 양분시켰습니다."

▼허 "러시아는 조선을 둘러싼 열강 간의 세력 균형을 이루는 데 필요한 존재로 인식되었으며, 김옥균·박영효 등 개화파 인사와 고종은 러시아와의 수교를 위해 독자적인 노력을 기울여왔지요. 그들은 청국의 간섭이 점점 노골화하자 청국이 가장 두려워했던 러시아와 수교함으로써 조선의 독립을 옹호해줄 견제 세력으로 러시아를 이용하려 했습니다."

러시아 군복 차림의 고종

니콜라이 2세 대관식에 참석한 민영환, 윤치호 등 조선 대표단

러시아의 남하에 대항하려는 일본과 영국

▲ 허 "일본은 러시아의 위협에 굴복해 사할린을 넘겨주고 불모지나 다름없는 쿠릴열도를 받았는데, 그 뒤로 러시아에 대해 거의 병적인 공포심, 즉 공로증을 갖게 됐습니다."

박노자

크고 군인 많으면 다 강국인가?, 강국 러시아의 허실

천하제일의 약탈자 호랑이 러시아

허 선생님, 그 동안 안녕하셨습니까?

'러시아'라고 하면 한국인은 가장 먼저 무엇을 떠올릴까요? 단순하게 말해서 구한말 지배층의 눈에 비친 러시아는 무엇보다도 '강병의 국가', '강한 국가'가 아니었을까요. 친러 성향의 인물들은 그 '강함'을 이용하려 했고, 반러 성향의 인물들은 '호랑이와 살쾡이'의 나라 러시아의 침략성을 경계하고 성토했지만, 공통분모는 그 '강함'을 사실로 인정한다는 점이었습니다.

러시아의 약탈성에 대해 최초로 경고한 것은 그 유명한 1880년의 《조선책략》이었지만, 그 뒤에도 조선 최초의 근대적 언론매체인 〈한성순보〉와 〈한성주보〉는 러시아의 호전성과 강성함을 염려한 나머지 중국과 일본측의 정보를 수집, 주독자층인 관료와 지주들에게 전해주고 있었습니다. 〈한성순보〉는 러시아의 징병제를 검토하여 러시아의 총 병력 수가 243만 명에 이른다는, 당시 조선 당국자들이 듣기에는 다소 충격적인 보도(1884년 5월 11일)를 하는 등, 러시아의 완강함과 야수성을 과장하는 경향이 있었습니다. 〈한성주보〉의 러시아 관련 기사를 분석해 보면, 동향 파악이 꼭 잘못된 것은 아니었지만, 역시 그 정보가 유럽과 일본 내지 중국 매체를 매개로 이중삼중의 번역과 전달 과정을 거쳐 들어온 만큼 정확성이 떨어지는 경우가 많았습니다. 예컨대 〈한성주보〉 초기의 다음과 같은 기사는 어떨까요.

러시아 수도의 어느 신문보도에 의하면 러시아는 반드시 몽골의 우르가庫而及(현재 울란바토르. 몽골의 수도) 지방을 점거하여 형세를 도와야 한다고 여러 차례에 논급하였다. (……) 국가를 소유한 자는 덕德에 있는 것이지 영토에 있는 것이 아니라고 하니 진실로 덕을 펴서 인仁을 행하여 먼 곳 사람들이 기꺼이 복종한다면 영토 개척을 일삼지 않아도 국세는 날로 확장될 것이다. 그런데 그 러시아 신문이 무례한 이야기를 공언한다는 것은 스스로 분수를 몰랐다고 하겠다.
또 몽골의 우수리Ussuri 강과 케룰렌Kerulen 강은 모두 흑룡강 근처에 있는데. 이 두 하천 지역에는 본래부터 사금이 생산된다. 수개월 전에 어떤 사람이 그 곳에서 금광을 개설하여 매우 번창했는데, 러시아인과 서양인들이 이 소식을 듣고 와서 사금을 채굴하였고, 중국인 역시 이 소식을 듣고 와서 채취하였다. 그런데 지금 러시아 정부에서 병사를 파견하여 그 곳을 지키며 경계를 넘지 못하게 하고 있으니 러시아인이 이익을 독점하는 것이 이와 같다. (……)(《아사근모俄事近耗》,《한성주보》 제29호, 1886년 9월 20일, 외보란).

이 기사의 전거는 당시 중국의 유명한 신문 〈호보滬報〉였는데, 아마도 중국 신문에 실리기 전 몇 차례 유럽과 일본의 대중매체에 번역돼 실리면서 그 내용이 사실과 동떨어지게 변모한 모양입니다. 중앙아시아 지역에서 러시아는 침략의 일차적 대상을 몽골로 정해두었던 만큼 신문기사의 요점은 사실과 부합합니다. 뿐더러 러시아가 중앙아시아의 식민화에 박차를 가하고 있었던 당시 상황을 고려할 때 러시아의 침략성에 대한 우려도 이해할 만합니다.

제2차 아편전쟁으로 청나라의 약세가 드러나자 그 틈을 놓칠세라 1862년 러시아는 외몽고에서의 무無관세 무역권과 같은 이권을 챙기고 있었습니다. 그러나 청나라가 멀쩡히 살아 있던 1880년대 중반에 러시아가 몽골을 '점거'한다든가 이권을 '독점'한다는 것은 그야말로 허풍에 가까웠습니다. 허 선생님도 잘 아시다시피 1911~1912년 간의 신해혁명으로 청나라가 망하고 난 뒤 외몽골은 비로소 러시아의 영향권에 편입됐습니다. 그때만 해도 아직은 러시아 군대가 그 지역을 점거한 일은 없었지요. 이렇게 볼 때 러시아에 대해 직접적이고 확실한 정보를 얻을 길이 없었던 〈한성주보〉는 중국 신문의 잘못된 보도를 무비판적으로 인용한 셈입니다. 이 기사만 보더라도 정보 유통의 모순점, 구체적으로 말해서 조선이 중국과 일본에 종속돼 있었기 때문에 발생한 문제점이 분명히 드러납니다.

중국·일본측 정보에 극단적으로 의존

기왕 〈한성주보〉 이야기를 꺼냈으니 거기서 러시아에 관련된 또 다른 기사를 인용해 봅시다.

(……) 중국으로서 프랑스, 일본보다도 가장 지체할 수 없는 나라는 러시아이다. (……) 러시아는 아시아와 유럽 양兩 대주의 북쪽에 점거하고 있으면서 바다를 건너 아메리카의 서북 모퉁이도 점거하고 있으므로 북빙양(북극해)을 중심으로 고래처럼 둘러 있다. (……) 유럽의 책에 의거하면 그 나라의 백성은 4천 1백만 명이고 (……) 〔현역〕 군사의 총수는 60만 명인데, 전시에는 1백여 만 명까지 증원할 수 있으니 참으로 강대한 나라라고 할 만하다. (……) 러시아 수도인 상트-페테르부르그에서 중국의 변경까지 그 거리가 수천 여 리로서 (……) 산 건너 물 건너 달려가자면 수개 월이 걸리지 않으면 도달할 수 없고, 바닷길을 이용해서 군대를 보낸다 해도 (……) 길이 너무 멀어서 연료도 떨어지지 않게 취득해 낼 수가 없다.(……) 그래서 지금까지는 중국 변경의 방비는 튼튼했지만, 러시아에는 드디어 러시아 서울로부터 훈춘琿春까지 철로를 가설하자고 권하는 사람이 나왔으니 만약 이 일이 이루어진다면 우리 중국의 문호를 어떻게 지키겠는가? (……) 유럽의 각국을 규합하여 (……) 〔반러시아적〕 동맹을 맺고 이 동맹국 가운데 러시아에 약간의 땅이라도 양보하는 나라가 생긴다면 그 나라를 용서 없이 공격해야 한다. (……) 유럽 각국은 중국을 위한 계책을 세우지 않더라도 어찌 자기 나라를 위한 계책을 세워 이 동맹에 기꺼이 참가하지 않겠는가? (……) ('방아촉언防俄蜀言', 〈한성주보〉 제67호, 1887년 6월 13일자 외보란).

중국의 〈신보申報〉를 옮겨 실은 이 기사는, 시베리아 횡단철도의 부설 목적이 동아시아의 침략에 있었다는 점을 정확히 파악한 셈입니다. 그러나 과연 당시의 러시아가 '방防러동맹'이 필요할 만큼 강대하고 위협적인 나라였을까요? 이 기사는 러시아가 아메리카 서북의 한 모퉁이를 점거했다고 말하고 있는데, 실제로는 러시아가 18세기 후반부터 점거해왔던 알래스카 반도를 1867년 미국에 헐값으로 팔아버린 뒤였습니다. 러시아와 영국이 중앙아시아와 발칸에서 경쟁을 벌인 것은 사실이었지만, 당시 영국으로서는 러시아보다 신흥 산업 대국 독일이 훨씬 더 위협적인 존재였습니다. 요컨대 〈한성주보〉에 언급돼 있는 방러동맹 계획은 세계 정세에 대한 정보 부족이 빚어낸 오보였던 셈입니다. 러시아의 인구 통계도 사실과 다른데, 이번에는 실제 숫자(대략 1억1천만 명)보다 약 2배 이상 적은 4천1백만 명으로 축소하고 있습니다. 이와 같은 부실하기 짝이 없는 대외 정보에 근거하여 전략적인 결정을 내려야 했던 당시 조선의 당국자들이 과연 균형 잡힌 시각에서 장기적인 안목에 입각한 중요 정책을 입안, 결정할 수 있었겠습니까?

지금은 나아졌다고 할 수 있나―전 체첸 지도자 얀다르비예프 암살

여담이지만, 러시아처럼 자본주의 세계체제의 중심에서 상당히 멀리 떨어져 있는 지역에 대한 정보 취득은 예나 지금이나 쉽지 않습니다. 러시아어에 능통한 한국의 특파원들이 현지에서 직접 정보를 수집할 수 있다고 하지만 120년 전에 비해 보도 내용이 질적으로 얼마나 개선됐는지 의문입니다. 영토나 인구 수치에 대한 오류는 이제 더 이상 찾아볼 수 없겠지요. 그러나 정보 수집의 포괄성, 분석의 깊이와 독자성이란 측면에서는 아직도 한계가 있어 보입니다.

예컨대 2004년 2월 13일 중동의 작은 나라 카타르의 수도 도하에서 체첸 공화국의 전 대통령인 얀다르비예프가 차량 폭발로 숨지는 '사고'가 발생했습니다. 그는 시인이자 체첸 독립운동의 이념가였죠. 사고의 배후에는 KGB 출신 러시아 통치자 푸틴의 KGB 선후배들이 있었다는 게 체첸 독립운동 세력뿐만 아니라, 많은 서방 관찰자들의 판단입니다. 실제로 배후 조정 혐의로 러시아 대사관의 비非외교 계통의 직원 즉, 보안 기관 요원 두 명이 카타르 경찰에 체포되는 사태까지 벌어졌습니다. 체첸 전쟁을 인기몰이 수단으로 이용해온 푸틴의 살육 정치를 염두에 두고 생각해볼 때 '러시아 안보 기관 배후설'은 매우 그럴 듯 합니다.

그런데 '불온 분자'에 대한 무자비한 폭력적 응징을 되풀이하고 있는 러시아의 '현대판 군국주의'의 실상을 잘 보여준 그 사건에 국내의 언론은 과연 어느 정도 관심을 보였습니까? KBS는 러시아 배후 조정의 가능성을 언급하면서도 그와 관련해 러시아 정치의 근본적인 문제들을 논의한 적이 없었고, 다른 신문들도 마찬가지였습니다. 〈한겨레신문〉은 '러, 납치, 암살 정치 흉흉'(2004년 2월 16일)이라는 단신 기사를 내보내 곧 다가올 러시아 대선과 카타르의 암살 사건을 연결시켰지만 역시 상론하지 않았습니다.

지리적으로 한국의 가까운 이웃인 러시아가 요즘 국외에서 위와 같은 국가 범죄를 거침없이 저지르며 다시 야수적인 모습을 드러내고 있습니다. 이것이 과연 한국과 무관한 일일까요? 현재까지 이 문제를 둘러싼 어떠한 분석이나 토론도 없는데 러시아의 눈치를 보고 있는 외무부가 언론에 '압력'을 행사한 때문인지, 아니면 한국 언론의 정보 수집, 분석 능력의 한계로 여겨야 할지 잘 모르겠습니다. 어쨌든 러시아에 관련된 공공의 논의는 아직도 결코 만족스럽지 못한 수준에 머물러 있습니다.

러시아 세력을 이용하는 이른바 '인아引俄' 정책을 꿈꾸었던 고종의 측근 이용익은, 러시아가 최강의 군대를 보유하고 있으므로 일본의 위협으로부터 조선을 보호해줄 수 있다고 주장했습니다. 1897년 3월부터 고종을 압박하며 간섭하기 시작한 러시아에 저항했던 친미 개혁가 서재필, 윤치호도 러시아의 강성함만은 의심하지 않았습니다. 〈독립신문〉에 게재된 러시아 관련 논설들을 보면, "러시아가 산업 개발이 저조한 농업 국가인 만큼 오히려 곡물 수입의 필요성을 느끼지 않아 적국들이 봉쇄해봐야 소용이 없는, 국제무대에서 다른 열강들의 눈치를 보지 않고 독자 행동을 할 수 있는 강대국이다"(영문판, 1897년 11월 23일)라는 주장이 나오기도 했고, 러시아 군대의 전투력에 대한 찬사가 연발되기도 했습니다.

통찰력이 뛰어난 윤치호는 1896년에 민영환閔泳煥(1861~1905) 사절단의 통역원으로 러시아를 방문했을 때 "그 나라의 공장에 설치된 좋은 기계들이 거의 다 서구나 미국제다"라고 말했습니다. 즉, 러시아가 서방 선진국에 비해서 기술 발전이 훨씬 느렸던 사실을 눈치 챘으나, 러시아의 군사력만은 높이 평가했습니다. 민영환도 그의 유명한 외교 시무책《천일책千一策》에서 이와 같은 그 당시의 보편적인 러시아관을 극명하게 보여주었습니다.

러시아의 강함은 천하에서 무적입니다. 그들의 영토는 30여 만 리며, 육군은 66여 만 명이며, 군함은 368척입니다. 천하의 동·서북 지역을 통제하고 그 험악한 지세의 이점을 살리면서 만국을 호시탐탐하여 병탄의 뜻을

조선인의 러시아관 87

가집니다. (……) [피터 대제 이후 역대의 러시아 황제들이] 폴란드를 멸하고 터키를 침략하고 중앙아시아를 공략하고 유럽 여러 나라의 일에 간섭했습니다. (……). 그들의 군함이 해삼위(블라디보스톡)에 정박하고 흑룡강 철도가 부설된 것은 말하자면 한 새의 왼쪽 날개가 준비된 셈인데, 만약 오른쪽 날개라 할 만한 시베리아 횡단 철도까지 완성된다면 동아시아를 심각하게 핍박할 수 있을 것입니다. 동아시아의 여러 나라들이 그 손아귀에 놓이지 않겠습니까? 특히 우리의 동쪽 나라는 바로 그 충돌의 길에 있기에 맨 먼저 그들의 마수를 당할 것입니다. 타국과 비교될 바도 못됩니다. 설령 우리를 도와 줄 외세가 있더라도 어찌 내수(內修)를 하지 않을 수 있습니까? 내수의 방략을 불가불 준비해야 합니다(《민충정공유고(閔忠正公遺稿)》 권 2).

당대 제일의 외국통 민영환의 피상적 세계 인식

민영환이 제시한 징병제 실시나 학교 진흥, 민심 안정 등의 내수책은 매우 합리적으로 여겨지지만, 러시아를 천하무적으로 잘못 생각한 그의 텍스트를 읽다 보면 민씨 척족 중에서 빼어난 외국통으로 알려진 그마저도 대단히 피상적인 세계 지식을 가졌다는 사실에 새삼 놀라게 됩니다. 당시 러시아 병사 중에서 절반이 글을 해독하지 못하는 문맹자였으며(독일 군대에는 문맹자가 거의 없었습니다!), 1897년 러시아의 전체 인구에서 도시 인구가 차지하는 비율이 11퍼센트밖에 안 됐던 점(영국은 80퍼센트였습니다!), 러시아의 1인당 국민 소득이 40달러 미만이었던 사실(미국은 350달러를 넘었습니다!) 등에서 짐작되듯 러시아의 경제와 사회는 취약했건만 한국에서는 그러한 실정을 어느 누구도 몰랐던 것입니다(19세기 말 러시아

실정 관련 통계는 Blackwell W., *Russian Economic Development from Peter the Great to Stalin*, N. -Y., 1974, p. 161~196 참고).

러시아 육군은 수적으로 세계 최대였지만, 대형 대포나 최첨단 무기의 생산, 그리고 군함 제조 등 기술적인 측면에서는 유럽의 어느 열강에도 미치지 못했습니다. 취약한 산업 구조 탓에 러시아는 당연 영·불·독 등의 유럽 열강을 상대로 전쟁을 벌일 능력이 없었죠. 러시아나 일본은 둘 다 제국주의의 아류에 속했습니다만, 일본은 중앙아시아에서 영국과 식민지 쟁탈 경쟁을 벌이고 있던 러시아보다는 영국과 밀착해 있으면서 훨씬 더 급진적으로 서구화 정책을 펴 한국에 더 큰 위협이 되었습니다. 이것이 상식적인 판단 아니겠습니까?

러시아는 1900년도에 있었던 의화단 투쟁을 핑계 삼아 만주를 점령했고 그 뒤로도 철병을 지연했기 때문에 니콜라이 2세의 모험주의적인 침략 노선은 고종과 그 신하들에게 경각심을 불러일으키기에 충분했을 겁니다. 러시아의 내정은 부실했고 영국의 동아시아 정책은 완강했기 때문에 당시 서구의 많은 관찰자들은 러시아측에 승산이 별로 없다는 점을 잘 알고 있었습니다.

불행히도 러시아의 강대함을 거의 맹신하다시피 한 한국의 지배층은, 러일전쟁에서 일본이 승리를 거두자 당혹감을 감추지 못했고 일본의 침략에 대비한 준비도 전무했죠. 설사 러시아의 참패를 예측할 수 있었다 하더라도, 정치권의 기강이 문란하고, 매관매직이 공공연하게 이루어졌으며 내장원의 재정이 국고를 압도할 정도로 황실의 독식이 태심했던데다가 몇 명 안 되는 군대마저도 민폐가 화적보다 더 심각하다는 비판을 받을 정도로(〈황성신문〉, 1903년 4월 11일) 총체적 위기에 빠져 있던 고종

정권 하의 대한제국이 과연 어떤 조치를 취할 수 있었을지는 여기서 깊이 따져볼 겨를이 없습니다.

러시아의 패배로 깨진 '강대국 러시아'에 대한 환상

외적의 침략을 효과적으로 방어하기 위해서는 오늘날 이라크의 독립군이 하듯 민중이 전력을 기울여 일본 주둔군의 전력을 소진시켰어야 옳았을 텐데, 외적보다는 민중을 더 두려워했던 수탈적인 고종의 정권이고 보면 그러한 저항을 기대할 수 있었겠습니까? 물론 근대적 무기가 절대적으로 부족한 상황을 고려할 때 전 민중적 저항이 있었다 하더라도 과연 일본의 침략을 막을 수 있었을 지는 미지수입니다. 그야 어쨌든 러시아 상황을 제대로 파악하지 못할 만큼 대외 정보력이 취약했던 구한말 지배층의 '정보적 한계성'은 대한제국의 패배에 한몫을 담당한 게 틀림없습니다. 철저한 해외 정보 수집과 분석이 국가의 운명에 얼마나 치명적인 영향을 미치는지를 말해주는 교훈이라고 생각합니다.

러일전쟁에서 러시아가 참패한 사건은 구한말 지배층에게 예상 밖의 청천벽력과 같은 충격이었습니다. 러시아의 패배는 해학海鶴 이기李沂(1848~1909)나 안중근安重根(1879~1910) 의사 등 여태까지 '백인 침략 강국 러시아'에 더 경계심을 가졌던 일부 독립 지향적인 인사들이 반러에서 반일로 돌아서는 계기가 됐습니다. 한편 친일적 성향을 띤 상당수 사람들에게는 황인종으로서는 유일한 근대 국가인 일본이 한반도를 지배하는 것은 불가피하다거나, 백인의 침략으로부터 우리를 지켜줄 나라는 일본이라는 생각이 고개를 드는 중요한 계기로 작용했지요.

인종주의는 당시 구미 세계의 근대성을 둘러싼 핵심 담론의 하나였던 만큼 놀랄 일은 아니지만, 황인종과 백인종 간의 생존권 전쟁이 일본의 아시아주의자들에게는 세계 인식의 근본 구도였습니다. 그것이 개화기 후기 한국의 신지식인들에게는 그야말로 지적인 히트 상품이었지요. 러시아가 황인종에게 위협이 되긴 했어도, 1895~1904년 동안에는 실상 별로 주목을 끌지 못했습니다. 당시 러시아에서는 지주층의 전근대적인 대토지 소유에 대한 농민들의 분노가 날로 더해갔고 거기에 근대적 식자층과 무산 계층의 반발이 가세되자 제정 러시아의 권력 기반이 송두리째 파괴됐습니다. 강대국 러시아에 대한 환상이 깨진 뒤 러시아에 대한 관심은 거의 사라져버렸습니다. 물론 톨스토이와 같은 러시아 문호에 대한 관심은 구한말 후기나 식민지 시대 초기까지 지속됐지만, 따지고 보면 그것도 톨스토이가 유럽과 미국 등 서구 문명의 중심지에서 이미 큰 주목을 받았기 때문이었죠. 톨스토이를 매우 존경했던 최남선과 같은 젊은 지식인들도 주로 일본어나 영어로 그의 저작을 읽었습니다. 세계 체제의 준準변방인 러시아의 문화가 또 다른 변방(조선)으로 이식될 때 영어 내지 일어라는 '중심적' 매개를 통해야만 한다는 엄연한 사실이야말로 세계 체제 안에서의 문화적, 정보적 예속 관계의 심각성을 입증하는 실례가 아닐까 합니다.

지금도 그렇습니다. 세계 중심부의 착취에 대해 거세게 저항하는 멕시코의 사파티스타Zapatista와 같은 훌륭한 혁명운동가에 관한 정보를 바로 그 중심부의 언어(영어)를 통해서만 획득할 수 있다는 사실은 슬픈 아이러니입니다. 미 제국주의의 문화적 헤게모니와 싸우는 첩경 중의 하나는 이른바 비주류 언어에 대한 공부가 아닐까 하는 생각이 자주 듭니다.

낮은 수준의 정보력과 세계관의 종속으로 인한 내부의 부실

1917년 볼셰비키가 집권한 뒤 러시아는 식민지 조선 지식인들에게 다시 한 번 가까이 다가와 '유의미한 타자'가 되었는데, 대체로 혁명의 동의어로 사용됐습니다. '적로赤露'에 대한 입장은, 조선의 지성인들을 이미 1920년대 초반부터 양분시켰습니다. 님 웨일즈가 쓴 소설 《아리랑》의 주인공인 혁명가 김산(본명 장지락張志樂)에게 소련은 '세계 모든 혁명가들의 어머니'였으며, 공산주의에 웬만큼 공감하거나 호의적이었던 사회주의 지향적 지식인들에게 소련은 신문명 건설의 현장(모스크바 주재 특파원 이관용의 기사, 〈동아일보〉, 1925년 5월 23일자)이었습니다. 그러나 미국의 여론을 판단 기준으로 삼았던 안창호 등 자유주의적 민족주의자들의 입장에서 보면 소련은 제정 러시아의 외채를 갚지 않겠다고 선언한 '도둑놈'에 지나지 않았으며, 철저한 민족주의자 김구에게는 국제공산당(코민테른)의 지휘와 명령은 조선에 대한 또 하나의 간섭이자 속박이었죠.

러시아혁명과 공산주의에 대한 노선의 갈등은 불행히도 민족운동의 분열로 이어졌습니다. 좌파와 우파 양쪽이 소련의 현실에 대한 구체적인 인식도 없이 융통성과 깊이가 결여된 무조건적 긍정과 부정만을 내세웠던 것은 큰 문제였습니다. 공산주의를 야만과 위협만으로 본 우파의 반소련적 분위기가 결국 남한 주류 사회의 반공 이데올로기를 창출한 것이지요. 강제 협동화 정책으로 농민 수백만을 희생시킨 스탈린의 5개년 계획을 잘 알지도 못한 채 대성공이라며 치하했던 좌파의 맹목적인 스탈린주의는 그 망령에서 쉽게 놓여나지 못한 남한의 일부 진보적 운동권의 비극으로 이어졌습니다. 제정 러시아의 실정에 대한 무지가 근거 없는 환상을 키웠듯, 소련에 대한 정보의 부족과 교조적인 사고방식이 스탈린주의에 대한 맹목적인 추종을 낳았습니다. 20세기 말 동구권이 몰락하자 스탈린식 병영 사회주의의 내부적 모순이 드러났고 그에 대한 한국의 진보적 지식인들의 놀라움은, 1905년 제정 러시아가 일본에게 참패를 당했을 때 선조들이 겪은 당혹감과 비슷하지 않나 싶습니다. 저로서는 역사의 반복이 신기할 따름입니다.

러시아에 대한 헛된 기대와 환멸의 역사를 다시 되돌아보면서 이런 결론을 내리면 어떨까 합니다. 어떤 나라에 대해 평가를 내릴 때는, 그 외형적인 강약이나 군사력보다도 먼저 그 사회 내부의 갈등과 모순부터 바로 봐야 한다는 겁니다. '모순의 직시'라는 객관성을 얻으려면 세계 체제 중심부를 거친 간접적 정보 전달이 아니라 현지에서 직접 정보를 입수할 필요가 있는데, 1880년대부터 1980년대까지 그 부분은 너무도 취약했습니다. 중국 신문에서 베껴온 러시아 관련 기사, 최고위층의 주먹구구식 러시아 관련 서술, 주로 일본어로 읽은 1920년대의 레닌주의의 교과서들, 역시 일본어나 영어를 통해서 1980년대에 들어온 이념 서적 등 중심부의 세계관을 그대로 따르는 경우 외부에 대한 인식이 실패로 끝날 위험을 피하는 것이 앞으로의 과제입니다.

1990년대에 접어들자 러시아에 관련된 정보를 직수입할 수 있는 여러 가지 조건이 조성됐는데, 러시아가 한반도의 주변 정세에 중요한 변수로 작용하리라는 인식과 관심이 부족한데다, 푸틴이 추진하는 개발 독재의 실체를 드러낼 수 있는 독자적인 이론틀이 없어서 매우 아쉽습니다. 다소 엉뚱하게 느껴질지 모르겠습니다만 이쯤에서 한 가지 여쭤 보고 싶은 말씀이 있습니다. 러시아의 '강함'이 언제나 과대평가됐듯이, 미국의 '강대함' 역시 마찬가지가 아닐는지요? 외형이야 아직 탄탄하지만, 그 내부적 모순이 곧 드러나고 말 듯한 예감이 듭니다.

오슬로에서 박노자 드림

■ 더 읽을 만한 책

국사편찬위원회 편,《민충정공유고 – 민영환》(한국사료총서 제7), 국사편 찬위원회, 1958.
민영환,《해천추범》, 을유문화사, 1959.
이민원,〈민영환의 모스크바 외교와〈천일책〉〉,《청계사학》16〜17, 한국 정신문화연구원 청계사학회, 2002.
반병률,《성재 이동휘 일대기》, 범우사, 1998.
도진순 주해,《백범일지》, 돌베개, 1997.
권희영,《한국과 러시아: 관계와 변화》, 국학자료원, 1999.
원재연,〈19세기 조선의 러시아 인식과 문호개방론〉,《한국문화》23, 서울 대학교 한국문화연구소, 1999.
허동현,〈1880년대 한국인들의 러시아 인식 양태〉,《한국민족운동사연구》 32, 한국민족운동사학회, 2002.
현광호,《대한제국의 대외 정책》, 신서원, 2002.

허동현

침략자인가 독립의 옹호자인가, 두려움의 대상에서 끌어들일 나라로

유럽과 아시아 모두 두려워한 '강대국' 러시아

박 선생님, 쏜살같이 빠르게 흘러가는 게 시간인 것 같습니다. 선생님과 근대의 대외관을 논하기 시작한 지가 엊그제 같은데 말입니다.

박 선생님은 후발 제국주의 국가였던 러시아의 산업 구조가 취약했던 점과 그 사회에 내재했던 후진적 요소를 가리키며 러시아의 '강대함'은 허상이었다고 주장하는군요. 선생님이 지적한 대로 19세기 한국인들의 대러시아 인식은 중국이나 일본으로부터 얻은, 이중삼중으로 번역된 정보에 의존했으므로 일그러지고 왜곡됐을 가능성이 있습니다. 당대 최고의 지식인이던 윤치호나 외교통 민영환이 묘사한 '강대국' 러시아의 이미지도 피상적 관찰이라고 일축할 수도 있을 겁니다. 그들이 믿었던 강대국 러시아는 결과적으로 러일전쟁에서 패하고 말았으니까요. 그러나 러시아는 역시 강대국이었습니다.

공로증恐露症Russophobia이란 용어가 웅변하듯, 1860년대와 1880년대 또는 1900년대 초까지도 러시아가 주변국들에게 공포의 대상으로 비쳐졌던 것은 숨길 수 없는 사실입니다. 당시 중국과 일본에게 두려움의 대상이었던 러시아의 위협을 우리가 무시했다면 그것 역시 피상적 인식의 결과가 아니었겠습니까? 러시아의 군사력은 실로 막강해서 중국이나 일본으로서는 간과할 수 없는 실질적인 위협 세력이었습니다. 일례로 1895년 청일전쟁 직후 러시아가 프랑스·독일을 끌어들여 삼국 간섭을 주도하자 일본은 조선에 대한 지배권을 잠시 내놓아야만 했습니다. 어느 열강에게도 러시아는 결코 만만한 상대가 아니었죠.

러시아는 서구제국에 비해 산업면에서 다소 뒤떨어져 있었지만, 역사상 멀리는 유럽 전역을 전율하게 한 나폴레옹을 몰락시켰으며 20세기에는 막강한 히틀러의 군대도 패퇴시킨 전력이 있습니다. 얼마 전까지도 '오만한 제국' 미국을 상대로 맞설 정도로 군사적 최강자였고 몰락한 지금도 세계 최대 규모의 핵무기를 보유한 군사대국입니다. 결과만 가지고 본다면 19세기와 20세기의 최강국은 영국과 미국이었지만, 당시 러시아가 그들과 자웅을 겨뤘던 만큼 러시아의 강대함을 허상이라고만 주장하는 것은 무리입니다.

1905년 러일전쟁에서 러시아가 일본에 무릎을 꿇었지만, 그 당시 혁명 세력과 반동 세력이 내전을 방불케 하는 싸움을 벌이고 있던데다가, 미국과 영국이 일본을 적극 지원했다는 것도 무시할 수 없는 요인이 아니었겠습니까? 따라서 러시아를 강대국으로 착각한 나머지 러시아에 운명을 건 대한제국의 위정자들이 '정보적 한계' 때문에 망국의 길을 걸었다는 박 선생님의 의견에는 공감하기 어렵습니다.

결과적으로 보면 러일전쟁에서 러시아가 패배함으로써 대한제국은 붕괴의 길에 접어들었고 2차 세계대전에서 소련의 승리는 우리가 남북으로 갈린 원인이 되었습니다. 그만큼 러시아의 성쇠는 두 번씩이나 우리의 운명에 큰 영향을 미쳤습니다. 만일 그렇다면 미국과 자웅을 겨루던 소련의 붕괴는 우리 역사에 어떤 변화를 초래했을까요? 따지고 보면 제정 러시아의 한반도 진출을 가로막았다고는 하지만, 군국주의 일본이 안고 있던 내부 모순도 엄청났으며 지금 세계를 호령하는 '오만한 제국' 미국의 경우도 그러합니다. 박 선생님은 내부 사정을 중요시하지만 러일전쟁 이후 일본은 수십 년간 건재했습니다. 도덕적으로 우월한 나라가 세상을 지배하는 것이 아니지 않습니까? 제가 보기에는 미국도 쉽사리 무너질 것 같지 않습니다. 오히려 호랑이와의 사냥터 다툼에서 승리한 사자와 같이 포효하는 미국은 한 세기 전 러시아의 무릎을 꿇린 일본이 그랬던 것처럼 우리의 미래를 한동안 좌지우지할 것 같은 생각이 듭니다.

100년 전 한반도를 둘러싼 패권 다툼에서 중국과 러시아로 대표되는 대륙 세력과 일본·영국·미국 등의 해양 세력이 격돌했을 때, 승리의 여신은 해양 세력의 손을 들어줬지요. 2차 세계대전 이후 러시아와 중국은 38도선에 따른 한반도의 분할과 6·25전쟁에 개입함으로써 북한을 자신들의 영향권 아래 둘 수 있게 되었습니다. 그러나 이념 대결이 극단을 치달았던 냉전도 결국은 해양 세력의 승리로 마감됐습니다. 궁지에 몰린 북한은 핵을 무기로 삼아 미국의 위협을 막으려 하고 있지만 과연 러시아와 중국은 북한의 든든한 울타리 노릇을 할 수 있을까요?

한 세기 전 해양과 대륙 세력의 다툼에서 대륙 세력에 기대를 걸었던 우리 위정자들의 잘못된 선택은 망국을 불러왔습니다. 역사상 러시아의 성쇠가 우리 민족의 운명을 알려주는 바로미터라고 한다면, 대러시아 인식과 대러시아 정책의 추이를 살펴보는 것이야말로 오늘 우리의 생존 전략을 세우는 데 필요한 일이 아닐까 합니다.

17세기 조선 사람들 눈에도 러시아는 강대국

러시아는 우리에게 생면부지의 나라는 아니었습니다. 17세기에 들어와서 러시아 사람들이 사금을 캐고 수달을 잡기 위해 청나라의 발상지로 신성시되어 출입이 금지되던 흑룡강 일대로 몰려오면서 양국 간에 분쟁이 일어났습니다. 청나라는 총포로 무장한 러시아인들을 물리치기 위해 호랑이 잡는 명포수들로 구성된 조선의 화승총 부대의 출병을 요구했지요. 이른바 나선정벌羅禪征伐(1654, 1658)이 그것인데 조선인들이 러시아와 조우하게 된 최초의 사건이었습니다. 한·러 두 나라 사이의 인연은 중국과 일본에 비하면 턱없이 짧지만 미국에 비하면 상당히 긴 연조를 갖고 있는 셈이지요. 당시 조선인들이 러시아에 대해 갖고 있던 정보라고 해봤자 러시아를 칭하는 두 개의 용어인 '아라사俄羅斯'와 '대비大鼻'를 구별하지 못할 정도로 빈약했으며, 조선의 식자층들은 화이사상에 입각해 러시아를 금수와 야만의 나라로 깎아내렸습니다. 실학자 홍대용洪大容(1731~1783)조차 《담헌연기湛軒燕記》(1765)에서 "대비달자大鼻獺子는 아라사이며, 몽고의 별종이다. 그들은 모두 코가 크며 흉악하고 사납기 때문에 우리나라에서는 코쟁이(대비달자)라 부른다"며 비하할 정도로 당시 조선 사람들의 대러시아 인식이 피상적이었던 것도 사실입니다.

그러다가 1689년 청·러 양국 사이에 네르친스크Nerchinsk조약이 체결된 이후 북경에서 청국이 러시아 사절을 후대하는 모습을 보고 러시아의 강대함을 인정하게 됐지요. 이 점은 1686년 연행사로 청국에 다녀온 남구만南九萬(1629~1711)이 "아라사는 북해北海와 접하고 있는 대국인데, 대비와 가까운 지역으로서 대비가 두려워하여 복종하는 나라입니다. 예부시랑이 나가서 접대하고 병부시랑이 북해까지 나아가 맞아들이며 몽고의 다섯 왕들이 말을 번갈아 타면서 들여보내는데, 그러한 점으로 보아 아마도 강대국인 듯합니다"라고 한 데서 잘 나타납니다.

러시아에 대한 정보를 중국과 일본에 의존한 것도 사실

러시아가 손에 잡히는 실체로서 우리에게 다가온 건, 1860년 북경조약에 따라 중국이 연해주를 러시아에게 넘겨줌으로써 우리와 국경을 접하게 되면서부터죠. 돌이켜보면 1860년은 우리 역사상 한 획을 그은 해였습니다. 러시아와 국경을 마주하게 되면서 우리를 둘러싼 열강의 세력 균형에 변화가 예고됐기 때문입니다. 엄밀한 의미에서 이때부터 한반도의 지배권을 놓고 열강의 쟁패가 시작됐다고 볼 수 있습니다. 러시아가 한반도로부터 부동항을 얻는다면 이것은 장차 해양 세력인 영국과 일본에게는 치명적인 위협이 될 것이며, 대륙 세력인 중국에게도 울타리가 무너져 내리는, 순망치한脣亡齒寒의 곤경을 가져다주기 때문입니다.

러시아는 우리에게 점차 실질적인 위협으로 다가왔습니다. 1864년과 1865년에는 러시아인들이 두만강을 건너 통상을 요구해왔으며, 1866년에는 영흥만에 나타나 같은 요구를 되풀이하는 등 러시아의 위협은 가시화되었고 조선에서는 러시아에 대한 경각심이 도를 더해갔습니다. 흥선 대원군 치하의 조선에서 러시아에 대한 경계론을 제일 먼저 주창한 이는 남종삼南鍾三(1817~1866) 등 프랑스 선교사들을 통해 러시아의 침략 의도를 확신하게 된 천주교 세력이었지요. 1866년 남종삼은 국청鞫廳에서 "아라사는 천하의 9분의 1을 차지하고 있고, 〔춘추전국 시대에〕 강력했던 진나라가 〔이웃 나라를〕 병탄하는 것과 같은 기세라서 비단 조선에 근심이 될 뿐만 아니라 다른 나라들도 장차 차례로 병탄할 것이라며 아라사가 처음에는 교역을 주장하지만 만약 그것을 허락한다면 장차 군사적 침략을 강행하게 될 우려가 없지 않다"고 해 러시아에 대한 공포심과 경계심을 드러냈습니다. 그러나 프랑스와 연대해서 러시아의 남하를 막아보자는 그들의 러시아 대비책은 대원군에 의해 묵살됐습니다. 그만큼 당시 러시아에 대한 경계 의식은 심각하지 않았지요. 러시아를 병적으로 두려워하는 공로증적 러시아 경계론은 1880년대 청일 두 나라에서 유입된 정보를 통해 조선 사람들 사이에 널리 퍼졌습니다. 1860년 중국은 연해주를 할양하면서 러시아를 경계하기 시작했는데, 러시아와의 국경 분쟁이 일어나자 그 공로증이 더욱 심해졌습니다. 두 나라의 국경 분쟁은 1871년에 러시아가 지금의 신장성(중국령 터키스탄)에서 일어난 회교도 반란을 진압한다는 명분을 내세워 이리伊犁(지금의 중국 신장성 서북부 톈산 산맥 중부에 있는 분지. 중국 진출의 관문) 계곡에 군대를 주둔시키면서 일어났습니다. 더구나 이 국경 분쟁을 틈타서 일본은 대만을 침략했고 무력으로 조선을 개방시켰으며 유구琉球(현재의 오키나와) 왕국까지 병합했습니다. 상황이 이렇다 보니 중국으로서는 일본과 러시아를 동시에 견제해야 하는 어려움에 빠졌지요. 특히 중국은 1879년 이래 일본보다는 러시아를 더 큰 위협으로 간주했기 때문에 전략적으로 자국의 안보에 매우 중요한 조선이 러시아의 영향력 아래 들어가는 것을 막기 위해 조선 조정에 군비 확충을 권유하는 한편 서구 열강들에 대한 문호 개방을 적극적으로 설득했습니다.

중국의 공로증은 1880년 제2차 수신사 김홍집이 가져온 《조선책략》에 잘 나타나 있습니다. 김홍집이 동경 주재 청국 공사관의 참찬관 황준헌과 필담한 내용을 담은 이 책은 러시아를 영토 확장욕에 가득 찬 야만국으로 묘사하고 방아론防俄論을 제기하였습니다.

지구 위에 더할 수 없이 큰 나라가 있으니 아라사라 한다. 그 둘레의 넓음이 3대주(유럽, 아시아 주, 그리고 북아메리카 주. 북아메리카 주에 있던 러시아령 알래스카는 1867년에 미국에 매각되었다)에 걸쳐 있고 육군 정병이 100여 만 명, 해군의 큰 함정이 200여 척이다. 다만 나라가 북쪽에 위치하여 기후가 춥고 땅이 메마르기 때문에 재빨리 그 영토를 넓혀서 사직社稷을 이롭게 할 것을 생각하였다. (그리하여) 선세先世인 피득왕(彼得王, 표트르 1세, Pyotr Ⅰ, 재위 1689~1725) 이래 새로 강토를 개척하여 이미 (전보다) 10배가 넘었으며, 지금의 왕(알렉산드르 2세, Aleksandr Ⅱ, 재위 1855~1881)에 이르러서는 다시 사해四海를 차지하고 팔방을 병합할 마음으로 중앙아시아에서 위구르 여러 부족의 땅을 거의 잠식하였다. 천하가 다 그 뜻이 적지 않음을 알고 이따금 서로 합종하여 대항하였다. 지금 서양의 여러 대국들, 예컨대 독일·영국·오스트리아·이탈리아·프랑스가 모두 호시탐탐하여 단연코 한 치의 땅도 남에게 넘겨주려 하지 않는다. 러시아가 서방 공략을 할 수 없게 되자, 번연히 계략을 바꾸어, 동쪽 강토를 넓히려 하였다. 10여 년 이래로 화태樺太(사할린)를 일본에서 얻고, 흑룡강의 동쪽을 중국에서 얻었으며, 도문강 입구에 주둔하고 있다. 높은 집 지붕 위에서 동이의 물을 쏟아 붓는 듯한 형세로 그 경영하여 여력을 남기지 않는 것은 아세아에서 뜻을 얻으려는 것이다. 조선이라는 땅은 실로 아시아의 요충에 놓여 있어서 반드시 다투어야 할 요해처要害處가 되고 있다. 조선이 위태로우면 중국과 일본의 형세도 날로 급해질 것이며, 러시아가 영토를 공략하려 한다면 반드시 조선으로부터 시작할 것이다. 아! 아라사가 이리와 호랑이 같은 진나라처럼 정벌에 힘써온 지 3백여 년. 그 처음〔대상〕은 구라파였고 이어서 중앙아시아였으며, 오늘에 와서는 다시 동아시아로 옮겨져 마침내 조선이 그 피해를 입게 된 것이다. 그러므로 조선의 오늘날 급무를 계책할 때 러시아를 막는 것보다 더 급한 것이 없을 것이다.

러시아를 두려워한 것은 중국만이 아니었지요. 당시 시베리아 철도가 없었던 러시아는, 새 영토 연해주에 대한 지배를 확고히 다지고 이를 발판으로 삼아 태평양으로 진출하기 위해 애쓰고 있었습니다. 1875년 일본은 러시아의 위협에 굴복해 개발 가능성이 매우 높은 사할린을 넘겨주고 그 대가로 불모지나 다름없는 쿠릴열도를 받았는데, 그 뒤로 러시아에 대해 거의 병적인 공포심, 즉 공로증을 갖게 됐습니다. 그래서 일본은 1876년 이후 기회가 있을 때마다 러시아에 대한 경계를 늦춰서는 안 된다고 누차 조선에 경고했지요. 제1차 수신사 김기수金綺秀(1832~1894)는 1876년 일본 체류시 만난 이노우에 가오루井上馨로부터 러시아에 대한 방비책을 세우라는 권고를 들었습니다. "러시아가 병사를 동원할 징조가 있다는 것은 내가 강화도에서 이미 말한 적이 있는데, 우리나라 사람이 저 러시아 땅에 갈 때마다 그들이 날마다 병기를 만들고 흑룡도黑龍島에 군량을 많이 저장하는 것을 보았습니다. 그것이 장차 무엇을 할 것인지, 귀국에서는 마땅히 미리 대비하여 기계를 수선하고 병졸을 훈련시켜 방어의 계책을 강구하는 것이 좋을 것입니다"라는 이야기였습니다.

1880년에 귀국한 김홍집도 고종이 "그 나라에서 과연 러시아를 몹시 두려워하던가?"라고 묻자 "온 나라가 그 문제를 절박한 걱정거리로 여기지 않는 자가 없었습니다"라고 해 일본이 병적인 공로증 증세를 보이고 있음을 보고한 바 있지요. 당시 일본인들은 정부관리나 재야인사를 막론하고 조선인들에게 공로 의식을 전파함으로써 조선을 자국의 영향권 하에 두려 했습니다. 그때 일본인들이 공로증 이식의 매개수단으로 활용한 것이 서구제국 특히 러시아의 침략에 대항하기 위한 조·중·일 삼국의 연대, 즉 아시아 연대론이었습니다.

공로증 감염과 방아론의 대두

1880년대 초반 일본과 청국 두 나라가 앞장서 전파한 공로증은 최초의 신문 〈한성순보〉를 매개로 일반인들에게도 전파됐습니다. 공로 의식과 관계된 두 건의 기사가 이를 입증합니다. 〈한성순보〉는 〈상해신보〉와 일본 신문을 각각 인용해 이렇게 보도했습니다.

러시아 황제가 쉴 새 없이 과도한 사치와 국토의 확장에 전력하여 4대주의 땅을 죄다 자신의 소유로 만들려 하므로, 동맹국에 대해 겉으로는 우호의 태도를 보였지만 속으로는 음흉한 마음을 품었으니 터키가 싸움을 벌이고 아프가니스탄이 영국을 배반한 예가 다 러시아의 간계에서 나온 것이요. 그 국내에는 날마다 군사를 훈련하여 장차 무력으로써 온 천하에 과시하려 하였다(《한성순보》2호, 1883년 11월 10일자).

지금 아국俄國의 강역은 구라파와 아시아 양 대륙과 연접되어 있고 그들의 강역은 전 세계 육지의 7분의 1을 차지하고 있으니 지구에서 고금에 없는 큰 나라이다. 그러나 옛날 이 나라의 강역은 거의 몽고의 관할이었는데, 그 후 몽고의 국력이 점차 쇠미해졌기 때문에 서기 1462년에 모스크바의 영주 이반Ivan이란 자가 휴양하면서 한 나라를 세우게 되었다. 그러나 그 당시 강역은 39만 4천 평방마일에 불과했으니, 지금의 모스크바가 그곳이다. 이후부터 전국이 몽고의 관할로부터 벗어나 가까운 이웃나라를 잠식하였다. (……) 그 후에 내란이 계속되어 이반의 계통이 끊어졌으나 인근 국가를 잠식하는 계책은 그만두지 않았다. 1614년 미하일 로마노프Mikhail Romanov란 자가 군주가 되었는데, 이때에 러시아의 강역은 실로 5백42만 7천여 평방마일이나 되었으니, 이는 미하일 로마노프 지금 황제의 비조鼻祖이다. 이후부터 대대로 왕위를 이은 자가 강역을 개척하기에 전력하였고, 피득(피요트르)황제는 자손에게 동쪽 지경地境을 전적으로 개척하라는 유언을 했기 때문에 1689년에는 러시아의 강역이 5백63만 평방마일이 되고 (……) 1867년에는 은銀 7백20만 불을 받고 미국에 알래스카 39만 4천 평방마일을 팔았다. 그래도 지금의 러시아 강역은 실로 8백38만 7천8백16평방마일이나 된다. 대저 러시아 사람들이 구라파와 아시아 양 대륙에서 강역을 개척하는 데 대대로 내려오면서 있는 힘을 다했다. 그래서 스웨덴·독일·오스트리아·터키 등의 나라는 러시아를 엄히 경비하고, 중국·일본 및 파사波斯(페르시아) 등은 북방 경계에 전력을 기울여 그들의 잠식을 면할 수 있었다. 이제 조선도 러시아와 접경하고 있으니 경계하지 않아서야 되겠는가. 이상은 일본의 근신近信이다(같은 신문 11호, 1884년 2월 7일자).

갑신정변으로 인해 발행이 중지된 〈한성순보〉에 이어 1886년 1월부터 1888년 7월까지 주간으로 발간된 〈한성주보〉의 경우에도 청국의 공로 의식을 〈신보申報〉 같은 중국 신문을 전재해 보도함으로써 일반에 유포시켰지요.

러시아는 여러 나라의 꺼리는 대상이 되었기 때문에 그 꺼림으로 인해 질투심을 일으켜 합종연횡을 하니 마치 전국 시대에 제후들이 연합하여 진나라를 배척하던 국세局勢와 같다. (……) 함풍咸豊 연간에 두 차례에 걸쳐 땅을 요구해 흑룡강 동쪽 이르쿠츠크의 여러 지역으로부터 우루무치 서쪽 이리·쿠커·아커수의 여러 지역을 모두 점거하였다. (……) 또 동쪽으로는 일본 사할린 지방을 빼앗아 쿠릴열도의 18도와 바꿨으며, 다시 동해를 건너 고려의 동쪽으로 와서 탄광을 개발하고 석탄과 철을 채굴하며 근래에는 또 흑룡강 경계에 병사를 주둔시켜 철도를 부설하여 중국에까지 통하도록 하려고 하고 있다(〈한성주보〉 32호, 1886년 10월 11일자).

아무리 맹서로 요구하고 혼인으로 신중하게 하더라도 일단 집어삼킬 기회가 오면 호랑이와 이리 같은 게 러시아인들의 심성인데 어떻게 살찐 고기를 택하여 뜯어먹지 않을 것을 보장할 수 있겠는가. (……) 어떤 사람들은 이렇게 말하고 있다. 현재 러시아는 내란이 끊이지 않아 수시로 난당亂黨이 일어나 그 황제를 자살刺殺하려 하고 있다. 그래서 군사가 비록 강하기는 하지만 국고가 이미 고갈된 상태이다. 비록 철도의 가설을 권한 말이 있기는 했지만 이는 공언일 뿐 과연 그 일이 성취될는지는 기필할 수 없다. 아! 이 말은 참으로 잠시 동안의 편안을 훔치려는 자들의 말이다(〈한성주보〉 67호, 1987년 6월 13일자).

청·일 두 나라가 자국의 이해를 위해 조선에 전염시킨 공로 의식은 상당한 효과를 발휘했습니다. 이 점은 수신사 김홍집이 일본에서 돌아와 복명한 후 양계초가 《조선책략》에서 제기한 러시아의 침략에 대비하기 위한 중신 회의에서 이최응李最應(1815~1882)이 한 말에 잘 나타납니다.

> 신이 그 책을 보았는데 그가 여러 조항으로 분석하고 변론한 것이 우리의 심산心算과 부합되니 한 번 보고 묶어서 시렁 높이 얹어둘 수는 없습니다. 대체로 러시아는 먼 북쪽에 있고 성질이 또 추운 것을 싫어하여 매번 남쪽을 향해 나오려고 합니다. 다른 나라의 경우에는 이득을 보려는 데 지나지 않지만 러시아 사람들이 욕심내는 것은 땅과 백성에 있으며 우리나라의 백두산 북쪽은 바로 러시아의 국경입니다. 비록 큰 바다를 사이에 둔 먼 곳이라도 한 대의 돛배로 순풍을 타고 오히려 왕래할 수 있는데 하물며 두만강을 두고 두 나라의 경계가 서로 접한다면 더 말할 것이 있겠습니까. 보통 때에도 숨쉬는 소리까지 서로 통할 만한데 얼음이 얼어붙으면 걸어서라도 올 수 있을 것입니다. 바야흐로 지금 러시아 사람들은 병선 16척을 집결시켰는데 배마다 3천 명을 수용할 수 있다고 합니다. 만약 추위가 지나가게 되면 그 형세는 틀림없이 남쪽으로 향할 것입니다. 그 의도를 헤아릴 수 없으니 어찌 대단히 위태롭지 않겠습니까?

그의 말은 1876년 이래 1880년대 초반까지 일본과 청국이 조선을 상대로 전개한 공로증 주입 노력이 주효했음을 보여줍니다. 또한 이러한 공로증의 감염이 방아론으로까지 확대되었음은 같은 날 고종과 이최응이 나

눈 다음과 같은 문답에 잘 보입니다.

이최응이 아뢰기를, "사실은 저희 나라를 위한 것이고 조선을 위한 것은 아닌 것 같습니다. 조선이 만일 방비하지 않으면 저희 나라가 반드시 위태롭기 때문입니다. 비록 그렇더라도 우리나라야 어찌 러시아 사람들의 뜻은 일본에 있다고 핑계대면서 심상하게 보고만 있겠습니까. 지금 성곽과 무기, 군사와 군량은 옛날만 못하여 백에 하나도 믿을 것이 없습니다. 마침내 비록 무사하게 되더라도 당장의 방비를 어찌 조금이라도 늦출 수 있겠습니까"라고 하였다. 〔고종이〕 지시하기를, "방비대책은 어떠한가?"라고 하니 이최응이 아뢰기를, "방비대책에 대하여 우리 스스로가 어찌 강구할 것이 없겠습니까. 청나라 사람의 책에서 논한 것이 이처럼 완벽하고 이미 다른 나라에 준 것은 충분한 소건이 있어서 그런 것입니다. 그 중 믿을 만한 것은 믿고 채용해야 할 것입니다"고 하였다.

당시 공로증에 감염된 조선 정부는 백춘배白春培를 아라사 채탐사採探使로 임명, 블라디보스토크에 보내 러시아의 침략 가능성을 조사해 보고하게 했습니다. 그는 러시아가 남하할 수밖에 없는 이유로 조선을 향한 러시아의 팽창 방향과 부동항의 필요성 등 10여 가지를 제시한 바 있지요. 특히 조사시찰단을 따라 일본에 유학했던 유길준은 귀국 직후인 1883년 고종에게 올린 〈언사소言事疏〉와 1885년에 쓴 〈중립론〉에서 다음과 같이 공로증을 토로한 바 있습니다.

현재 유독 우리 국가의 영토는 바로 아주의 인후에 해당하고 인근에 막강한 러시아와 접경하였으니, 천하가 필시 쟁패를 겨루는 지역인 것입니다. 또 러시아인은 사납기가 범이나 이리와 같아서 호시탐탐 기회만 엿보고 있는 지 벌써 여러 해 되었습니다. 러시아가 움직이지 않는 것은 단지 구실이 없기 때문인 것입니다. 오호! 위태롭습니다. 무릇 국경 사이에 걸린 이해 관계에 있어서는 도리를 알고 서로 친애하는 국가라도 굽히지 않고 주장하는 바가 있을 수 있는 것인데, 하물며 러시아인과 같이 포악함에야. 세력이 서로 균등한 나라라야 싸워서 판가름 낼 수 있는 것인데 하물며 러시아와 같이 강대함에야. 서로 조약을 체결한 나라라도 힐변詰辯이 있을 수 있는 것인데 하물며 러시아인과 같이 틈만 노리고 있음에야. (……)

   대저 러시아라는 나라는 만여 리에 달하는 거칠고 추운 땅에 위치하고 있으면서 백만 명의 정병으로 날마다 그 영토를 넓히는 데 힘쓰고 있다. 중앙아시아 지역의 작은 나라들을 회유하여 보호국을 만들기도 하고 혹은 그 독립권을 보장하기도 했지만, 그 혈맹이 채 마르기도 전에 그 토지를 모두 군현화 하고 그 인민들을 노예화했다. 강한 나라가 약한 나라를 큰 나라가 작은 나라를 병탄하고자 하는 것은 본래 인간세상의 다반사다. 그런데 러시아는 특히 무도하기 때문에 천하가 탐욕스럽고 포악한 나라로 지목하고 있는데도, 그 호랑이와 이리 같은 마음은 더욱 왕성해져 그칠 줄 몰랐다. 러시아인이 강대한 인접국〔영국과 프랑스 등〕과 반목할 수 없다는 것을 깨달아 마침내 그 군대를 동쪽으로 옮겨 대병력을 블라디보스톡에 주둔시키고 시베리아 철로를 가설하기에 이르렀다. 그 비용이 매우 거대하여 얻는 것이 잃은 것을 보충하지 못하니, 그 노리는 바는 지혜로운 사람이 아니라도 알 만한 것이다. 그러니 우리나라의 위태로움은 그 절박함이 얼마나 심한 것인가.

나아가 유길준은 이러한 공로 의식을 바탕으로 러시아의 침략을 막기 위해 "우리나라가 아시아의 중립국이 되는 것이 실로 러시아를 막는 길이며, 또한 아시아 강대국들이 서로 보존하는 정략도 될 것이라는, 방아를 위한 조선의 중립화 방안을 구상한 바 있습니다.

인아책引俄策의 수립 : 러시아는 조선 독립의 옹호자

일본과 청국 두 나라로부터 이입된 공로 의식은 조선 전반에서 일반화된 것은 아니었지요. 1880년대 초 러시아의 침략 가능성에 대비한 균세책을 선전하기 위해 고종은 《조선책략》을 위정척사파 유생들에게 유포시켜 공로 의식을 북돋우려 했지만, 이들은 17세기 이래 러시아와 별다른 마찰 없이 지낸 전례를 거론하며 러시아의 잠재적 침략 가능성을 일소에 부쳤습니다. 일례로 이만손李晚孫이 소두로 올린 〈영남만인소嶺南萬人疏〉는 러시아의 남침 가능성을 부인하면서 《조선책략》에서 제시된 방아론을 비판했고요.

러시아로 말하면 우리와는 본래 아무런 혐의도 없습니다. 공연히 남의 이간술에 빠져 우리의 권위를 손상시키면서 먼 나라와 사귀고 이웃 나라를 건드려 전도된 행동을 하다가 헛소문이 먼저 퍼져 이것을 구실로 삼아 가지고 병란을 일으킨다면 어떻게 수습하겠습니까? (……) 황준헌의 말과 같이 설사 러시아가 정말 우리를 집어삼킬 만한 역량이 있고 우리를 침략할 뜻이 있다고 한들 장차 만 리 밖의 구원을 앉아서 기다리면서 턱 밑에 있는 오랑캐 무리들과 싸우겠습니까. 이것이야말로 이해 관계가 뚜렷한 것입니다. 지금 조정에서 무엇 때문에 백 가지 해가 있고 한 가지 이익도 없는 이런 일을 굳이 함으로써 러시아 오랑캐에게는 마음 먹은 적도 없는 생각을 가지게 하고 미국과는 일 없을 일을 일으킴으로써 원수를 오게 하고 병란을 초래하겠습니까?

고종을 위시한 조선 정부도 직접적인 정보 수집을 통해 러시아의 남침 가능성을 검증하고자 부심했지요. 그런데 일본이 공로증 전파를 위해 이용한 아시아 연대론의 논리와 황준헌이 《조선책략》에서 제기한 균세론·자강론의 논리는 매우 유사합니다. 그 배후에는 일본이나 청국이 조선 개화의 옹호자 혹은 인도자라는 의식이 깔려 있었을 뿐 아니라, 조선에 개방을 촉구한 이면에도 정치경제적으로 일본이나 청국의 영향력을 증대하려는 의도가 크게 작용하고 있었다는 사실이 중요하지 않을까 합니다.

이는 청일 양국이 침략 세력의 대명사로 낙인찍은 러시아라 하더라도, 만일 청일 양국이 조선을 위협하는 세력으로 판명될 경우에는 오히려 청일 양국을 견제함으로써 조선의 독립을 보장해줄 수 있는 외부 지원 세력으로 그 역할이 바뀔 가능성이 있었다는 뜻이 됩니다. 실제로 조선 정부는 일본과 청국이 강요하다시피 주입시킨 러시아 위협론을 맹목적으로 추종하지 않았으며, 독자적으로 수집한 정보를 바탕으로 한반도를 둘러싼 열강 간의 세력 균형을 잡기 위해 러시아를 동원하려고 그 방안을 모색해왔습니다.

당시 조선인들은 러시아의 침략 위협이 과장된 것이라는 비판적 정보도 접하고 있었습니다. 아래 기사를 보실까요.

러시아의 수도에서 혼춘琿春까지는 서쪽으로든 동쪽으로든 수만 리의 거리며 중간에 동부 시베리아가 황막하여 끝이 없으니 서쪽으로부터 군사를 움직이려고 하면 결코 성공하기 어려울 것이다. 또한 동부에는 비록 병사가 있으나 충분하지 못하니 러시아가 비록 침식하고 싶은 뜻이 있더라도 다른 날을 기다릴 것이라 결코 지금 싸움을 벌이지는 않을 것이다. (……) 러시아가 비록 고려를 넘어다본다 하여도 동부의 힘으로는 병탄하기에 부족하고 서부의 병사는 또 실어 나르기가 쉽지 아니하니 실제 중국의 길림 흑룡강 두 성을 도모하려는 것처럼 뜻은 있어도 이루지 못하는 것과 한 가지다. 더욱이 고려는 현재 미국과 이미 통상을 하였고 또 영국과도 조약을 맺었으며 그리고 중국의 도움을 받을 수 있고 일본이 후원하니 러시아가 어찌 감히 사지私志를 드러내겠는가(〈한성순보〉 1884년 6월 23일자).

오히려 러시아는 조선을 둘러싼 열강 간의 세력 균형을 이루는 데 필요한 존재로 인식되었으며, 김옥균·박영효 등 개화파 인사와 고종은 러시아와의 수교를 위해 독자적인 노력을 기울여왔지요. 그들은 임오군란 이후 부차적 제국주의secondary imperialism 세력으로서 청국의 간섭이 점점 노골화하자 청국이 가장 두려워했던 러시아와 수교함으로써 조선의 독립을 옹호해줄 견제 세력으로 러시아를 이용하려 했습니다. 그래서 그들은 임오군란 이후 수신사절로 일본에 갔을 때 주일 러시아 공사 로젠 Baron Roman Romananovih Rosen(1847~1921)과 만나 수교를 위한 교섭을 전개했지요. 특히 김옥균은 1884년 초에도 주일 러시아공사 다비도프 Alexandre P. Davydow에게 조약 체결 의사를 표명했으며, 고종도 김관선을 노브키예브스코Novokievskoe로 보내 러시아 관리에게 수교 의사를 전달한 바 있습니다. 1884년 마침내 서울로 들어온 천진 주재 러시아 영사 베베르Veber, Karl Ivanovich는 전격적으로 조러수호통상조약을 체결하기에 이르렀지요. 갑신정변 실패 이후 청국의 간섭 정책이 더욱 심해지자 고종은 이른바 조로밀약朝露密約을 추진하는 등 인아책을 적극 구사하기 시작했지요.

그러면 당시 인아책을 구사했던 인아론자들은 누구였을까요? 고종의 측근이었던 민영익閔泳翊(1860~1914)과 한규직韓圭稷(?~1884)이 바로 그들이지요. 민영익은 보빙사로 미국과 유럽을 다녀온 후 고종에게 유럽에서는 특히 러시아가 강대해 유럽 여러 나라는 모두 러시아를 두려워한다고 했습니다. 또한 조만간 러시아가 아시아로 침략의 손길을 뻗쳐 조선에도 그 영향이 미칠까 염려되므로 조선은 일본이나 청국만 상대할 게 아니라 한 걸음 더 나아가 러시아의 보호를 받도록 하는 것이 상책이라고 헌책했습니다.

민씨 척족 정권의 중요 인물이자 러시아와 국경 지역인 경흥의 지방관을 역임한 한규직도, 일본은 청과 러시아를 의식해 감히 조선을 병탄하지 못하지만 늘 침략의 뜻을 가지고 있으며, 청은 다른 나라가 조선을 점령하더라도 힘이 부족해 조선을 보호하지 못할 것으로 봤지요. 때문에 조일 간에 문제가 생기면 '감국제권監國制權(간섭한다는 의미)' 하려고 할 것이며, 러시아는 세계 최강국으로서 세계가 두려워하는 나라이므로 조선을 도와줄 수 있다고 본 것이죠. 1880년대 이전만 해도 러시아는 중앙아시아와 발칸반도의 경략에 몰두했고, 새로 개척한 극동 지역에는 육로 교통망도 부실했던 까닭에 조선에 대한 영향력을 적극 확대하려 하지 않았던 게 사실입니다. 러시아가 조선을 둘러싼 국제 정치무대 위로 등장한 것은

1884년 갑신정변 이후였습니다. 정변이 실패로 돌아가면서 조선의 대내외 정치에 대한 중국의 적극적 간섭이 가해진 다음이었죠. 그러다가 러시아가 조선을 둘러싼 열강의 각축전에 능동적으로 개입해 괄목할 만한 역할을 수행하게 되는 것은 1895년 이후 삼국 간섭으로 일본을 굴복시킨 다음부터였습니다. 공로증적 러시아 인식은 한러 관계의 진전과 한반도를 둘러싼 열강의 역학적 변화에 따라 러시아를 조선 독립의 옹호자로 활용하려는 인아책으로 변화되기에 이른 것이죠. 따라서 저는 윤치호나 민영환 같은 인사들의 러시아 인식이 피상적이었다고 보지 않습니다. 당시에는 힘의 균형이 도모된 시기이기도 하지만 한러 관계에 대한 대표적 연구자인 렌센G. A. Lensen의 말처럼 음모의 균형이 모색된 시대로 볼 수도 있지 않겠습니까?

오늘의 시점에서 바라본 한러 관계

개화기 이래 우리의 생존전략은 크게 봐서 미국과 영국 편에 서느냐, 아니면 중국과 러시아 편을 드느냐로 압축됩니다. 어떤 전략을 선택하느냐에 따라 러시아는 침략자 또는 독립의 옹호자라는 전혀 다른 이미지로 부각될 수 있었습니다. 공로증에 감염된 유길준, 러시아의 경제 침략을 반대한 독립협회 관계자, 소련을 사회혁명을 책동하는 위협 세력으로 인식한 식민지 시대 민족주의 우파와 같은 남한의 위정자들은 러시아를 침략 세력으로 간주했습니다. 반면 인아책을 구사한 고종과 민씨 척족 세력, 아관파천을 추진한 친러파, 마르크스·레닌주의의 세계관을 받아들인 일제하 민족해방운동 세력과 북한의 집권 세력들에게 러시아는 둘도 없는 우방이었습니다. 냉전 해체 이후 러시아는 남북한 모두에게 적국도 될 수 있고 우방도 될 수 있는 묘한 존재라서 러시아를 보는 남북한 사람들의 인식은 아직 유동적인 상태입니다.

흥미로운 점은 냉전 이데올로기가 지배하던 시절에는 무엇이 옳다고 믿느냐는 기준 즉, 선악을 척도로 삼아서 적과 동지를 나누었지만, 개화기나 요즘과 같이 힘이 지배하는 시대에는 어느 편을 들어야 득이 되는지를 살피게 된다는 겁니다. 어제의 적이 오늘의 동지도 될 수 있다는 말이지요.

조선의 위정자들은 도덕률이 중시된 사대교린의 질서에만 익숙했던 까닭으로 중국과는 별 탈 없이 지내오다가 일본이 침략자로 돌변하자 몹시 당황했습니다. 그들은 생면부지의 미국이 새로운 보호자가 돼주길 간절히 바랐지만 계속된 구애가 짝사랑으로 끝나버리자 이번엔 중국과 일본이 모두 병적이다 싶을 만큼 무서워하던 러시아에게 추파를 던졌지요. 그러나 러시아도 일본의 팽창을 막기에는 역부족이었습니다. 결국 러시아는 영국과 미국이 노골적으로 일본 편을 들어준 바람에 러일전쟁에서 패배했고, 그것으로 동아시아 진출의 꿈을 접을 수밖에 없었습니다. 영국과 미국은 자기들과 이해를 같이하는 해양 세력 일본이 한국을 집어삼키는 것을 반대하지 않았습니다.

100년 전 세계 열강이 자국의 이해를 놓고 편을 가르던 시절, 우리 선조들은 자력으로 생존을 도모하기보다는 남의 힘을 빌려 살아남으려고 했습니다. 다시 돌아온 열강 쟁패의 시대를 맞아 감회가 깊습니다. 돌이켜보니 오늘이 과거와 다른 점은, 우리는 조상들이 그토록 원했던 해양 세력 편에 서 있고, 우리의 다른 반쪽은 여전히 대륙 세력에 생존을 위한

조선인의 러시아관 115

판돈을 걸고 있다는 점이지요. 러·프·독 삼국 간섭으로 한반도 지배를 10년 늦췄던 제정 러시아와 같은 힘을 과연 오늘의 러시아가 발휘할 수 있을까요?

봄기운을 온 몸으로 느끼는 수원에서

허동현 드림

■ 더 읽을 만한 책

박노자, 〈19세기 후반 한인의 노령 이민의 초기 단계〉, 《한인의 해외이주와 그 정착과정》, 전주대 역사문화연구소·이화여대 한국문화연구원 주최 국제학술회의 발표 요지, 1998.
송병기 편역, 《개방과 예속》, 단국대 출판부, 2000.
송종환, 《러시아의 조선침략사》, 범우사, 1990.
씸비르쩨바 따찌아나, 〈1869~1870년 간에 진행된 러시아와 조선 간의 경흥협상과 그 역사적 의의〉, 《한국민족운동사연구》 32, 2002.
원재연, 〈19세기 조선의 러시아 인식과 문호개방론〉, 《한국문화》 23, 1999.
최문형, 《제국주의 시대의 列强과 韓國》, 민음사, 1990.
_____, 《한국을 둘러싼 제국주의 열강의 각축》, 지식산업사, 2001.
한국사연구협의회 편, 《한로관계100년사》, 한국사연구협의회, 1984.
허동현, 〈1880년대 한국인들의 러시아 인식 양태〉, 《한국민족운동사연구》 32, 2002.
_____, 〈개화·일제기 한국인의 러시아 인식에 보이는 고정관념〉, 《한국민족운동사연구》 42, 2005.
George Alexander Lensen, *Balance of Intrigue : International Rivalry in Korea & Manchuria, 1884~1899*. Tallahassee : University Press of Florida, 1982.V.
Tikhonov(박노자), *The Experience of Importing and Translating a Semantic System: 'Civilization', 'West', and 'Russia' in the English and Korean Editions of The Independent*, 《한국민족운동사연구》 32, 2002.

또 하나의 논쟁
독자를 대신하여 질문합니다

박노자, 허동현 선생님께

러시아라면 유럽과 아시아에 걸쳐 있는 몹시 큰 나라입니다만 1980년대 말 동구권이 몰락한 뒤로 그 나라에 대한 한국 사람들의 관심이 줄어든 느낌입니다. 냉전이 한창이던 1970년대 초까지만 해도 사정은 달랐지요. 당시의 소련은 그야말로 공포와 전율의 대상이었습니다. 이제 초강대국 러시아는 그 면모를 잃은 셈이지만 아직도 주변 4강 가운데 하나이고 미래의 잠재력도 무척 큰 나라로 평가되고 있습니다. 최근에 읽은 어느 외국 신문 기사가 생각나는군요. 2050년쯤이면 러시아가 중국, 인도 및 브라질과 더불어 세계 최강국으로 등장할 것이라고 되어 있었습니다. 그들 네 나라의 영문 첫 글자를 모아서 브릭스 BRICs라고도 부른다던데, 한국 정부는 네 나라와의 관계를 중시하여 "브릭스 외교"를 펴고 있다는 소문이 외교가에 파다합니다. 그 소문대로라면 한국정부는 먼 미래를 내다본 장기 전략을 가지고 있다는 것이 분명합니다.

역사적으로 볼 때 한국과 러시아의 인연은 꽤나 깊고 굴곡도 많았습니다. 러시아에서 나고 자란 박 선생님의 말에 따르면, 100년 전 한국의 지도층은 러시아를 세계 최강의 군사대국으로 '잘못' 인식했다고 합니다. 당시 국제외교 전문가로 손꼽히던 민영환도 해외 사정에는 사실상 백지에 가까웠다고 하니 절로 한숨이 나옵니다. 민영환 등의 짐작과는 달리 러시아는 산업 구조가 취약했고 사회 내부에 모순이 누적돼 있어서 조선의 운명을 맡길 만큼 믿을 만한 나라가 못 됐다는 것이지요.

19세기 후반 한국의 언론매체는 일본과 중국이 자국의 필요에 따라 수집 처리한 정보를 이중삼중의 번역과정을 거쳐 그대로 전달하고 있었는데, 그 과정에서 오보가 생겨났고 결국 그릇된 대러시아관이 자리 잡았다는 것이 박 선생님의 지적입니다. 비록 한 때나마 한국은 러시아의 협력과 후원에 왕조의 운명을 내맡기다시피 했는데도 불구하고 남이 쥐어주는 부정확한 정보에 의존했다는 것은 반드시 극복해야 할 한계라는 점을 강조합니다. 그에 덧붙여, 한 나라가 강한가 약한가를 판단할 때는 겉으로 드러난 외형이나 통계수치에 매달리기보다는 사회 내부의 구조적 안정성을 잣대로 삼아야 한다는 주장을 펴고 있습니다. 박 선생님의 주장에 귀를 귀울이다 보면 100년 전뿐만 아니라 지금까지도 우리 한국은 해외 정보에 어두운 것 같습니다. 이어서 허 선생님의 글을 읽어보면 100년 전의 나라 형편이 크게 잘못된 것만은 아니었습니다. 허 선생님은 당시 러시아는 유럽과 아시아가 두려워하던 강대국이었다고 합니다. 1860년대부터 세계 각국에는 "공로증(러시아의 침략에 대한 두려움)"이 널리 퍼져 있었고 특히 동아시아 방면으로 러시아의 침략 의도가 뚜렷하게 나타났다고 합니다.

17세기 이후 한국은 러시아에 관하여 점차 구체적인 정보를 입수하게 됐는데, 일본과 청나라에 유행하던 공로증이 1880년대 초반 국내에 전파되었고 얼마 후 한국은 이를 역이용하여 인아책을 폈다고 합니다. 러시아에 대한 주변 국가의 공포심을 이용하여 조선 왕조의 독립을 지키려는, 당시로서는 꽤나 현명한 정책이었던 셈입니다. 요컨대 개화기 선각자들의 러시아 인식은 결코 피상적인 수준이 아니었다는 것이 허 선생님의 주장이고, 바로 그 점에서 두 분의 의견은 평행선을 달리고 있습니다.

그런데 허 선생님의 글에는 한 가지 흥미로운 주장이 담겨 있습니다. 19세기 후반부터 한국은 미국과 영국을 비롯한 "해양 세력"에 가담하느냐, 아니면 러시아와 중국으로 대변되는 "대륙 세력"에 의존하느냐 하는 선택을 놓고 끊임없이 갈등을 겪어왔다는 것입니다. 지금으로서는 남북이 각기 해양 또는 대륙 세력에 연결되어 있는데, "다시 돌아온 열강 쟁패의 시대"를 맞이하여 장차 그 귀추가 주목된다고 하였습니다. 두 분 선생님의 러시아관을 위와 같이 정리해보았습니다만, 선생님의 글을 함께 읽은 독자들은 여러 가지 궁금증을 갖고 있습니다. 그 가운데 중요하게 생각되는 네 가지만 적어보겠습니다.

●●● 허동현 선생님께 묻습니다

푸른역사 선생님은 '해양 세력'과 '대륙 세력'을 구분해서 말했는데요, 단순히 대륙에 속한 나라라고 해서 청나라와 러시아를 하나의 세력으로 볼 수 있을지요? 미국과 일본도 마찬가지입니다. 두 나라는 2차 세계대전 때 적국 관계였고, 지금도 동아시아 지역에서 이해를 달리하는 부분이 적지 않을 것입니다. 해양과 대륙으로 '열강'을 구분하는 것이 어떤 점에서 필요한가요?

허동현 해양 세력과 대륙 세력의 쟁패로 한 세기 전 우리를 둘러싼 열강들의 패권 다툼을 단순화시킨 것은 비판의 소지가 있다고 봅니다. 특히 이해 관계를 좇아 끊임없이 바뀌는 것이 예나 지금이나 국제 관계의 실제이니 지나친 유별화의 오류를 범했다고도 할 수 있겠죠. 그러나 제가 중국과 러시아를 대륙 세력으로 본 까닭은 단순히 대륙에 속해 있기 때문이 아닙니다. 100년 전 일본의 한반도 지배 과정을 놓고 보면, 그 이면에 영국과 미국의 지원이 절대적이었다는 사실을 부정할 수 없습니다. 미국과 일본이 동남아시아에 대한 패권을 놓고 쟁패한 태평양전쟁 이전, 정확하게는 1930년대 일본이 본격적으로 중국 침략에 나서기 전에는 영미 두 나라와 일본의 이해는 러시아의 태평양 진출을 막는다는 점에서 일치했습니다. 따라서 한반도에 대해 이해를 같이하는 해양 세력은 분명 존재했고, 일본과 맞붙어 한반도에 대한 패권 쟁탈에 나섰던 중국과 러시아도 대륙 세력으로 유형화해도 큰 무리가 없다고 본 겁니다. 6·25전쟁을 국제전으로 보면, 한반도를 사회주의 진영에 놓고자 한 중국과 소련의 이해가 단지 이데올로기의 확산에 있지는 않았던 것 같습니다. 한반도에 대한 전략적 우위를 놓고 북한 쪽에는 중국과 소련이, 남한 쪽에는 미국과 일본이 직간접으로 개입했던 거지요. 또한 최근 냉전 시대 국경 분쟁의 과거사를 넘어 중국군과 러시아군이 합동 군사훈련을 하기 시작했다는 것은, 앞으로 한반도에서 일어날 분쟁을 염두에 둔 게 분명합니다. 분쟁 발생시 중국과 러시아 두 나라가 공통의 군사적 이해를 갖는다는 것은 이들의 전략적 이해가 일치한다는 것이 아닐까 합니다. 따라서 논란의 여지가 있을 수 있지만, 우리 주위의 열강을 해양과 대륙 세력으로 유별하는 것도 오늘 우리가 처한 상황을 이해하고 생존전략을 모색하는 데 도움이 되리라고 생각합니다.

푸른역사 '인아책'에 관한 부분은 정말 인상적입니다. 러시아에 대한 주변 강대국들의 공포심을 역이용해서 조선 왕조의 독립을 지킬 전략을 세웠고 그 전략이 실제로도 상당한 효과를 보았다는 주장인데요, 그 정책을 처음 입안한 사람은 누구였나요? 그리고 선생님이 고종의 개혁 모델은 러시아의 차르 체제였다고 주장해서 학계의 주목을 받고 있는데, 국왕인 고종은 러시아에 대해 어떤 생각을 가지고 있었는지 궁금합니다.

허동현 고종과 민씨 척족 세력들은 임오군란 이후 청국을 견제하기 위해 러시아를 끌어들이는 방안을 최초로 모색한 바 있으며, 실제로 갑신정변 실패 이후 청국의 간섭이 심해지자 조러밀약을 추진하는 등 인아거청책引俄拒淸策(러시아를 끌어들여 청국을 견제하는 정책)을 실천에 옮겼습니다.

다음으로 고종이 러시아를 어떻게 보았는지와, 제가 최근 제기한 광무개혁의 모델이 러시아의 차르 체제였다는 학설을 간략히 말씀드려 보겠습니다. 종래 학계에서는 고종이나 그 주변 세력은 갑신정변 실패 이후 원세개의 압제를 견제하기 위해 인아책을 썼고, 갑오·을미개혁 시기에 위축되어 있던 왕권을 회복하기 위한 방법으로 아관파천을 단행한 이후 러일전쟁 전까지 일본을 견제하는 데 러시아를 이용하려 했다고 알려져 왔습니다. 제가 이러한 통설에 대해 갖는 의문은 왜 고종과 그 주변 세력들은 러시아 세력에 의지하려고만 하고 러시아를 모델로 하는 개혁을 시도하지 않았을까 하는 것이었죠. 혹 우리 학계가 여태까지 러시아가 러일전쟁에 패하고 러시아혁명으로 무너질 후진 근대였다는 점을 염두에 두었기 때문에, 인아책을 펼친 고종이나 그 측근 세력이 추진한 광무개혁에 러시아가 끼친 영향력을 간과한 건 아닐까 생각했습니다. 왜냐하면 일본이 자국의 제도를 모델로 한 갑오경장을 지원하고, 원세개가 중국의 영향에서 벗어나려는 제반 근대적 개혁을 막은 것과 마찬가지로, 러시아도 그 영향력이 증대한 삼국 간섭 이후의 시기에 자국을 모델로 한 조선의 개혁을 유도하려 하지 않았을 리 없거든요. 즉, 대한제국기 조선이 따를 수 있었던 근대화 노선은 양무운동이나 메이지 유신 외에 러시아도 모색이 가능했다는 게 제 생각입니다. 나아가 만약 대한제국이 추진한 황제권 강화가 전통적인 중국의 천자나 일본의 천황제 외에 러시아의 차르 체제도 참용한 것이었다면, 이는 절대왕정에 머무른 것으로 봐야 하는지 아니면 한국형 국민국가의 수립으로 봐야 하는지는 고민해 봐야 합니다.

먼저 후진 근대로서 일본의 천황제와 러시아의 차르 체제를 국민국가로 볼 수 있을까요? 메이지 유신 이래 일본은 "문명개화"를 기치로 프랑스혁명 이래 서구 국가들이 만들어낸 근대화 기제들을 이입해 일본에 적합하게 변형하여 정착시켰습니다. 문명개화로 상징되는 일본의 근대는 단순히 서구 문물과 제도의 도입만이 아니라 천황제를 부활시킨 메이지 유신의 불가피한 산물로서 일본 고대의 복고이기도 하였지요. 여기서 "서구 근대와 일본 고대의 유착"이라는 일본 근대의 특수성이 나오는 것입니다. 이들에 의해 만들어진 "서구의 역상逆像"으로서의 일본 근대는 서구 근대가 "오해·오역"되거나 "날조된" 것으로 양자 사이에는 본질적인 차이가 있었습니다. 그러나 당시 일본이 헌법과 의회, 그리고 삼권분립의 정치 체제를 갖추고 있었던 점을 고려하면 일본형 국민국가는 존재하고 있었다고 봐야 할 것 같습니다. 제정 러시아의 사회·정치적 성격을 규정할 때, 서구 중심적 시야에서는 피터 대제 이후 러시아에 도입된 서구적 요소를 가식으로 보아 제정 러시아를 "본질적 성격에 있어서의 가산국가"로 보는 견해도 있습니다. 그러나 1905년 이전까지 정당 활동을 금지한 제정 러시아는 그 정치 체제의 경직성에도 불구하고 인텔리겐치아intelligentsia와 같은 지식인과 노동 계급 중심의 초기 형태의 시민사회가 이미 형성되어 1905년의 입헌 군주제 도입 이후에 서구형 국민국가에 상당히 근접했다고 보는 견해도 있습니다. 따라서 대한제국이 등장한 1890년대 러시아는 국민국가로의 이행기에 놓여 있었다고 보는 것이 합리적 해석인 것 같습니다.

당시 독립협회 세력이 우리나라에서 실현 가능한 모델로 본 것은 일본의 입헌정치 체제였으며, 고종과 그 측근 세력의 "잠재모델"은 러시아의 차르 체제였다면 이 둘의 지향은 국민국가의 필요충분조건에 부합할까요? 국민국가 만들기란 이상적인 잣대로 독립협회운동과 "광무개혁"의 공과를 저울로 재어 봅시다.

국민국가란 그 정치 체제가 군주제든 공화제든, 민주적이든 전제적이든 간에 국가를 담당하는 주체가 국민이어야 합니다. 이렇게 볼 때 백성을 국민으로 만들기보다 신민으로 잠자게 하려 한 대한제국은 진정한 의미의 국민국가로 보기 어렵지 않을까요? 또 하나 그 국가가 국민국가인지는 자국민이 아니라 다른 나라들에 의해 판정됩니다. 그렇다면 미국과 영국 두 나라가 일본과 맺은 카스라-태프트밀약(1905. 7)과 영일동맹(1905. 8)은 광무개혁을 호평하는 이들이 그리는 자화상에 정면으로 배치됩니다. 나아가 고종이 거처한 경운궁이 러시아·미국·영국대사관 옆이었다는 사실도 대한제국의 자주성에 대해 깊은 의심을 하게 합니다.

이상적 잣대로 재볼 때 인민들이 참정권을 가져야 한다는 집합 개념으로 민권people's right을 얻어내려 한 독립협회운동은, 갑신정변과 갑오경장의 이상을 계승한 것이자 한국 현대 민주주의 사상의 배경이 된다는 점에서 긍정적으로 평가할 수 있습니다. 하나 개개인의 개별적 권리로서 인권(불어로 droit civil)을 중시하는 오늘의 시민사회의 눈으로 볼 때 해방 후 권위주의 시대의 뿌리를 보는 것 같아 씁쓸함을 지울 수 없습니다. 또한 독립협회의 러시아 몰아내기를 통한 주권 수호운동도 사실은 만주에 대한 지배권 확보에 부심한 러시아의 정책 변경이 가져다 준 부산물이라는 측면이 크다는 것과, 이들이 일본과 미국의 침략에는 눈을 감았다는 점도 묵과하기 어려운 흠이 아닐까 합니다. 결국 우리는 한 세기 전 우리의 실패를 감싸기보다는 참담한 실패의 원인을 찾는 데 눈을 감지 말아야 동일한 어리석음을 되풀이하는 소극笑劇을 막을 수 있을 겁니다.

●●● 박노자 선생님께 묻습니다

푸른역사   선생님은 구한말 조선의 지식인들이 러시아에 관해 가졌던 지식을 피상적, 불균형적이며 왜곡된 것으로 판단했습니다. 그렇다면 같은 시기 러시아가 파악하고 있던 한국에 대한 정보는 어느 정도 수준이었을까요?

박노자 　러시아는 레닌의 말대로 "군사봉건적" 전제왕국이었던 만큼 군사 작전의 장이 될 가능성이 있는 외지들에 대한 정보 수집 능력이 높은 수준이었습니다. 조선의 경우는 1895년 4월 삼국 간섭 이후 러시아의 잠재적인 영향권이자 일본과 무력 대결을 하게 될 수도 있다는 인식이 지배적이어서, 참모본부에서 관련 정보를 수집하는 데 많은 노력을 기울였습니다. 이미 1889년에 베벨F. M. Webel 중령이 이끈 탐험대가 경흥에서 서울까지 여행하며 이북 지역에 관한 주요 지리·경제·군사 정보를 수집했고, 그 뒤 1895년 12월~1896년 1월 알프탄V. A. Alftan 중령이 또 다시 이북 지역을 정탐했습니다. 같은 시기 유명한 지리학자 소코브닌M. A. Sokovnin 대위는 러시아 국경부터 부산까지 조선의 영토를 전부 '점검'했고, 스트렐비츠키I. I. Strel'bitsky 대령은 전쟁이 날 경우에 대비해 러시아 군대가 일차적으로 진주하게 될 함경도 일대와 백두산 지역을 정밀하게 탐험해 상세한 전략 지도를 작성했지요. 뿐만 아니라 그 뒤 카르네예프V. P. Karneev 대령은 남한 일대를 정탐해 항일 의병과 일련의 비밀 접촉을 가졌고, 1898년 코르프N. A. Korf 중령과 즈베킨체브A. I. Zvegintsev 중대장이 이끄는 탐험대는 곧 전장이 될지도 모를 함경도 일대를 장기간에 걸쳐 정밀 답사했습니다. 게다가 한문에 정통했던 공사 베베르나 1896~1898년 간 군사고문단을 이끌었던 푸탸타D. Putyata 대령 등이 서울로부터 보내온 고급 첩보까지 고려에 넣으면 러시아가 한반도 침략을 얼마나 치밀하게 준비했는지 알 수 있습니다. 이 모든 정보 수집의 결과는 1900년에 상트페테르부르크에서 발행된 1,256페이지에 달하는 방대한 분량의 《한국지Opisanie Korei》라는 책으로 결실을 맺었습니다. 구한국에 대한 일종의 '백과사전'이었는데, 이 책은 곧 일본어로 번역된 것은 물론이거니와 1984년에 그 일부가 한글로 번역돼 지금도 구한말에 대한 중요 자료로 취급받습니다. 이렇게 볼 때 러시아를 주로 일본이나 중국을 통해서 간접적으로만 알 수 있었던 구한말의 지배층과 대조적으로, 제정 러시아는 한반도 침략을 위해 방대한 정보 인프라를 구축해놓았던 사실이 명백해집니다. 1905년 러일전쟁에서 패배해 한반도에 대한 전략적 관심을 잃은 뒤 러시아는 한국 연구에 투자하는 금액을 축소하긴 했지만, 한국어와 한문에 능통한 전문가들을 이용한 정탐 활동은 그 뒤에도 정기적으로 시행됐습니다.

푸른역사 고종은 열강의 침략보다는 민중의 반란을 더 두려워했다고 단정했는데, 아직 외국이 직접적으로 검은 속내를 드러내지 않았던 개화 초기에는 그런 태도가 어쩌면 당연했을 것도 같습니다. 그런데 고종은 재위 기간이 30년도 넘고, 그 동안에 정치적인 변동이 어느 때보다 잦았습니다. 국왕의 대러시아 인식에도 상당한 변화가 있었을 법한데요?

박노자 외부 침략의 위협에 대한 고종의 우려는 1880년 일본에 파견됐던 김홍집이 가져온 황준헌의 《조선책략》을 읽고 나서부터였습니다. 러일전쟁이라는 열강 최악의 대결이 구체화돼 한반도가 일본군에 짓밟힌 1904년 벽두까지 늘 고민이 끊이지 않았습니다. 다만 문제는, 동학봉기와 같은 민중 저항을 진압하는 데 서슴없이 외국(청나라) 군대를 끌어들였던 고종이었던 만큼 외국 침략에 대한 대비책이란 것이 궁극적으로는 '부강지술 富强之術'(경제·군사적 자강)을 생각했다 해도—부강지술이라는 궁극적 목표에 대한 이야기는 이미 김홍집과의 복명문답에서부터 나왔지요—전술적인 차원에서 늘 '세력 균형론', 즉 '이이제이' 식의 대응으로 만족한 느낌입니다. 그 결과 조선 군대는 외교적 균형 유지를 위해서만 이용됐을 뿐 자국의 국방을 위해서는 총 한 발 제대로 쏴본 일이 없었습니다. 예컨대 1900년 중국에서 의화단봉기가 일어나자 고종은 급히 조선의 북쪽 국경에 대한 수비를 증강하려 합니다. 그런데 그 목적이 좀 희한합니다. 의화단의 국내 진압을 빌미로 러시아 군대가 조선에 침략해 올 지도 모르니 의화단 잔당이 조선에 유입되는 것을 막는다는 것이었습니다. 만일 러시아 군사가 조금이라도 조선으로 쳐들어온다면 그게 일본이 출병하는 구실이 되어 조선에서 러일 무장 대결이 일어나면 안 된다는 것이었지요. 1900~1904년 간의 민란에 대해서도 '신속 진압'이라는 방침을 세우긴 했는데 그 저변에는 외국군(특히 일본군) 출병과 열강의 무장 충돌을 방지하려는 의도가 깔려 있었습니다. 당시 고종과 그 측근 세력(이용익 계열)의 목표는 러시아와 일본의 군사력을 빌어 '영세중립국'의 위치를 쟁취하는 데에 있었지요. 이것은 러시아와 일본이 만주와 조선을 둘러싸고 무장 충돌을 향해 치닫고 있던 그 당시 사정을 감안할 때 허구적인 유토피아였습니다.

고종과 그 측근들은 조선을 둘러싸고 러일전쟁이 일어날 경우에 대비해 아무런 국가 차원의 대비책을 세우지 못했습니다. 정확하게 말해 이용익 계열은 러시아의 승리가 확실해지면 러시아군이 점령하고 있던 북한 지역이나 러시아의 동맹국인 프랑스의 공사관으로 파천할 것 등을 논의했지요. 다만 일본이 승리할 경우에 대해서는 어떤 복안도 없었습니다. 특히 일본에 대한 조직적인 군사적 저항은 전혀 계획된 적이 없어 1904년 1월 초 일본군이 조선정부의 허가도 없이 인천 등의 항구에서 무단상륙하기 시작했을 때 1만 7천여 명의 대한제국의 군은 총 한 발 쏘지 않고 그냥 방관하는 형편이었지요.

고종이 취할 수 있었던 조치라곤 고작 "러시아군을 상대로 절대 총을 쏘지 말라"고 북한 지대에 파견된 군부대에 밀명을 보내는 정도였지요. 현실성이 없는 러시아군의 승리를 하릴없이 기다리다가 1904년 2월 23일 강제 조인된 '한일의정서' 따위의 일제의 횡포를 그대로 받아들이는 것이었습니다. 왜 이처럼 외국 제국주의에만 의지하고 자국 국민의 저항 능력을 믿으려 하지 않았던가요? 대한제국의 정규군과 의병들이 손잡는다 해도 일본군에 비해 열세이므로 승산 없는 싸움은 아예 벌이지 않겠다는 것이 고종의 마음이었을 수도 있겠지만, 고종은 더욱 근본적인 의미로 대한제국의 주민들을 저항의 주체인 '국민'이라기보다 통치의 타율적인 대상인 '백성'으로만 인식한 까닭에 그랬을 것입니다. 그만큼 고종의 의식에는 전근대적인 한계가 있었지요. 그리고 그 '백성'이 가렴주구로 얼룩진 그의 통치에 대해 숱한 민란으로 대응해온 사실을 알았던 고종으로서는 그들에게 국권 수호를 호소하기가 두렵고 자신이 없었을 겁니다. 나라를 부정부패의 도가니로 만든 무능한 군주가 어찌 자기 인민을 믿고 과감한 대외 저항을 벌일 수 있었겠습니까?

●●● 두 분 모두에게 드리는 공통된 질문입니다

푸른역사 허 선생님은 지금 이 시대를 "다시 돌아온 열강 쟁패의 시대"라고 규정합니다. 냉전 체제가 무너지자 여러 나라의 국가적인 이익이 한층 직접적으로 충돌하게 되었다는 뜻인 것 같은데요. 그러나 요즘의 국제적인 상황은 초강대국 미국이 있을 뿐 그에 맞서 '쟁패'할 다른 나라가 존재한다고 보기는 어렵지 않을까요? 한 편에서는 탈민족주의의 깃발이 무성한데 다른 한 편에서는 또 국익이니 '열강'을 말하고 있으므로 혼란스럽습니다.

박노자 세계 자본주의 체제란 서로 실력이 엇비슷한 여러 절대 왕권이 쟁패를 거듭했던 17~18세기의 유럽을 바탕으로 해서 성립되지 않았습니까?
독보적인 패권 국가(초강대국)가 있었다 해도 그에 대립하는 경쟁 세력은 늘 존재하기 마련입니다. 예컨대, 나폴레옹의 백일천하가 완패로 끝나고 만 1815년부터 1차 세계대전의 마지막 해인 1918년까지 영국이 세계 제일의 패권국이었다는 사실은 누구나 다 알고 있습니다. 오늘날 미국과 동등한 위치에서 쟁패를 벌일 만한 단일 국가가 없듯, 그때는 영국의 산업 생산력과 해군력, 식민지 지배 능력에 맞설 동등한 라이벌이 없었지요. 그럼에도 강국 간에 쟁패가 없기는커녕 오히려 갈수록 심해져, 결국 1차, 2차 세계대전과 냉전 체제의 등장에 이어 마침내 영국 중심의 패권 체제가 파탄으로 끝났습니다.

나폴레옹을 완패시키고 새로운 국제 질서를 출범시킨 두 주역이 바로 중심부의 영국과 준準중심부의 러시아였던 만큼, 1820년대 초기부터 두 나라는 터키, 중앙아시아(특히 아프가니스탄), 티베트, 그리고 조선에서의 직간접적 영향력 확보 차원에서 각축전을 벌였고 이게 양측의 군사력 증강에 동기로 작용했으며, 결국 멀리 20세기 냉전 체제의 구도를 예시했다고 봅니다. 물론 1860~1870년대에 들어서야 산업혁명이 시작된 러시아는 이미 한 세기 앞서 선구적으로 이를 단행한 영국과 견줄 만한 힘이 없었지만, 유라시아에서 양국이 벌였던 각축전이 대영제국의 대외 정책의 한 축이 된 것은 사실입니다. 이외에도 이미 1820년대부터 식민지 획득을 놓고 프랑스와 마찰이 심각했는데, 1870년대 이후 새로 통일된 독일이 그 쟁탈전에 가세하여 결국 1차 세계대전으로 비화된 것이지요. 대영제국에게도 중심부, 준중심부에서 라이벌이 여럿 있었듯이, 1945년 이후의 패권 국가인 미국의 경우도 마찬가지입니다. 세계 체제론적인 맥락에서 보면 소련 시절의 러시아와 미국이 벌인 냉전이라는 이름의 대

경쟁이 1990년대에 들어오면서 러시아의 체제 전환으로 일단 종식된 것으로 보이지만, 결코 그렇게 단순하지는 않습니다. 지배 체제는 어디서나 신자유주의적 자본주의겠지만, 유라시아의 자원을 둘러싸고 미국과 러시아가 벌이는 경쟁은 19세기 러시아와 대영제국 사이의 유라시아 쟁패전을 연상하게 합니다. 지금 러시아 공군 기지와 미군 기지가 서로 대결이나 하듯이 맞서 있는 키르기스스탄도 그렇고 러시아와의 공동 경제 블록을 만들려 해도 부단히 미국의 저지를 당하고 있는 에너지의 보고 카자흐스탄, 미국이 물심양면으로 지원한 골수 친미파 사카쉬빌리가 미·러 사이에서 균형을 유지하려 노력한 세바르나제를 대통령직에서 몰아내고 새 통치자로 선출된 그루지아를 보세요. 이게 쟁패가 아니고 무엇입니까? 물론 러시아는 미국에 비해 경제력이 약해 해당 지역의 엘리트를 매수하는 능력이 떨어지지만, 자국의 텃밭으로 여겨온 지역인 만큼 온 힘을 기울여 사수하려 할 겁니다. 그런가 하면 프랑스나 독일 등의 유럽 주요 국가들도 이미 자국 군대를 해외 파병이 손쉬운 모병제로 전환했거나 곧 전환하려 시도하고 있고, 유럽연합의 독자적인 군사력 구축에 착수했습니다. 그들은 미 제국의 이라크 침략에 대해 신랄하게 비판하고, '악의 축' 이란과 지속적인 협력을 꾀하는 동시에 시리아와의 관계를 돈독히 하고 있지요. 지금 유럽은 폴란드·체코 등 저임금 노동력이 풍부한 동구를 흡수해 새로운 활력을 찾고 있습니다. 유럽의 "정통" 제국주의(프랑스·독일 등)는, 앞으로 미국의 중동 유전 지대 약탈 행각을 좌시하지 않을 듯합니다.

그리고 중국은 유럽연합의 무기를 곧 수입할 계획인데다, 역시 이란과의 각종 협력 관계를 강화하고 있는데 이런 행보는 무엇을 뜻합니까? 미국이 이라크 침략에 과다 지출하는 사이 미국으로부터 중동, 유라시아라는 "황금 사냥터"들을 지키려는 2등 제국들(유럽·중국·러시아 등)이 지금 서로 적극적으로 연합을 모색하는 중인데, 이들과의 대결에서 미국이 쉽게 이기리라 볼 수 없습니다. 그러므로 미국이 현재는 초강대국이지만 그 지위를 유지하는 것이 아마 갈수록 어려워질 겁니다.

요즘과 같은 시대에 탈민족주의적 사조는, 지난 몇 세기의 민족/국민국가를 단위로 한 제국주의적 살육과 약탈에 대한 반성을 의미하기도 하고, 갈수록 인구 이동과 종족적 혼합화가 가속되는 시대의 필요성에 따른 '혈통주의 무너뜨리기'의 측면도 있습니다. 사실 서구 각국에선 외국 출신의 인구가 대개 10~15퍼센트에 달하는데다, 유럽연합이라는 초국가적 단위로 묶여 있어 19세기형 '혈통·언어·역사' 위주의 민족주의는 더 이상 국민통합 이데올로기의 기능을 다 할 수 없게 됐습니다. 베를린 거주 터키 계통의 이민자나 맨체스터 거주 파키스탄 계통의 이민자들에게 독일이나 영국의 혈통·언어·역사 등은 그들이 무조건 동일시할 수 있는 게 아니지 않습니까? 그런 점에서 지금 형성 과정에 있는 유럽연합 시민의 정체성이란 아마도 인권이나 경제적 안정, 유럽적 톨레랑스와 같은 가치관을 본위로 삼게 될 듯한데, 그렇다 해도 '고전적' 민족주의가 가졌던 배타성을 완전히 탈피하진 못할 겁니다. 유럽의 시각을 위주로 한 톨레랑스 입장에서 보면 비유럽 문화의 많은 요소들은 이해하기 어려운 부분도 있고, 유럽의 경제적 안정이 제3세계의 희생을 바탕으로 한다는 것도 해결하기 어려운 문제입니다. 그러나 지금 군사적 애국주의의 파도가 드센 미국이나 극우화돼가는 일본, 국가주의가 유행중인 러시아, 그리고 중화 민족주의가 공산주의를 대체해가고 있는 중국에선, '고전적' 민족주의나 그 연장선상에 있는 이데올로기들이 계속 지배계급의 주된 통치 도구로 작동하고 있습니다. 따라서 이들 이데올로기의 허구성을 설명해주고 세계적 민중 연대의 이상을 실현해나가는 것이, 국제적 반세계화, 반자본주의운동의 주된 과제라고 확신합니다.

허동현 박 선생님이 세계 체제의 중심 영국과 준중심 러시아와 같이 서구 중심의 눈으로 "열강 쟁패의 시대"의 전개와 "탈민족주의적 사조"의 흐름을 정리했으므로, 저는 한국의 특수 상황을 고려하는 입장에서 제 생각을 말씀드리지요. 박 선생님이 지적했듯이 크게 보아 한 세기 전 영국과 러시아는 전 지구적 차원에서 쟁패했지요. 그런데 당시 세계 체제를 좌지우지한 영국은 러시아의 태평양 진출을 막기 위해 거문도를 점령했던 적은 있었지만, 직접 동아시아에서 러시아와 싸우려 하지 않았습니다. 왜냐하면 해가 지지 않는 대영제국이란 포식자의 눈에 비친 한반도는 닭튀김에 비유하자면 계륵 내지 닭목 부위였기 때문은 아닐까요? 인도라는 닭다리를 이미 한 손에 쥐었고 다른 한 손으로는 중국이란 닭다리를 잡기 위해 열강들과 경쟁하고 있던 터라 딱히 먹을 게 없는 한반도는 거들떠보지 않은 것이겠지요. 반면 한반도를 졸리면 숨이 멎는 인후咽喉와 같이 자국의 안보에 꼭 필요한 지역으로 본 중국, 한반도가 러시아의 손에 들어가면 한반도는 일본 열도의 심장을 노리는 흉기가 된다며 한국 침략이 정당방위였다고 강변하는 일본, 그리고 한반도를 남진 정책의 꿈을 이루어줄 부동항이 있는 곳으로 본 러시아. 이 세 나라와 영국의 입장은 분명 달랐지요. 마찬가지로 지금 세계 체제의 중심인 미국의 눈에 석유 자원이 풍부한 이라크와 이란 같은 중동 지역은 닭다리로, 냉전 시대 반공의 보루로서의 전략적 중요성이 없어져가는 한반도는 먹자니 먹잘 것 없는 계륵으로 비치겠지요. 그러나 앞으로 미국과 경제·군사적으로 패권을 다툴지도 모를 중국이나 자국에 위협이 된다고 보는 세력을 선제공격할 군대를 갖는 '보통 나라'가 되고 싶은 일본, 그리고 지금 관료주도형 자본주의가 지배하는 개발 독재의 나라 러시아의 눈에는 석유도 나지 않는 한반도가 그들의 생존에 결정적인 영향을 끼치는 지역으로 비칠지도 모릅니다. 한 세기 전 세계 최강은 영국이었지만 한반도를 놓고 벌인 야수들의 격전에서 최후의 승자는 일본이었지요. 최근 냉전 시대 국경 분쟁을 벌이던 중국과 러시아가 합동 군사훈련을 시작한 것은 많은 시사점을 준다고 생각합니다. 이는 분명 두 나라에게 공동의 위협이 생겼다는 게 아닐까요? 분명한 것은 예전에 우리를 위협한 외세가 세계 체제의 핵심 영국이 아니었듯이, 오늘 우리에겐 닭다리를 손에 쥔 최강 미국보다 손에 아무것도 쥐지 못한 굶주린 야수들이 더 무서운 존재가 아닐까 합니다. 지금 다시 돌아온 야수들의 격전에서 우리는 과연 우리의 존엄과 안전을 지켜낼 수 있을까요? 100년 전 우리는 개화와 척사, 친일과 반일로 나뉘었지만, 지금은 진보와 보수, 친미와 반미 그리고 남과 북으로 갈라서 있으니 말입니다.

아우슈비츠의 학살을 되돌아보며 제국주의 시대의 학살을 반성하는 독일이나 관료주도형 개발 독재가 횡행하는 러시아나 심지어 여타 유럽 국가에서도 신나치주의와 스킨헤드족 같이 백인종의 우월함을 내세우며 유색 인종과 이슬람계 그리고 사회적 약자에 박해를 가하는 극우 집단이 우후죽순처럼 돋아나오고 있습니다. 미국에서는 〈패트리어트〉와 〈인디펜던스 데이〉 같은 영화가 상징하듯, 성조기를 휘두르며 미국의 국가주의를 미화하고 힘을 과시하는 네오콘이 득세하고 있습니다. 일본에서도 2차 세계대전 전 군국주의 일본의 잘못을 미화하는 우익 세력이 다시 힘을 얻고 있으며, 중국도 전통적인 우월 의식인 중화주의를 내면화한 민족주의를 국민통합의 수단으로 부추기고 있는 것이 오늘 세계의 또 다른 단면이기도 합니다. 박 선생님이 말하는 민중 연대와 제가 말하는 시민 연대가 이러한 민족주의의 장벽을 허물고 인류가 함께 사는 세계를 만들 수단임에 틀림없습니다. 그러나 제가 한 가지 말씀드리고자 하는 것은 민족주의란 분명 문제가 있는 이데올로기이지만, 강자가 변하지 않을 때 약자가 먼저 이를 폐기하기란 쉽지 않다는 겁니다. 이상과 도덕은 강자가 힘이 정의임을 내세우지 않고 이를 먼저 실천할 때야 힘을 발휘할 수 있는 게 아닌지요. 역사적으로 볼 때 침략자의 민족주의는 가해자의 칼날로 기능했지만, 피해자의 민족주의는 자신을 지킬 최후의 방어수단이었다는 점에서 이 둘을 동일선상에 놓고 재판할 수는 없다고 봅니다. 물론 민족주의는 우리에게 있어서도 한 세기 전 여성에 대한 억압 기제로, 지금도 우리 안의 타자들에게 차별의 기제로 작용하고 있는 게 사실입니다. 민족주의란 장기적으로 인류 공영의 이상이 실현된다면 폐기돼야 할 테지만, 다시 돌아온 야수의 세상에서 약자가 자신을 지켜줄 민족주의라는 최후의 갑옷을 먼저 벗을 수는 없지 않을까요? 민족주의는 폐기해야 할 당위가 있지만 우리를 둘러싼 현실은 이를 주저하게 하고 있으니, 민족주의는 이래저래 우리 지성계를 들끓게 하는 화두인 것 같습니다.

푸른역사 두 선생님은 19세기 말 한국의 지도층이 러시아에 관하여 알고 있던 정보는 주로 일본과 중국을 통해서 들어왔다고 했습니다. 미국, 영국, 프랑스 등 열강에 대한 정보가 다 그와 비슷한 형편이 아니었을까요? 만약 나라마다 차이가 있었다면 그 점을 좀 보충설명해주시기를 부탁드립니다. 아울러 중국과 일본의 해외 정보 수집 능력을 서로 비교해서 이야기 해주시기 바랍니다.

박노자 미국의 경우에는 정보 사정이 많이 달랐습니다. 이미 1883년 민영익 등의 보빙사가 현지에 파견됐고(러시아의 수도로 공식 사절을 보낸 것은 1896년에 니콜라이 2세의 대관식에 민영환 등을 파견한 것이 처음이었습니다) 그 뒤에도 몇 차례 외교 사절이 갔습니다. 게다가 1885년에 알렌의 광혜원 설립과 아펜젤러의 배재학당의 설립을 효시로 고종 등 최고 통치자들과 친분이 있는 미국 선교사들이 교육·의료 사업을 벌인 것도 미국을 파악하는 데 중요한 계기가 됐습니다. 그들로부터 구한말 지배층은 미국 관련 정보를 입수할 수 있었습니다. 새문안교회의 전신입니다만 1887년 언더우드가 최초로 설립한 조직교회를 통해 한국인들은 미국을 "복음의 고장"으로 보고 미국에 대해 더 많이 알고 싶어하는 교인 집단이 본격적으로 형성되기 시작했습니다. 초기 교인은 대체로 양반층은 아니었지만, 1886년에 설치된 육영공원이라는 신식 학교에서 영어를 배운 이완용이나 민영돈·조중목·이한응 등은 구한말 외교계를 주도했습니다. 1884년에 미국에 유학 간 유길준이나 1년 후 상해에서 원어민에게 영어를 배우기 시작한 윤치호 등 영어에 능통한 핵심적인 지미파知美派들의 역할도 과소평가될 순 없습니다. 그들은 일본·중국의 자료를 통하지 않고 얼마든지 미국의 자료를 직접 입수·분석할 수 있었습니다. 이미 1880년대 중반부터 미국의 문화·종교적 차원의 직접적인 영향은 본격화됐습니다. 그에 비해서 러시아의 문화력 내지 종교력은 아주 미미했습니다. 관립 아어(러시아어) 학교가 1896년에 문을 열었지만 그 학생들 중에서 지도적 인물은 배출되지 못했고, 1900년대 초기부터 서울에서 러시아(희랍) 정교회가 선교 사업을 시작했지만 교인은 주로 미천

한 신분이었고 그 수도 고작 100~150명이었습니다. 그들이 러시아어를 어느 정도 학습했음에도 러시아 관련 정보를 구한말의 지배층에 제공할 위치에 있지 않았습니다. 러시아어를 제대로 할 줄 아는 유식자가 워낙 희귀해 한 때 김홍륙이라는 블라디보스토크에 거주하던 재러 교포가 궁정의 러시아어 통역으로 발탁돼 아관파천 시절에 큰 영향력을 발휘했지만(나중에 고종을 독살하려다 발각돼 처형됐습니다) 그는 자기 이름조차 한자로 쓸 줄 몰라 장안의 화젯거리가 됐습니다. 러시아어를 아는 사람들은 대개 이처럼 정통 유식층과 거리가 먼 계층이어서 구한말 엘리트의 '러시아 알기'는 주로 아무래도 그들에게 친숙한 한문이나 일본어를 통할 수밖에 없었습니다. 요컨대 일차 정보의 획득이란 차원에서 준중심부의 러시아와 명실상부한 중심부의 미국은 처음부터 천양지차를 보였습니다. 독일의 경우는 개화기의 독어 교육이 영어 교육만큼 널리 퍼진 것이 아니었으나 1882년부터 독일인 묄렌도르프(목인덕)가 등용됨으로써 1884년 독일의 세창양행Meyer and C.이 인천에 상륙해 고종의 궁정과 활발한 거래를 벌이는 등 상업거래를 통한 직접적 교류가 꽤 활발했습니다. 프랑스 역시 주한 가톨릭 선교사라는 직접적인 교류의 통로가 있어서 중국·일본을 거치지 않고도 '프랑스 알기'가 어느 정도 가능했습니다. 그러나 이와 같은 상업적·종교적 통로들이 러시아와 같은 경우에는 존재하지 않았습니다.

해외 정보의 수집에 있어, 1868년 이후 메이지 일본은 중국을 빠른 속도로 따라잡아 추월해버렸습니다. 일년에 수백 명에 달하는 학생들을 해외로 파견하는 것이나, 최고 500명에 육박했던 외국인 고문을 고용해 비싼 월급을 지급하는 등 메이지 초기의 일본은 그야말로 스펀지처럼 서구에 관한 정보를 빨아들이고 있었습니다. 그래서 조선의 〈한성순보〉나 〈한성주보〉는 물론 동시대의 중국 신문에게도 중심부 관련 정보를 일차 가공된 모습으로 제공해주는 '정보 매개 업자'로 부상되었습니다.

허동현   100년 전 조선의 위정자나 지식인들이 외국에 대한 정보와 선진 지식을 얻는 창구는 개항 이전에는 중국이었으며, 개항 이후에는 주로 일본을 정보원이자 지식 공급처로 활용하였습니다. 개항 이전 주로 중국에 대외 정보를 의존하던 우리는 개항 이후부터 특히 1880년대 이후 일본을 통해 서양 정보를 받아들였습니다. 서구 문물에 대한 동아 삼국의 수용 태도 차이가 어떠한 결과를 나았는지를 간략하게 비교해 말씀드려보도록 하겠습니다. 먼저 번역에 대한 삼국의 태도를 보겠습니다. 중국의 경우 북경이 영불연합군에게 함락된 1860년 이후 총리아문總理衙門을 세우고 중체서용中體西用을 모토로 서구의 기술과 무기를 받아들이고 동문관同文館을 세워 어학을 교육하였지만, 서구의 사상과 제도를 번역하는 것에는 큰 관심을 보이지 않았습니다. 반면 일본의 경우 막부 말기부터 이미 네덜란드의 학문적 성과물을 번역하는 번서조서蕃書調所를 둘 정도로 서구의 학문과 제도 및 사상을 폭 넓게 번역해 받아들이고 있었습니다. 1874년에 세워진 동경대학도 따지고 보면 막말의 번역 기관이 그 모태가

된 것이지요. 우리의 경우 중국의 총리아문의 제도를 본떠 1880년 말에 세운 통리기무아문에 외국어 학습 등을 주관하는 어학사語學司를 둔 이래 외국어 학교 등을 세워 외국어 전문가를 키우려고 한 바 있지만 일본의 경우처럼 번역 사업을 국가 차원에서 전개한 바 없었습니다. 그 결과 오늘 우리는 근대 어휘의 대부분을 일본에서 차용할 수밖에 없게 된 것이지요.

또한 동아시아 삼국의 서구 근대 문물 수용태도에서 보이는 차이는 근대 문물의 수용을 위해 외국에 보낸 견외사절의 구성과 이들의 시찰태도에서 찾아 볼 수 있습니다. 대표적인 시찰단으로 구미제국에 파견된 중국의 버린게임 사절단A. Burlingame Mission과 1871년 일본의 이와쿠라 사절단Iwakura Mission, 그리고 일본을 시찰한 1881년 우리의 조사시찰단을 비교해보면 상당히 흥미로운 사실을 알 수 있습니다. 중국이 1867년에 처음으로 버린게임 사절단을 보낸 것과 달리 일본은 이와쿠라 사절단을 보내기 전 막말에만 여섯 차례에 걸쳐 구미제국에 사절단을 보낸 바 있었습니다. 중국이 보낸 사절의 대표 버린게임은 주중국 미국 대사를 지내고 임기가 끝나 귀국 예정인 인물이었으며 그와 동행한 10여 명의 중국인 관료들은 모두 그 수행원에 불과하였습니다. 반면 이와쿠라 사절단은 메이지 유신의 주역인 이와쿠라 도시미치를 단장으로 해 당시 일본 정부의 실세 인물들과 이들을 보좌하는—막말에 서구를 이미 경험한—사절단원과 40여 명의 유학생 등 100여 명에 달하는 대규모였습니다. 우리의 조사시찰단은 지금의 차관급 인사들 12명과 수행원, 유학생 통역관을 포함해 60여 명 규모였습니다. 일본은 정부의 실세가, 중국과 조선은 천자와 국왕의 신하가 그 대표로 파견된 것이었지요. 또한 일본의 경우 시찰단원과 유학생들이 귀국 후 정부의 실세로 또는 지식인으로 활발한 활동을 펼친 반면, 중국의 시찰단원이나 서구 유학생들은 하급실무관원에 머물렀으며, 우리의 경우 갑신정변 실패 이후 강화된 중국의 우민화 정책 때문에 비극의 죽음을 당하거나 망명할 수밖에 없었습니다. 서구에 대한 정보를 유통하는 데 있어 삼국의 차이는 더욱 큽니다. 버린게임 사절단은 이렇다 할 보고서를 남긴 바 없고 이와쿠라 사절단은 5권의 《미구회람실기》를 남겼으며, 조사시찰단은 수십 권의 시찰보고서를 남긴 바 있었습니다. 일본과 다른 나라의 정보 수집 능력의 차이도 컸지만 보다 중요한 것은 수집한 정보의 유통이었던 것입니다. 일본의 이와쿠라 사절단은 자신들이 국민의 대표라는 생각을 품고 그들이 거둔 시찰 성과를 《미구회람실기》라는 활자화된 책에 담아 출판함으로써 일본 국민과 공유하려 한 반면 우리의 조사시찰단은 자신들이 거둔 성과를 임금 한 사람에게만 보이고 말았습니다. 고종에게 바친 비단으로 장정한 수서본手書本 보고서는 국왕이나 일부 위정자들이 정책을 결정할 때 참고 자료로 이용되는 정도였기 때문에 이들이 거둔 성과가 일반 대중들에게까지 영향을 미치지 못했다고 할 수 있습니다. 대외 정보나 선진 지식의 습득보다 유통과 소비가 더욱 중요한 것은 오늘날에도 마찬가지인 것 같습니다.

푸른역사 19세기 말 러시아가 정말 강했는지에 대해 두 분의 의견이 무척 다른 것 같습니다. 박 선생님은 러시아의 힘이 한국에서 과대평가되었다고 했는데, 허 선생님은 러시아는 명실상부한 강대국이었다는 입장입니다. 도무지 강하다든가 약하다는 표현 자체가 상대적인 것인데, 두 분은 독자들을 위해 견해를 다시 한 번 정리해주세요.

박노자 러시아 근대사의 특징은, 국가가 주도해 따라잡기식 근대화를 단행하면서도 '부국'보다는 '강병'을 훨씬 더 중시했습니다. 이유야 많고 복잡하지만, 중요한 것은 여러 비서구 국가 중에서 러시아는 국가 주도의 근대화를 이미 18세기 초반에 시작했다는 점입니다. 18세기 초반 같으면 절대왕권을 기본적 정치 체제로 삼았던 유럽에서는 사실 강병이야말로 최우선적인 가치로 통했지요. 즉, 구한말 개화파들이 흠모했던 인물 중의 한 사람인 러시아의 피터 1세 대제(재위 1682~1725)가 유럽식으로 무장된 군대 20만 명을 양성해 스웨덴 등 북유럽 강국을 패배시켰지요. 그러나 그 대가로 농민의 세금 부담을 3배나 늘렸고 아사·질병·유망으로 계속 줄어들고 있던 러시아의 인구를 15퍼센트나 감소시켰습니다. 그런데도 이런 말도 안 되는 처사를, 그 당시 유럽의 절대 군주들의 입장에서는 '폭정'이 아니라 '위업'으로 보았지요. 여하튼 피터 식으로 개혁된 러시아에서는 유럽의 어느 절대 왕국과도 싸워 이길 수 있는 군대가 존재해 구한말의 지식인들에게 그렇게 공포를 주었습니다. 그러나 '군사봉건적 전제왕국'이라는 고층건물의 사회, 경제적 기반은 취약하기 그지 없었습니다. 귀족들의 농장에 늘 적자가 나도 국가 은행들이 특혜 금융으로 다 메워주고 국민의 대다수를 차지했던 농노 농민들은 지주가 서명한 허가증 없이는 마을을 떠날 수 없었습니다. 관료의 가렴주구때문에 상인들은 속수무책이었는데 이런 19세기 초반의 러시아에서는, 영국이나 프랑스에서 목격되는 산업혁명이 일어날 리 없었습니다. 산업 생산의 전체적인 부진이 결국 군대 무장의 질을 떨어뜨렸고 크림전쟁(1853~1856)에서 영국, 프랑스 등에 지는 결과로 나타났지요. 그제서야 러시아 당국은 '강병' 일변도의 정책을 탈피해 '부국', 즉 사회경제적인 내실을 기하기 시작했습니다. 1861년 농노제가 철폐되자 일정 한계 내에서 지방자치와 사법부의 독립화, 근대적인 학교 제도의 시행 등 내정 개혁이 잇따랐으며, 결과적으로 러시아는 1870년대부터 수십 년 동안 연 4~5퍼센트의 높은 국내 총생산의 증가를 보였습니다. 특히 1909~1913년 사이엔 연간 평균 공업생산이 무려 9퍼센트 고도성장을 기록했습니다. 1970년대의 한국이나 현재의 중국을 연상시키지요? 그런데 문제는 귀족 국가로서의 성격을 끝까지 탈피하지 못한 점이었습니다. 즉, 1861년 농노들이 해방됐음에도 지주의 농장 경영은 그대로 지속돼 대다수 빈농들의 '토지 기아' 상태는 하나도 해결되지 못했지요. 1914년까지 러시아 총인구의 76퍼센트를 차지했던 농민들 중 약 80퍼센트가 자급자족을 목표로 한 원시적인 농업에 종사했으며, 흉년이 들기만 하면 수십만 명 단위로 집단 아사를 당하곤 했습니다. 구한말의 조선과 그리 다르지 않았단 말씀입니다. 서민의 평균 소득 수준은 영국의 25퍼센트에 불과하고, 대다수의 농민이 문맹자여서 전체 문맹률이 유럽 어디에서도 찾아볼 수 없는 70퍼센트나 됐고, 전염병에 의한 사망률이 서구에 비해서 8배(!)나 높은 실정이었습니다. 러시아는 100년 전 제3세계의 전형이었지 결코 유럽에 속할 자격은 없었습니다. 대다수의 농민이 극빈층이었기에 내수 시장의 발전도 부진했으며 소비 경제의 성장도 실제로 서유럽에 비해 비교가 안 될 만큼 느렸습니다. 따라서 군수공업과 곡물 수출에 의해 평균 총생산은 높은 성장률을 기록했다 해도, 1인당 국민 총생산은 1914년 당시 미국의 14퍼센트에 불과했으며, 1인당 철의 생산은 미국의 10퍼센트밖에 안 됐습니다. 러시아 농민들은 제대로 된 농기구도 없었던 거지요. 1905년 드디어 혁명이 일어났는가 싶더니 1906~1907년 간 군사재판이라는 재판 아닌 재판을 통해서 2,300여 명의 '불온 분자'들이 사형에 처해지는 등 사상범과 혁명가들에 대한 살벌한 탄압이 계속 자행됐지요. 극단적인 불평등과 가난, 대의정치의 부재, 살인적인 탄압이 난무하던 그 암흑의 왕국에서 과연 근대적인 의미의 국민 통합이 가능했겠습니까? 메울 수 없는 갭, 즉 빈부귀천이 괴리된 사회는, 제 아무리 성장률이 높고 군인의 숫자가 많아봐야 오래 못가고 결정적인 순간에 분열, 붕괴되고 만다는 역사적 진실은 100여 년 전 러시아가 온 천하에 보여준 대로 역사의 한 법칙입니다. 설사 러시아 군대가 비록 '강했다' 해도(러일전쟁에서의 패배가 보여주듯이 그리 강한 것도 아니었지요), 내실 없는 '강국 러시아'

는 무너지기 일보직전의 '진흙 다리의 거인'이었지요. 이런 약점을 일본에선 꽤 정확히 파악했습니다만 구한말의 지식인들은 전혀 몰랐습니다. 그 당시 한국의 빈약한 정보 인프라를 이보다 극명하게 보여주는 사례는 아마 드물 겁니다.

허동현 강국인지 아닌지는 어떤 척도로 재느냐에 따라 달라지겠지요. 제 생각에 박 선생님은 이상적 척도를, 저는 현실적 잣대를 쓰는 데서 견해 차이가 생기는 것 같습니다. 박 선생님 의견대로 한 세기 전 러시아는 선진 유럽 제국에 비해 강고한 신분제의 잔존, 격심한 빈부 격차, 그리고 취약한 산업 구조를 갖고 있던 후진 근대였음이 틀림없습니다. 또한 오늘의 미국도 당시 러시아와 마찬가지로 부와 권력이 세습되는 신분제 사회이며, 엄청난 빈부 격차와 극심한 만성 적자로 인해 언제 무너질지 모르는 취약한 제국일 수도 있습니다. 왜냐하면 어떤 제국도 언젠가는 무너지기 마련이고 그 붕괴는 외적 요인보다는 내부에서 시작됐다는 것이 인류의 역사적 경험입니다. 그렇다면 박 선생님이 19세기에 강국으로 본 영국은 지금의 미국과 같은 모순과 한계를 갖고 있지 않았다는 말인지요. 또한 박 선생님께서 현재 미국의 패권을 견제할 희망으로 보시는 중국이 갖고 있는 모순이 미국보다 덜 하다고 할 수 있는지요.

정도의 차이는 있지만 이상적인 잣대로 볼 때 차별과 착취, 그리고 내부 모순이 없는 국가는 이 세상에 실재한 적이 없을 겁니다. 특히 오늘날과 같이 살벌한 약육강식의 논리에 따라 세상이 움직일 때 한 나라의 강약은 경제력이나 군사력과 같은 가시적인 물리적 힘에 따라 평가된다고 봅니다. 이상적 기준에서가 아니라 우리의 상황을 우선시해 당시를 다시 돌아보면, 한 세기 전 우리의 생존을 위협한 강자는 영국이나 미국이 아니었습니다. 오히려 제국주의 열강의 침탈을 받으면서도 우리의 생존을 위협한 중국이나, 박 선생님의 견해대로 내부 모순에 의해 필히 무너질 운명이었던 러시아나, 생존을 위해 영국과 미국과 같은 제국주의 국가의 번견番犬 노릇도 마다할 수 없었던 일본과 같은 후진 제국주의 나라들이 굶주린 늑대처럼 으르렁댔지요. 그렇다면 러시아에 비해 일본이 갖고 있던 모순이 작았을까요? 러시아나 일본이나 서구적 기준에서 본다면 후진 근대임에 틀림없고, 제정 러시아를 이긴 일본도 2차 세계대전에서 소련과 미국에 진 것은 마찬가지이니 말입니다. 따라서 전쟁의 승패나 제국의 붕괴 여부와 같은 결과를 가지고 역산해 과거 한 나라의 강약을 논하는 것은 무리가 있습니다. 그런 기준으로 잰다면 역사상 아무리 막강한 힘을 과시했던 제국도 결코 강국으로 평가될 수는 없을 테니 말입니다.

또한 저는 우리 선조들도 러시아의 취약성을 꿰뚫어보지 못한 건 아니라고 생각합니다. 사실 이승만과 서재필 같은 친미 개화파 세력들은 이미 미국관을 다룰 때 말씀드린 것처럼 후진 근대로서 러시아의 취약함을 잘 파악하고 있었습니다. 그러나 당시 이들은 실세가 아니었고, 독립협회운동을 무력으로 진압함으로써 국민국가를 이루려던 개화파 세력을 정치무대에서 완전히 몰아낸 고종을 중심으로 한 왕실 세력들이 당시 정국을 이끌었지요. 한 세기 전 우리의 실패는 근본적으로 국민국가의 시대가 도래했을 때 이를 이루기 위해 국민의 힘에 의지하기보다 외세 사이의 세력 균형에 기댄 데 원인이 있다고 봅니다. 박 선생님 의견대로 조선의 망국 이유를 우리의 러시아 인식에 대한 정보 부재에서만 찾는 것은 무리입니다. 왜냐하면 일본이 승리할 수 있었던 이유는 러시아의 취약함을 잘 인식한 것도 있겠지만 러시아의 남진을 막기 위해 미국과 영국이 크게 지원했기 때문입니다. 러일전쟁 당시 17억 달러에 이르는 일본의 전비를 미국 월스트리트에서 조달했으며, 종전 협상도 루즈벨트 미 대통령의 강화 주선에 의한 것이라는 점이 이를 잘 증명해주지요.

푸른역사 박 선생님은 현대 미국의 '강대함'도 역시 과대평가된 것이라고 말합니다. 그러나 이 책의 다른 부분에서는 미국을 매우 강력한 지배 세력으로 기술하고 있는 것도 같습니다. 허 선생님은 초강국 미국의 지위가 쉽게 무너지지 않을 것으로 전망하면서도 '열강 쟁패의 시대'를 주장합니다. 러시아와 견주어 미국의 현재와 미래는 과연 어떻게 평가해야 할지 궁금합니다.

박노자 미국의 현재와 미래를 자세히 이야기하자면 아마 몇 권의 책을 써야 할 듯한데, 여기에서는 19세기 러시아와 흡사해 보이는 부분만 중점적으로 이야기해 보겠습니다. 물론 '군사봉건적 전제왕국' 러시아와 최첨단 자본주의의 패권 국가인 미국을 단순 비교한다는 것은 무리입니다. 그러나 눈에 띄는 유사점들은 물론 있습니다. 그 중 하나는 부와 권력의 지나친 편중이지요. 제정 러시아를 대지주와 어용 재벌의 나라였다고 할 때 오늘날의 미국은 10퍼센트의 주주가 시장 전체 주식의 50퍼센트를, 1퍼센트의 가구가 일체 자산의 평가 가치의 약 50퍼센트를, 그리고 20퍼센트의 성인 경제 인구가 월별 소득의 50퍼센트를 각각 차지해버리는 후기 자본주의의 전형인 피라미드 사회입니다. 사회 발전의 단계는 서로 다르지만 불평등과 부의 집중이라는 점에서 제정 러시아나 오늘날의 미국이나 매우 흡사합니다. 권력의 집중을 이야기하자면, 제정 러시아는 절대왕권을 축으로 한 귀족 국가였고 미국은 근대적 민주주의의 요람처럼 보이지만 실은 '신흥 귀족'이라 할 극소수의 세습적인 정치 엘리트들에게 정치 권력이 집중됐다는 것부터 지적하고 싶습니다. '부시 2세'라고 불릴 정도로 부시 대통령은 아버지의 권력 기반을 세습받았습니다. 지난 번 대선 때 그와 경쟁을 벌인 캐리의 부친은 고급 외교관이었고, 그 전 번 대선에서 경쟁을 벌였던 고어의 아버지는 상원의원이자 이름난 정객이었지요. 권력의 맨 꼭대기에 올라 선 사람들의 면면을 보면 자수성가해 '아메리칸 드림'을 이룬 사람은 사실 거의 없습니다. 극소수의 재벌들이 갈수록 부를 더 심하게 독점하기에 권력도 결국 재벌의 대변인 격인 정치 귀족들이 독점하지요. 또 하나의 유사점은 갈수록 악화되어 가는 하층민들의 경제·사회적 전망이지요. 제정 러시아

농민의 80퍼센트는 겨우 생계를 이어가는 자급자족형 빈농들이었는데, 미국 근로자의 50퍼센트가 급여가 낮고 승진의 전망이 전혀 없는 저급 서비스 업종(패스트푸드, 체인점 등)에서 일하며, 약 60퍼센트는 한 시간에 14달러나 그 이하의 보수를 받습니다. 그 정도의 보수로는 중산층의 생활수준(자택, 자동차 구입 및 자녀에게 대학 교육 제공)을 달성하지 못합니다. 극단적인 자기 착취(부업 등)를 통해서가 아니라면 거의 불가능에 가깝지요. 미국의 통계청 발표에 따르면 8천만 명의 미국인들이 중산층 이하의 생활을 영위하며, 그 중에서는 3천5백만 명이 빈민층으로 분류됩니다. 전체 인구의 거의 20퍼센트가 빈민층이 됐다는 것은, 미국을 제외한 어느 중심부 국가에서도 들어보지 못한 이야기이지요. 예컨대, 스칸디나비아 같으면 빈민층이 5퍼센트를 넘는 나라는 없습니다(노르웨이는 약 3퍼센트입니다). 삶에 아무런 전망이 없는 미국의 이 피해 대중들은 아직까지도 민주주의의 신화나 군사주의적 애국주의의 주술에서 깨어나지 못하고 있습니다. 하지만 만약 달러화의 급작스러운 대하락과 새로운 대공황이 닥친다면 그들이 과연 현재처럼 머슴 노릇에 자족할는지 무척 회의적입니다. 또 하나의 유사점은 극소수 지배 엘리트의 군사주의적 성향과 비대해진 군대이지요. 1백5십만 명이나 되는 미국 군대는 지금 '쌍둥이 적자'를 불러일으키는 주범이지요. 문제는 100년 전 제정 러시아가 이미 경험했듯 군사주의적 모험에는 과다한 지출이 따르는데다 실패할 경우 치러야 할 정치적 대가 역시 만만치 않다는 점입니다. 러일전쟁에서 패배했기에 1905년의 러시아혁명이 일어나지 않았습니까? 미국이 아직도 인정하지 않고 있지만 이라크 침략은 베트남전쟁과 마찬가지로 패배의 길로 치닫고 있는 게 현실입니다. 과연 미군의 철수와 이라크 독립군의 집권으로 이 패배가 가시화될 경우 부시 일파의 입지는 오늘날처럼 강할 수 있겠습니까? 제 말씀을 정리하자면, 제정 러시아처럼 비극적인 피라미드형 사회를 고집하는 한 미국은 외화내빈, 즉 외피가 화려하지만 내실이 참 부족한 사회일 수밖에 다른 도리가 없습니다. 그러기에 저들의 세계적 지배와 수탈이 언제까지나 오늘처럼 지속될 걸로 예상한다면 그야말로 오산일 겁니다.

허동현   박 선생님 말씀대로 미국은 공정한 경쟁과 균등한 기회가 보장되는 열린 공간이 아니라는 비판이 미국 사회 내부에서도 제기되고 있습니다. 상류층 일부가 독점한 부를 바탕으로 양질의 교육을 후세에 물려줌으로써 능력의 사회적 세습화를 유지하고 있다는 거지요. 이는 빈곤의 상속을 부추기고 이러한 내부 모순의 증가가 미국의 하층민들을 동원하는 애국주의나 국가주의의 허구를 부숴 급기야 미국은 몰락하고야 말 것이라는 진단이 미국의 진보진영뿐 아니라 보수진영에서도 나오고 있는 것이 실정입니다. 제가 현재 미국을 움직이는 네오콘의 세계 정책을 지지하는 건 아닙니다. 그러나 제가 지적하고자 하는 점은 미국의 '강대함'은 네오콘이 과시하는 무력보다 역설적으로 정보의 공개와 비판의 자유에 있다고 생각합니다. 부시의 대테러전쟁의 부당함을 정면으로 비꼰 마이클 무어 감독의 영화 〈화씨 9/11〉이나 부시의 대표성을 인정할 수 없다며 "우리의 이름으로는 안 돼"라는 성명서를 낸 전 국민적 저항을 촉구한 노암 촘스키 교수를 비롯한 9,000명의 반反부시 인사들의 활동을 보며 미국의 진정한 힘이 어디에 있는지를 다시 생각해보게 됩니다.

이상적 잣대로 잴 때 미국은 분명 탐욕에 가득 찬 모순 덩어리 제국입니다. 그러나 미국을 비판하는 같은 잣대로 오늘 지구상에 존재하는 모든 나라를 잴 때 모든 나라는 미국과 함께 공멸할 수밖에 없지 않을까요? 마피아 자본주의와 스탈린식 전체주의가 병존하며 체첸에서 살육을 범하고 있는 러시아는 물론 박선생님이 미국을 견제할 세력으로 보는 중국의 경우도 미국보다 오래 지속될 만큼 모순이 적다고 볼 수 없습니다. 실제로 천안문 시위를 무력으로 진압한 현 중국의 지도부가 당시 무력 진압에 반대한 조자양을 사후에도 박해하는 것이 상징하는 자유의 부재, 연해 지방과 낙후된 내륙 지역에서 대도시로 이주해온 '민공'과 신흥 자본계급으로 성장한 대도시 시민에 대한 차별에 보이는 사회 신분의 상속 가능성, 중화주의와 같은 민족주의를 통한 대중동원, 그리고 티베트 등 주변국에 대한 침략을 놓고 볼 때 과연 러시아나 중국이 미국보다 오래 지속될 수 있다고 확언할 수 있을까요?

허동현 "저는 중국의 티베트 민족에 대한 억압이나 동북공정에서 보이는 패권주의를 '서구의 식민주의와 개발주의를 철저히 본뜬 것'이니 미국의 패권주의에 비하면 좀 너그럽게 보아줘야 한다고 생각하지 않습니다. 누군가를 흉내 낸 모방범죄자라는 사실이 면책 사유가 되지는 않지요. 자! 다시 돌아온 약육강식의 시대에 우리 눈에 비친 중국은 동반자일까요, 침략자일까요? 중국의 향후 역할은 아마도 우리 하기에 달려 있지 않을까 합니다."

조선인의 중국관

박노자 "온건 개화파가 중국의 근대화 경험을 배우고 중국으로부터 근대 기술(전기·전신·무기 제조 등)을 대량 수입하는 데 치중한 반면, 윤치호나 서재필 같은 급진 개화파는 극단적인 반청反淸 감정을 드러냈습니다. 그들은 청일전쟁에서의 일본의 승리가 조선에 독립을 안겨주었다고 믿었으며, 부패한 청나라를 '약육강식 시대의 부적자不適者'로 인식했지요."

조선 연행사들이 말을 타고 북경성을 향해 가는 모습. 숭실대박물관 소장

▲ 허 "일부 북학파 인사들의 해외 통상론은 16세기에 이미 아시아까지 무역망을 확대하는 데 성공한 서양의 몇몇 나라와, 17세기에 벌써 네덜란드가 나가사키에서 무역을 하도록 해준 일본과 비교해 볼 때 그리 새롭지만은 않습니다."
박 "조선 후기 '북학파'로 잘 알려진 개방적인 노론 지식인 그룹은 '청나라를 배우자'는 개혁 프로그램을 계획하고 있었습니다."

▼ 박 "임오군란 때 서울에서 유혈 진압을 잔혹하게 단행하고 대원군을 납치한 뒤로 중국은 사사건건 내정 간섭을 일삼았습니다. 그에 대해 반감을 가졌던 윤치호는 내정 간섭의 주범인 원세개를 '도야지 원'이라고 불렀습니다."

변발을 자르고 있는 원세개

조선을 좌지우지하는 중국을 풍자한 그림

양무운동의 일환으로 난징에 세워진 병기 공장에서 일하는 중국인 모습

▲허 "제가 보기에 온건 개화파가 주도한 갑오경장은 중국의 양무운동을 모방한 것이 아니었습니다. 갑신정변을 주도한 급진 개화파와 마찬가지로 일본형 국민국가를 수립하려 했다고 여겨집니다."
　박 "북학파의 중국관을 물려받은 이들이 개화기에도 존재했습니다. 이른바 온건 개화파가 그에 해당되는데, 이 그룹은 당시 청나라의 양무운동을 모델로 삼았습니다."

▼허 "중국 국민당 정부가 민족주의 계열의 독립운동가들에게는 믿음직한 후원자로 비쳐졌지만, 6·25전쟁 이후 냉전 시대 남한의 대다수 사람들은 중국 공산당 정부를 통일을 가로막는 침략자로 간주했습니다."

중국 국민당 총재 장개석(1940)

아편굴의 '더러운 아편쟁이' 중국인들

▲ 박 "시간이 갈수록 이러한 중국 멸시론은 심해지기만 했지요. "입만 벌리면 개똥과 같은 더러운 냄새가 나고, 이빨을 닦지 않고 허풍떨고 떠들어대는 것만 좋아하고 게으르고 무의미한 고전이나 시가〔浮文〕만 잘 읽는" 중국인들이라며 윤치호는 거의 본능적이다 싶을 정도로 종족적인 반감을 표시했습니다."

▼ 허 "서구 자본주의 제국과 대항하여 중국 민족의 독립을 지키고, 약소민족의 민족해방운동을 지원하며, 서구 자본주의 세계 체제에서 벗어나 독립적인 국민 경제 시스템을 지킨다는 명분 아래 무죄한 인명을 무수히 살상한 문화혁명이고 보면 면죄부를 주기가 어렵습니다."

1966년 8월 모택동이 일으킨 문화혁명

박노자

'모방적 오리엔탈리즘'의 시각으로 중국을 보는 오류

오늘날의 수구주의자들은 북학파의 중국관을 본받아야

허동현 선생님, 안녕하십니까?

아마도 한국 역사 전체를 거시적으로 본다면 한국인에게 있어서 중국만큼 중요한 이웃은 없을 겁니다. 그러나 근대에 접어들면서 중국의 지역적 헤게모니가 파괴되자, 한국인들의 중국관에도 엄청난 변화가 일어났습니다. 과거의 지적인 교류가 단절되거나 약화됐고, 심지어 오늘날에는 중국을 경제·문화면에서 열등한 나라로 깔보거나 그저 우리 기업이 진출할 거대한 시장으로만 보는 경향이 있습니다.

조선 후기 '북학파'로 잘 알려진 개방적인 노론 지식인 그룹은 '청나라를 배우자'는 개혁 프로그램을 계획하고 있었습니다. 그들이 보기에 건륭乾隆(1736~1795) 시대, 청나라의 완숙한 문물제도는 '비루한' 조선이 지향해야 할 좌표였지요. 북학파의 태두泰斗 연암 박지원朴趾源(1737~1805)

은, 명저《열하일기》에 산해관에서 접한 중국 관료들의 엄중하고 공평한 모습을 인상 깊게 서술하고 있습니다.

세관稅官과 수비守備들이 관 안의 익랑翼廊에 앉아서 사람과 말을 점고하는데, 그 옛날에 봉성의 청단淸單(조사서)에 준한다. 대체로 중국에서는 상인과 길손에 대하여 그 성명과 사는 곳과 물화物貨의 이름과 수량을 빠짐없이 등록하여 간사한 놈을 적발하며 거짓을 막음이 매우 엄하다. 수비를 맡은 이들은 모두 만주인인데, 붉은 일산과 파초선芭蕉扇을 가지고 앞에 병정 100여 명이 칼을 차고 늘어섰다(《일신수필馹迅隨筆》,〈산해관기山海關記〉).

박지원은 만주족이 세운 청나라를 그렇게까지 좋아하지는 않았으나, 중국의 관료제도 운영을 모범으로 여긴 것이 틀림없습니다. 조공하러 온 사절의 수가 많았다는 사실에서 알 수 있듯 1780년경 청나라의 위력은 대단했고 그 점을 박지원이 간과했을 리는 없겠지요.

차츰 열하에 가까워지니 사방에서 조공朝貢이 모여들어서. 수레·말·낙타 등이 밤낮으로 끊이지 않고 우렁대고 쿵쿵거려서 울리는 수레바퀴 소리가 마치 비바람 치는 듯하다. (……) 삼도량에서 잠깐 쉬고 합라하哈喇河를 건너 황혼이 될 무렵에 큰 재 하나를 넘었다. 조공 가는 수많은 수레가 길을 재촉하면서 달린다. 나는 서장관과 고삐를 나란히 하며 가는데, 산골짝 속에서 갑자기 호랑이의 울음소리가 두세 마디 들려온다. 그 많은 수레가 모두 길을 멈추고서 함께 고함을 치니, 소리가 천지를 진동할 듯싶다. 아아, 굉장하구나(《막북행정록漠北行程錄》, 8월 8일 갑인).

청의 문물에 경외감을 갖고 있던 박지원은 조선의 대다수 지식인들이 소중화주의와 존명대의尊明大義(한족이 세운 명을 숭상함)라는 비현실적인 공론에 빠진 나머지 청의 실상에 무지하다는 점을 매우 안타깝게 여겼습니다. 박지원의 이러한 탁견을 요즘 한국의 일부 관벌이나 매판적인 학상배學商輩들의 무조건적 숭미주의와 같은 차원으로 볼 수는 없습니다. 요즘 한국의 수구적인 숭미파는 미국의 이라크 침략과 같은 노골적인 강도 행위를 변호하고 그 불의한 전쟁에 한국 젊은이들의 피를 바쳐야 한다고 주장하는 등 그야말로 미 제국주의의 대리인다운 아부를 서슴지 않습니다. 하지만 박지원은 청나라 관료제의 부정적인 측면, 예컨대 총신(신임이 특별히 두터운 신하)들의 부정 행각과 중앙 관료의 아첨 등을 날카롭게 파악하고 은근히 비꼬기도 했지요. 건륭 황제 말기 중앙 관계의 분위기를 박지원은 이렇게 평했습니다.

해내가 태평하고 임금의 자리가 점차 높아짐에 따라 시새우고 사납고 엄하고 가혹한 일이 많을뿐더러, 기쁘고 성냄이 절도가 없으므로 조정에 선 신하들은 모두 그때그때 잘 꾸며대는 것을 상책으로 삼고, 오로지 황제의 마음을 기쁘게 하는 것만을 시의時宜에 맞는 일인 줄로 안다 (……) (《태학유관록太學留館錄》, 8월 9일 을묘).

또 당시 청나라 총신의 권세를 상징하는 인물이자 수억 양의 뇌물을 받아먹은 것으로 악명이 높은 만주인 화신(和珅, ?~1799)에 대해 박지원이 남긴 인물평은 이렇습니다.

그는 눈매가 곱고 준수한 얼굴에 기운이 날카로웠으나, 다만 덕기가 없으며, 나이는 이제 서른하나라 한다. 그는 애초 난의사鑾儀司(황제의 의장대) 호위 군졸 출신으로, 성격이 몹시 교활하여 윗사람의 비위를 잘 맞추었으므로, 불과 대여섯 해 사이에 갑자기 귀한 자리를 얻어서 구문九門(수도 수비대)을 통령하는 제독이 되어 (⋯⋯) 언제나 황제의 좌우에 붙어 있으므로, 그 세력이 조정에 떨쳤다. (⋯⋯)《대학유관록太學留館錄, 8월 12일 무오).

요즘의 친미 인사들이 과연 건륭 황제보다 100배 더 무능한 폭군 부시 대통령의 일급 부하들인 월포비츠나 체이니 등에 대해 이 같은 직격탄을 쏠 수 있겠습니까? 그런 측면에서 본다면 선조들의 중국관과 요즘 수구주의자들의 대미관을 '사대주의'로 묶을 수는 없을 듯합니다. 통찰력과 비판 능력의 수준이 다르다는 말입니다. 선비들의 통찰력과 박지원 같은 선구자들의 양심에 기반을 둔 다면적인 중국관에서 타자를 정확하게 관찰하고 다차원적으로 이해하는 기술을 배워야 하지 않을까요?

급진 개화파에 비하면 오히려 온건 개화파는 '차악次惡'

북학파의 중국관을 물려받은 이들이 개화기에도 존재했습니다. 1880~1890년대 이른바 온건 개화파가 그에 해당되는데 김윤식 등을 비롯한 이 그룹은 당시 청나라의 양무운동을 모델로 삼았습니다. 유교 사회의 기본틀을 보존하면서 청나라의 '보호' 아래 '서양 오랑캐'의 침략을 막을 수 있는 서구 기술을 일단 받아들이기로 한 겁니다(《속음청사續陰晴史》, 고종 18년 12월 27일조).

중국의 양무개혁보다 일본 메이지 유신 모델에 훨씬 더 경도되었다는 평을 받는 실무 개화파의 어윤중魚允中(1848~1896)만 해도, 고종에게 상무商務 진흥의 방법으로써 19세기 후반 중국 관료 자본주의의 상징인 초상국招商局(1872년 이홍장이 직접 나서서 상해에 세운 정부 출자 선박 회사)과 유사한 기관을 설치하자고 말한 적이 있었습니다(《종정연표從政年表》, 고종 18년 12월 14일조). 온건 개화파는 중국의 지역적 헤게모니를 현실로 인정하나, 결코 중국에 대한 맹신과 추종 일변도로 흐르지는 않았습니다. 온건 개화파의 정신적인 스승 박규수朴珪壽(1807~1877)는 1872년 사신으로 중국에 두 번째로 갔다 온 뒤 어느 사신私信에서 그 소감을 밝혔습니다.

중국의 사대부들도 러시아 세력을 우려하고 있으나 만주 계통의 관료들은 그냥 음식을 배불리 먹고 술을 즐기면서 아무 일 안 하고, 한인 계통의 관료들은 문약에 빠져 [현실적인] 일을 멀리 한다. 천하의 일이 결국 어떻게 될는지 알 수가 없다. [거기에다가] 도처에서 물가가 폭등해 우리나라보다 훨씬 심하다(《박규수전집》 상권, 서독書牘. 여온경與溫卿).

물론 당시 온건 개화파 선비들의 정보 수집 능력과 통찰에는 한계가 있었지만 시종일관 나름대로 비판적이며 분석적인 태도를 유지했다고 여겨집니다. 1895년 청일전쟁에서 청나라가 서구화에 박차를 가한 일본에게 참혹하게 패한 결과를 알고 있는 우리로서는, 양무운동의 '전근대적 한계성'을 지적하기 일쑤입니다. 그러나 그 당시 조선인의 눈으로 볼 때, 박규수와 김윤식 방식의 중도 정책이야말로 지배층과 민중이 함께 납득할 수 있는 '합의의 정치'였습니다.

물론 온건 개화파도 급진 개화파와 마찬가지로 권위주의적인 주변부형 관료 자본주의를 추구했습니다. 온건파 역시 지주 출신의 극소수 중앙 관료를 중심으로 형성되었기 때문에 반민중적이고 억압적인 성격이 강했던 것이지요. 1894년 갑오 내각을 구성하고 있던 온건 개화파 관료들이, 일본군이 동학군을 토벌해주길 적극적으로 바랐다는 사실은 '위로부터의 개혁'의 역사에 엄청난 오점으로 남을 것입니다.

하지만 서구인보다 더 서구적으로 되려고 애쓰며 조선인들을 '열등 종족'으로까지 규정했던 윤치호를 비롯한 오리엔탈리즘적 '급진주의자'들에 비하면 조선의 전래 생활 패턴과 문화를 존중할 줄 알았던 '온건주의자'들은 '차악次惡'이었다고 봅니다. 급진 개화파의 노골적인 서구 중심주의는 역시 그들의 중국관에도 그대로 반영돼 있었습니다. 온건 개화파가 중국의 근대화 경험을 배우고 중국으로부터 근대 기술(전기·전신·무기 제조 등)을 대량 수입하는 데 치중한 반면, 윤치호나 서재필 같은 급진 개화파는 극단적인 반청反淸 감정을 드러냈습니다. 그들은 청일전쟁에서의 일본의 승리가 조선에 독립을 안겨주었다고 믿었으며, 부패한 청나라를 '약육강식 시대의 부적자不適者'로 인식했지요. 물론 여기에는 그 나름의 이유가 없지 않아서 조선에 대한 중국의 태도 변화가 반청 감정을 자극한 것도 사실입니다. 1884년부터 청나라는 조선을 상대로 예속화 정책을 펼치며 고종의 독자적인 외교 접촉을 막고 중국 상인의 조선 침투를 장려하는 등 공공연하게 '이차적 제국주의'의 행태를 보였습니다. 중국이 전통적인 온정주의를 버리고 고압적이며 착취적인, 그러면서도 미국 등 이른바 선진 제국주의 국가와는 달리 교육·의료 등의 선진 문물을 전해주지도 못하는 '후진형 제국주의'로 돌아서자 중국에 대한 근대 지향적 조선 지식인들의 반감은 증폭됐습니다. 그 반감의 실체는《윤치호일기》에 가장 뚜렷하게 나타납니다. 임오군란 때 서울에서 유혈 진압을 잔혹하게 단행하고 대원군을 납치한 뒤로 중국은 사사건건 내정 간섭을 일삼았습니다. 그에 대해 반감을 가졌던 윤치호는 중국군을 '도야지豚卒 군대'(1884년 1월 4일자)로, 중국 조정을 '오랑캐胡廷 조정'(1884년 1월 21일자), 그리고 내정 간섭의 주범인 원세개袁世凱(1859~1916)를 '도야지 원豚袁'(1886년 10월 17일자)이라고 불렀습니다.

《윤치호일기》를 보면 1884년 갑신정변 이후 고종이 사실상 '오랑캐의 포로'(1884년 12월 21일자)로 전락하고, 윤치호의 담당 분야였던 외교 면에 중국이 끝도 없이 부당한 간섭을 해오자 그의 분노는 억누를 수 없는 지경에 이르고 말았지요. 중국의 간섭에는 과연 부정적인 측면들이 많았지만 이보다 훨씬 더 위험한 야수들의 조선 침략 야욕을 억제시킨 것도 사실이었습니다. 그 점을 정확하게 파악한 유길준은 확실히 윤치호보다 지혜롭고 판단력이 뛰어났지만(《중립론》), 그 당시의 상황을 생각해보면 윤치호의 심정도 전혀 이해 못할 바는 아닙니다.

여담이지만, 중국은 지역적 패권 국가로서 티베트의 평화적 민족운동을 탄압하고 미얀마의 군사 독재를 적극 후원하는 등 현대판 '이차적인 제국주의'의 폭력성을 띠고 있습니다. 이를 지켜봐온 반미 성향의 국내 진보 그룹은 중국을 신뢰하지 못하고 있는데 이유는 그 옛날이나 다름없지 않습니까? 군사력을 내세워 동아시아에서 패권 정책을 추진해온 미국이 밉기야 하지만, 이미 제국주의적 가치를 내면화한 중국이 미국을 동아시아에서 쫓아낸다면 이후 아시아는 평화와 안정을 보장받을 수 없는 노릇입니다.

미국은 무기 생산을 증강해 경제 위기를 일시적으로나마 만회하고, 몰락하고 있는 패권을 유지하기 위해 지구 곳곳에서 단말마적인 침략을 자행하고 있으며, 여차하면 한반도에서도 전쟁을 일으킬 태세입니다. 현재 경제 개발에 최우선을 두고 일본·한국·대만 등 지역 내의 선진 자본주의 국가와 경제 협력 정책을 추구하고 있는 중국은, 일단 미국에 비하면 별로 위협적인 세력으로 보이지는 않습니다. 하지만 중국의 '모방적 제국주의'에 대한 경계 태세를 풀 수 없는 게 우리의 현실이라고 봅니다.

문제는, 윤치호 류의 '반청론反淸論'이 현실적인 역학 관계에서만 비롯된 것이 아니라 담론적인 차원에서 서구와 일본의 경멸적인 중국관, 즉 그들의 악명 높은 오리엔탈리즘을 모방했다는 점에 있습니다. 제국주의적 성격이 짙었던 원세개의 '중화 중심주의'를 타파하고자 했던 윤치호의 마음은 이해가 갑니다. 하지만 그들은 중국을 포함한 모든 비非서구 지역을 영원한 '기형아', '발달 불능자'로 치부했던 서구 제국주의자들의 담론을 빌렸고, 결국 자신들의 대對중국 저항이 서구의 침략주의 논리에 함몰되고 마는 결과를 빚었습니다.

《윤치호일기》의 초기 부분(1880년대)을 보면, 미국인을 비롯한 서구인들과 일상적으로 접촉해온 그가 1883년부터 그들의 중국관을 어떻게 체화했는지 잘 알 수 있습니다. 1884년에 그는 고종에게 "구미 국가들이 중국인들을 다 노예처럼 생각하며, 인정이 두터운 미국마저도 그들을 쫓아낸다"고 아뢰는(1884년 9월 24일자) 등 구미인들의 인종주의적 억압을 '중국의 완고함'에 대한 당연한 반응으로 보기 시작했습니다.

시간이 갈수록 이러한 중국 멸시론은 심해지기만 했지요. "입만 벌리면 개똥과 같은 더러운 냄새가 나고, 이빨을 닦지 않고 허풍떨고 떠들어대는 것만 좋아하고 게으르고 무의미한 고전이나 시가浮文만 잘 읽는" 중국인(1885년 2월 15일자)들이라며 윤치호는 거의 본능적이다 싶을 정도로 종족적인 반감을 표했습니다. 또 서구인 전용이었던 상해 공원의 중국인 출입금지 조치에 대해서도 '호인胡人'(오랑캐) 탓으로 돌릴 정도였습니다(1885년 5월 24일자). 그뿐인가요. 프랑스에 의한 베트남의 식민화라는 서구 제국주의의 날강도질까지도 "베트남이 중국을 상국上國으로 섬겨 의지한 탓"(1885년 11월 17일)이라는 식으로 매도함으로써 상식을 벗어난 정세 인식을 드러냅니다(만일 베트남이 중국과 절교했더라면 과연 프랑스를 이길 수 있었겠습니까?).

1890년대 초반 미국 체류 시 윤치호는 사회진화론을 최고의 진리로 받아들여 중국인에 대한 미국 사회의 억압과 인종주의적 왕따 행위까지도 옹호했습니다. 그가 아무리 유럽인보다 더 유럽적으로 중국을 무시했다 해도, 그 역시 비서구 출신인 까닭에 서구인으로부터 인종 차별과 멸시를 면치 못했고, 그 상처로 인해 윤치호는 '소신 친일파'로 전향하게 됩니다. 하지만 그는 기독교 신도이자 매우 서구화된 중국 여성을 첫 부인으로 맞이하는 등 적어도 개인적인 관계에서는 서구의 인종주의자들과는 구별되는 태도를 보인 것도 사실입니다.

그러나 윤치호나 서재필 등 초기의 친미적 급진 개화파들이 공유했던 중국관은 오리엔탈리즘의 일종으로, 한국 사회의 새로운 주류로 부상한 서구식 '신교육' 수혜자들의 세계 인식에 토대가 되었습니다. 오늘날 한국 자본이 투자되거나 한국 기업이 직접 지은 현지 공장에 고용된 100만 중국인 노동자들에 대한 착취, '중국'이라는 범주에 속하게 된 조선족 동포에 대한 국내에서의 극단적인 멸시와 따돌림, 일본이나 서구 문화에 대한 과열된 선망, 그와 상반되는 현대 중국의 고급 문화에 대한 상대적인 무관심, 한 걸음 더 나아가 박정희 등 역대 정권이 취한 화교 박대 정책은 대중국 태도에 내재하는 문제점들이 노출된 것으로, 우리들의 '모방적 오리엔탈리즘'의 뒷모습인 듯도 해 씁쓸할 뿐입니다.

중국 문제는 전 지구적인 문제들의 축소판

서구 지향적이던 급진 개화파가 중국을 경멸하고 불신했다 해도, 중국과의 지적 교류에는 적지 않은 관심을 갖고 있었습니다. 안창호安昌浩(1878~1938)도 서구식 교육의 세례를 받았으나, 청나라 말기의 유명한 개화 논객 양계초의 문집을 정독하였고 이를 학교 교과서로 삼을 것을 적극 권장했습니다. 인종주의 색채가 짙은 오리엔탈리즘에 매우 경도되어 있던 윤치호도 조혼의 피해를 논할 때마다 청나라 논객들의 의견을 참고하는(《대한자강회 월보》 제2호, 1906년 8월, 58~59쪽) 등 중국 지식인과의 지적 대화는 완전히 끊어지진 않았습니다.

식민지 시절에도 조선의 지식인들은 중국의 사상적인 동향을 예의 주시했습니다. 현대 중국의 대문호인 노신魯迅(1881~1936)의 대표작 〈광인일기狂人日記〉를 《동광》 제16호(1927년 8월)에 번역·게재한 사실이 있지요. 잘 알려진 대로 그 잡지는 안창호의 국내 제자들이 운영했습니다. 국내 지식인들에게 중국은 그저 '가까운 이웃'이었지만, 중국에서 활동하던 독립운동가들에게 중국 지식인들과의 연대가 얼마나 중요했는지는 말할 나위도 없겠지요.

미국에서 교육을 받은 우사 김규식(1881~1950?)은 중국의 여러 명문

대학에서 교수로 재직했으며, 중국 현대시를 영문으로 번역하고 중국의 아름다움을 노래한 《양자강의 유혹》이라는 영문 시집을 내는 등 두 나라의 문화 교류에 특별히 많은 기여를 했습니다. 그런데 김규식 선생과 같은 지중파知中派 지사들의 노력에도 불구하고, 중국과 우리의 지적 교류는 그 흐름이 두 번이나 크게 단절됐습니다. 먼저 1937년 중일전쟁이 일어나서 중국이 일본의 '적국'이 되자 중국 관련 보도가 엄격한 통제를 받게 된 일이 있었고, 1949년 중국 대륙이 공산화되고 그 이듬해에 중국군이 한국전쟁에 참전한 뒤로 '중공'과의 교류가 끊겼습니다. 오리엔탈리즘에 매몰된 윤치호는 그나마 중국에 체류하면서 풍부한 경험과 중국에 대한 해박한 지식을 쌓았지만, 그의 친미노선을 계승한 남한의 '주류'는 자의로든 타의로든 그런 지식이나 경험을 쌓을 기회조차 없었던 셈입니다.

1990년대 초부터 한중 간의 경제 교류가 붐을 맞이했지만, 중국을 얕보고 백안시하는 현대 한국의 오리엔탈리즘적 풍토는 서재필이나 윤치호의 서구 편향적 사고와 별반 달라 보이지 않습니다. 그러다 보니 동시대 중국의 지적인 흐름을 파악하는 데 있어서 오히려 식민지 시절만도 못한 것 같습니다. 100년 전에 존재했던 동아시아의 지적 공동체를 새로운 시대에 알맞게 되살리는 것이 우리의 급선무이지만, 중국은 여전히 우리 지식인들에게 너무나 '먼 이웃'인 듯합니다.

굴절과 단절로 얼룩진 근대의 중국관에서 과연 우리는 무엇을 배울 수 있을까요? 제 생각으로는 첫째, 중국의 현실적인 위상을 무시하지 않고 중국 문화의 장점에 큰 관심을 가지면서도 중국 관료제의 모순들을 정확하게 파악, 비판한 박지원의 정신을 이어받아야 하겠습니다. 현재로서는 중국 자본주의의 이면 즉, 박정희 시절을 빼닮은 중국 지배층의 반민중적인 행각과 서민층의 붕괴, 날로 도를 더해 가는 약자들의 고통을 정확하게 인식하고, 허울 좋은 중국 자본주의의 성공 신화를 믿지 않는 게 옳습니다. 실직자·무직자·빈농 등이 겪는 고통이 심화되면 통치 집단의 집권 명분이 상실될 수가 있습니다. 아울러 염두에 둘 점은 민중의 고통을 심화시키는 권위주의적 자본화의 결과 유럽과 미국의 재벌뿐만 아니라 한국의 재벌들도 중국에서 피비린내 섞인 이득을 취하고 있다는 부끄러운 현실입니다.

둘째로, 윤치호식의 오리엔탈리즘이 안고 있는 유치한 구각을 벗어나 세계 체제의 맥락에서 중국 문제의 실체를 좀 더 객관적으로 살펴보아야겠지요. 서구 여러 나라에서 가장 문제로 삼고 있는 티베트 민족에 대한 억압 정책이 중국의 본질적인 패권 야욕 때문이 아니라 서구인들의 식민주의와 개발주의를 철저하게 모방한 것이라는 사실이 곧 밝혀질 겁니다. 현재 지구를 위협하는 중국의 환경 문제도, 모택동 이후 역대 통치자들의 왜곡되고 무분별한 개발주의적 신념·정책도 마찬가지입니다. 중국을 무대로 이윤을 추구하는 유럽·미국·일본·한국 재벌들이 중국 환경 문제를 한층 심화시키고 있다는 사실이 곧 밝혀지지 않겠습니까. 한마디로 말해서 중국의 문제는 오늘날 세계 체제 하에서 나타나는 전 지구적 문제가 지역적으로 반영된 모습인 것이죠.

세계에서 자본주의 체제가 철폐되지 않는 이상, 더욱이 서구형 복지국가를 만들 여유도 없어 보이는 중국에서는 부익부 빈익빈 현상이 노골화될 것이 불 보듯 뻔합니다. 오지와 노동자 등 차별 대상들에게 돌아갈 고통의 몫은 더욱 커지겠지요. 결국, 신자유주의로부터 피해를 입고 있는 모든 세계인들이 연대를 해서 이 체제의 본격적인 해체에 나서지 않는 한 문제는 해결되지 않을 겁니다. 그리고 중국 내에서 자본주의 피해자들이 계급 의식을 확고히 다지고 나서 중국형 박정희들의 죄를 강력하게 추궁하지 않는 한—요즘 중국에서는 노동자들이 지하 서클을 만들어 모택동 사상을 학습한다고 합니다—복잡다단한 중국의 문제들이 근본적으로 풀릴 것 같지 않습니다. 이미 중국의 노동자들보다 훨씬 더 강력한 계급 의식과 연대망 그리고 조직망을 갖추고 있는 한국 민중의 역사적 사명은 중국 민중의 성장에 다양하고 긍정적인 도움을 주는 것이 아닌가 싶습니다.

캄캄해진 영하 10도의 오슬로에서
박노자 드림

■ 더 읽을 만한 책

구선희,《한국근대 대청(對淸) 정책사 연구》, 혜안, 1999.
김명호,《열하일기 연구》, 창비, 1990, 81~98쪽.
송병기,《국역 윤치호 일기》제1권, 연세대 출판부, 2001.
이광린,〈서재필의 개화 사상〉,《동방학지》제18호, 1978.
이정식,《김규식의 생애》, 신구문화사, 1974, 94~124쪽.
총성희,《근대 한국 지식인의 대외 인식》, 성신여대 출판부, 2000.
한국근현대사회연구회 편,《한국근대 개화사상과 개화운동》, 신서원, 1998, 35~155쪽.
허동현 역주,《유길준논소선》, 일조각, 1987.
권혁수,〈김옥균과 중국: 대중국 인식의 시기적 변화를 중심으로〉,《정신문화연구》제80호, 성남: 한국정신문화연구원, 2000.
Yur-Bok Lee, Politics over Economics; China's Domination of Korea through Extension of Financial Loans, 1882~1894,《한민족독립운동사논총》, 1992.

허동현

약육강식 시대에 중국은 침략자였다

북학파의 사상은 세계사의 큰 흐름에서 보아야

박 선생님, 반갑습니다.

무엇보다도 종래 우리나라 사람들이 갖고 있던 중국과 일본에 대한 인식을 비교해보면 얼핏 보아 그 척도가 공평하지 못하다는 생각이 들 수 있습니다. 고려 말 왜구의 침입, 임진왜란, 식민 지배를 이유로 우리가 일본에 대해 가지는 적개심과 증오감에 비해 병자호란, 1882~1895년 간의 준식민 지배, 6·25전쟁 때의 군사적 개입 같은 중국의 행위에 대해서는 상당히 관대한 점이 있기는 합니다. 이는 아마도 중국이 옛적부터 선진 문물의 공급원이었기 때문인 것 같습니다.

8세기 중엽 통일신라 경덕왕景德王이 성씨·인명·지명·관직명 등을 중국식으로 바꾼 이후 개항(1876) 당시까지 우리는 중국 지향형의 문화권에 속해 있었습니다. 그러나 외세에 문호를 개방한 이후 우리의 문화

수용 통로는 서구 및 일본으로 바뀌었고 결국 서구 지향형 내지 그 아류인 일본 지향형의 문화권에 편입된 셈입니다. 문화란 물과 같아서 높은 곳에서 낮은 곳으로 흐르는 법이지요. 거시적으로 볼 때 근대 이전에는 중국에서 발원한 '문화'란 이름의 강물이 동류東流하여 우리 문화의 토양을 살찌웠지만, 개항 이후 서구 근대의 여러 가치를 내 것으로 만드는 데 성공함으로써 다원적 시민사회, 경제 성장, 그리고 역동성으로 상징되는 현대 한국 문화가 중국으로 역류하고 있습니다. 한류韓流 현상은 그 일단을 보여주는 것입니다. 물론 선생님의 지적처럼 현재 우리 사회 일각에는 서구 '오리엔탈리즘'의 눈을 빌어 중국을 바라보는 풍조가 전혀 없지는 않습니다. 그러나 저는 이 시각이 고정관념으로 고착됐다고는 보지 않습니다.

몇해 전 중국을 제대로 알려고 하는 한국 젊은이들이 중국 유학 붐을 일으켰고, 그것이 상징하듯 중국의 장래를 낙관하는 경향, 즉 '한조漢潮'가 엄연히 존재합니다. 2002년 3월 4일자 홍콩의 시사주간지《아주주간亞洲週刊》은 '한조 넘실, 서울을 태운다'는 제하의 기사에서 전국 200여 개 대학에 중국 관련 학과가 있고 중국에 유학 중인 한국 학생 수가 3만 명을 넘어선 사실을 알리며 우리 사회에 일어나고 있는 중국 열풍을 생생하게 그려내고 있더군요. 이 기사를 보고 저는 한국 문화에 대한 중국 젊은이들의 관심을 반영하는 '한류'와, 한국 젊은이들의 중국 배우기가 상징하는 '한조'가 제대로 합류한다면, 양국 지식인들의 지적 공동체가 형성되는 것은 물론 두 나라의 시민들이 가치를 공유하며 어울려 살 날도 머지않아 오리라는 희망을 품게 되었습니다. 한중 두 나라 사이에 지적·인적·물적 교류의 연결망이 더욱 긴밀해지길 믿고 기대하며, 선생님의 중국관과 사뭇 다른 제 중국관을 말씀드리겠습니다.

먼저 박지원과 같은 북학파 실학자들의 대중국 인식에 대해 살펴보는 것이 순서겠지요. 저 역시 그들이 청나라를 문화적 열등자로 깎아 내리는 소중화 의식을 뛰어넘었고, 중국의 문물을 배우자고 제창하면서도 중국 지배 체제의 모순에 눈멀지 않은 점을 높이 평가합니다. 박지원이 "내가 이 책을 펴보니 나의《일록日錄》(《열하일기》)과 조금도 다른 것이 없어, 마치 같은 사람이 쓴 것이 아닌가 의심스러울 정도였다"라고 평한 박제가朴齊家(1750~1805)의《북학의北學議》(1778)에는 중국 배우기를 넘어서 세계 여러 나라와의 통상을 촉구하는 탁견도 찾아볼 수 있습니다.

(……) 송나라 때 배로 고려와 교류할 때 명주明州에서 7일이면 예성강에 닿았다 하니 가깝다고 할 수 있다. 그러나 조선조 4백 년 동안에 딴 나라 배가 한 척도 오지 않았다. (……) 선주를 손님 접대하는 예로서 후하게 대접하기를 예전 고려 사람들이 하는 식으로 한다면, 저들은 우리가 구태여 초청하지 않더라도 기다리지 않고 스스로 찾아올 것이다. 그 사이 우리는 기술을 배우고 그들 나라의 풍속을 알아내어 백성들의 견문을 넓혀 주게 되면 천하가 얼마나 큰지 알게 될 것이고, 그동안 우물 안 개구리였다는 사실을 알고 부끄러움을 알게 될 것이므로. 이처럼 외국인과의 교류는 통상에서 얻는 이익 외에도 세상이 나아가는 도를 깨우쳐주는 데도 많은 도움을 줄 것이다. (……) 오직 중국의 배만 통하게 하고 해외의 다른 나라는 통하지 않게 해야 한다는 말은 일시적인 책략이지 정론定論은 아니다. 이제 앞으로 국가의 힘이 강해지고 백성의 생업이 안정되게 되면 차례차례 이들과 통교하는 것은 지극히 당연한 일이다(박제가 저, 김승일 역,《북학의》, 범우사, 1995, 168~173쪽).

단순한 물자의 교류뿐만 아니라 의식의 개방까지 촉구한 박제가의 탁견을 조선 왕조의 위정자들이 받아들여 실천에 옮겼더라면, 우리도 자력으로 닫힌 사회에서 열린 사회로 전환할 가능성이 좀 더 컸겠지요. 개방 정책이 성공을 거뒀다면 19세기 동아시아를 괴롭힌 '시간과의 경쟁'에서 낙오되는 일도 벌어지지 않았을지도 모르겠습니다. 그러나 북학파의 사상도 그 역사적 위상을 제대로 알기 위해서는 일국사의 관점에 국한되지 말고 세계사의 흐름 속에서 살펴보아야 합니다. 결론적으로 말해서 북학파에 대한 박 선생님의 칭찬은 너무 지나친 게 아닌가 하는 생각입니다. 평소 '현재적' 관점을 중시하는 선생님이 과거로 돌아가서 그 시대 사람들의 눈으로 사물을 이해하려고 하는 점도 저로서는 좀 의아한 느낌이고요.

　일부 북학파 인사들의 해외 통상론은 16세기에 이미 아시아까지 무역망을 확대하는 데 성공한 서양의 몇몇 나라와, 17세기에 벌써 네덜란드와 나가사키에서 무역을 한 일본과 비교해 볼 때 그리 새롭지만은 않습니다. 뿐더러 동시대 서구의 계몽사상가들이 개인의 존엄성과 인권의 소중함을 논의한 것 이상으로 북학파가 멀리 나간 것은 결코 아니었습니다. 저는 북학파를 긍정적으로 평가한다 하더라도 찬미 일변도로 나갈 생각은 없습니다.

　또 하나 이라크 파병 문제에 대해서도 박 선생님의 고견에 동의하지 않습니다. 파병을 '무조건적 숭미주의'의 결과물로 보거나, 이를 용인하는 사람들 모두를 '통찰력과 비판능력'이 결여된 '미제의 지역적인 대리인'인 '숭미파'로 보는 것은 지나친 이분법입니다. '타자를 잘 보고 다차원적으로 이해하는 기술을 배워야' 한다는 선생님 말씀처럼 자신과 견해를 달리하는 쪽의 생각도 잘 헤아려서 이해하는 기술을 배우는 것이 우리 사회의 다양성과 건강성을 지키는 첩경이 아닐는지요?

1989년 베를린 장벽 붕괴를 계기로 사회주의 세력이 무너져 내렸을 때, 미국의 우파 지식인 프랜시스 후쿠야마Francis Fukuyama는 '역사는 끝났는가?The End of History?'라는 도발적인 질문을 던졌지요. 인간의 머리에서 짜낼 수 있는 이데올로기상의 진보는 자유주의와 자본주의의 승리로 끝나고 말았으므로, 모든 비서구 국가는 이미 실패로 입증된 사회주의의 헛된 꿈에서 하루 빨리 벗어나 세계 자본주의의 표준을 따라 세계화의 길을 가라며 목청을 높였습니다.

이에 맞서 좌파 지식인 이매뉴얼 월러스틴Immanuel Wallerstein은 사회주의 진영의 붕괴는 자유주의와 자본주의가 거둔 최후의 승리가 아니라 '근대 세계 체계Modern World-System'가 해체되는 신호탄으로서 붕괴의 조짐을 드러낸 것이며 폭력에 호소하는 세계 질서는 재편되고 말 것이라고 했지요. 강자의 패권 추구와 이에 맞선 약자의 저항이 작열하는 카오스 같은 오늘의 세상을 둘러볼 때 앞으로의 세계사는 과연 어느 쪽으로 흘러갈지 알 수 없는 일입니다.

거시적인 측면에서 볼 때 한 세기 전과 오늘은 적어도 두 가지 공통점을 가지고 있습니다. 그 하나는 기존의 국제 질서가 깨지고 '세계화'라는 물결이 도도하게 밀려온다는 것이며, 다른 하나는 한 세기 전 중국 중심의 동아시아 세계 질서가 붕괴되는 와중에서 세계 열강이 한반도를 놓고 패권을 겨루었듯이, 오늘날 다시 한반도를 둘러싸고 열강의 힘겨루기가 시작될 가능성이 높다는 겁니다. 그것이 선생님의 의견대로 미국과 중국의 패권 쟁탈전 같은 양상을 띨 가능성도 없지 않지만, 100년 전과 마찬가지로 중국·일본·러시아 같은 '이차적 제국주의' 세력들의 각축장이 될 수도 있습니다.

온건 개화파, 중국의 양무운동을 모방한 게 아니다

100년 전 동아시아 전 지역에 국민국가 형성이란 역사적 과제가 주어졌을 때 일본은 메이지 유신을 통하여 서구 근대 국민국가의 모형을 일본화하는 데 성공한 반면, 중국과 한국 두 나라는 역사의 쓴 잔을 마시고 말았습니다. 선생님은 급진 개화파나 온건 개화파를 모두 '반민중적'으로 규정하고 그들이 '권위주의적인 주변부형 관료 자본주의'를 꿈꾸었다고 하면서도 중체서용中體西用의 양무운동을 모방한 온건 개화파야말로 조선의 지배층과 민중이 동의할 수 있는 '합의의 정치'이자 '중도 정책'을 펼쳤다고 주장합니다.

하지만 제가 보기에 온건 개화파가 주도한 갑오경장은 중국의 양무운동을 모방한 것이 아니었습니다. 갑신정변을 주도한 급진 개화파와 마찬가지로 온건 개화파 역시 일본형 국민국가를 수립하려 했다고 여겨집니다. 갑오경장의 주도 세력은 국가 통합을 실현하기 위해 내각 중심의 입헌군주제立憲君主制와 제한적 대의정치를 도입하고 경찰제도의 창설과 법제의 근대화, 그리고 상비군常備軍 양성을 꾀했습니다. 경제 통합의 방안으로 왕실 재정의 정리를 통한 정부 수입의 증대, 징세법 개량, 새로운 세원의 발굴, 정부 주도하의 민간 상공업 진흥 등을 도모하는 한편 이에 필요한 재정 수요를 일본에게 받은 차관으로 조달하려는 계획을 세운 적이 있었습니다. 나아가 그들은 국민 통합을 위해 전통적 신분제도의 철폐와 근대적 학교제도의 보급으로 국민을 창출하고 육성코자 했으며, 중국에 대한 조공을 폐지하는 등 대외적으로 국가의 자주와 독립을 확보하려 하지 않았습니까?

1882년 임오군란이 터지고 1884년 갑신정변이 일어나자 중국은 서구 제국주의 열강의 침략으로부터 조선을 지켜줄 '보호자' 노릇을 포기했으며, 선생님의 지적처럼 '후진형 제국주의' 국가로 바뀌었습니다. 중국의 제국주의자가 조선을 침탈할 당시 주차관 원세개는 온건 개화파 인사들을 '독립노선파'로 낙인찍고 탄압과 박해의 대상으로 삼았습니다. 중국의 권력자들이 보기에는 온건 개화파조차도 '반청 세력'이었던 것이죠.

온건 개화파를 대표하는 김윤식은 7년 동안(1886~1893) 관직을 빼앗긴 채 유배생활을 해야만 했습니다. 온건 개화파라 해서 중국을 긍정적으로 볼 리는 없었습니다. 당시 중국에 대한 호오好惡와 긍부肯否의 갈림은 급진 개화파와 온건 개화파 같은 지식 계층의 내부에서 찾기보다는, 유교적 구질서와 세계관을 고수한 위정척사적 지식인이나 동학과 같이 전통 문화를 지키려 한 민중들과 반대로 새로운 세계 질서에 대응하려 한 세력들 사이에 존재한 인식의 균열에서 찾아봄이 타당하다는 생각입니다. 이쯤되면 제 생각이 선생님과는 꽤나 다른 것 같습니다.

보호자인가, 침략자인가?

1882년 중국은 3,000명의 군대로 임오군란을 진압한 후 조선의 내외 정치에 직접 간섭하면서부터 서구 열강과 일본의 침략을 막아주는 보호자인지 근대화를 가로막는 침략자인지 그 정체가 묘연해지고 말았습니다. 중국은 개화기에 유교적·도덕적 가치를 지키고자 한 위정척사파, 동도서기 계열, 또는 전통적 가치를 존중하는 동학교도들에게는 여전히 중화이자 문명으로 인식되었지만, 서구의 근대 문명을 따라 배우려 한 개화파 인사들에게는 이미 미개한 야만국에 지나지 않았지요.

이와 같이 상반된 중국관은 일제 하를 거쳐 냉전 시대까지 이어졌습니다. 중국 국민당 정부가 민족주의 계열의 독립운동가들에게는 믿음직한 후원자로 비쳐졌지만, 6·25전쟁 이후 냉전 시대 남한의 대다수 사람들은 중국 공산당 정부를 통일을 가로막는 침략자로 간주했습니다. 그런가 하면 중국 공산당은 일제하 민족해방운동 세력들에게는 사회혁명의 이상을 같이하는 동지였고, 냉전 시대 북한의 위정자들에게는 '제국주의 미국'의 침략을 물리쳐준 독립의 옹호자였습니다. 오늘날 우리가 중국에 대해 애증이 엇갈린 복잡한 감정을 갖게 된 이유 역시, 냉전적 세계관과 이념 체계의 영향뿐만 아니라, 개항 이후 중국이 떠맡은 역할의 다중성에 기인할 것입니다. 박 선생님은 한·중 관계의 그러한 중층적 성격을 지나치게 단순화하고 있지나 않은지 모르겠습니다.

어쨌거나 남한의 적국, 북한의 형제국이란 구시대적인 대중국 인식은 냉전 해체와 한중 수교(1992) 이후 하루가 다르게 바뀌기 시작했습니다. 새로운 시장이자 기회의 땅으로 부상하기 시작한 중국이 남한 사람들에게는 경제 발전의 동반자이자 세계 시장의 경쟁자로 고려되기 시작한 거지요. 또한 지금 현안이 되어 있는 핵 보유 문제나 '동북공정'으로 첨예화된 갈등이 웅변하듯 북한 위정자들의 입장에서 볼 때 중국은 더 이상 운명을 같이할 믿음직한 우방은 아닌 것 같습니다. 여기서 우리는 흥미로운 사실 하나를 발견합니다. 우리의 역사적 경험에 비추어볼 때, 화이론華夷

論이나 냉전론 같은 이분법적 세계관이나 이념이 지배하던 시절에는 중국이 적이나 동지 가운데 어느 하나일 수밖에 없었지만, 힘이 곧 정의로 통하는 지금에 와서는 침략자일 수도 후원자일 수도 있다는 점입니다. 오늘날에도 중국은 신자유주의와 세계 체제의 폭압에 맞서 인간적인 세상을 건설하고자 투쟁하는 사람들에게는 모택동의 사상과 '중국혁명'의 유훈이 살아 숨쉬는 마지막 희망이 될지 모르겠습니다. 하지만 한 세기 전의 아픔을 기억하는 많은 사람들의 눈에는 여전히 중국은 '이차적 제국주의' 국가인 것입니다.

100년 전 중체서용을 외치며 양무운동을 전개한 과거의 중국과, 사회주의 시장경제를 외치며 '개혁·개방 정책'을 추진하는 현재의 중국은 그 모습이 너무도 유사합니다. 근대 이전 동아시아 지역에서는 세계란 한漢민족과 오랑캐夷로 구별된다고 하는 화이사상과 자연 및 인간 세계가 상하의 서열 구조로 존재한다는 유교사상이 사실상 절대적이었습니다. 이러한 중국 중심의 국제 질서는 형식상 도덕 관념에 의해 규율되었고 속방의 내치와 외교는 자주적이어서 군사적으로 간섭받는 경우는 없었습니다.

그러나 양무운동이 전개된 1860년대 이후 중국은 이리伊犁를 놓고 러시아와, 유구琉球와 조선을 두고 일본과, 베트남에 대해 프랑스와 패권을 다툰 제국주의 국가로 탈바꿈했습니다. 세상이 적과 동지로 양분되기는 했으나, 자본주의 제국의 침략에 대항해 약소 민족의 해방운동을 지원한다는 국제 협력의 기치가 살아 있던 냉전 시대에도 중국은 이미 사회주의 형제국인 소련·베트남과 영토를 둘러싸고 분쟁을 벌였습니다. 그렇다면 사회주의 이념의 속박이 사라지고 만 오늘 중국의 지역 내 패권 추구는 냉전 시대에 비할 바가 아닐 겁니다.

저는 중국의 티베트 민족에 대한 억압이나 동북공정에서 보이는 패권주의를 '서구의 식민주의와 개발주의를 철저히 본뜬 것'이니 미국의 패권주의에 비하면 좀 너그럽게 보아줘야 한다고 생각하지 않습니다. 누군가를 흉내 낸 모방범죄자라는 사실이 면책 사유가 되지는 않지요. 자! 다시 돌아온 약육강식의 시대에 우리 눈에 비친 중국은 동반자일까요, 침략자일까요? 중국의 향후 역할은 아마도 우리 하기에 달려 있지 않을까 합니다.

오늘의 중국을 만든 두 인물 모택동毛澤東(1893~1976)과 등소평鄧小平(1904~1997). 이 두 사람은 각기 '문화혁명(1966~1976)' 또는 '개혁·개방 정책(1978~)'을 폈습니다. 그에 대한 평가는 보는 입장에 따라 달라질 것 같습니다. 검은 고양이건 흰 고양이건 쥐만 잘 잡으면 된다는 '흑묘백묘론黑猫白猫論'과 '부유할 능력이 있는 사람부터 부유해져라'는 '선부론先富論'을 내걸고 중국의 개혁·개방을 이끈 등소평이 선생님은 못마땅하신가 봅니다. 그에 비해 한때나마 서구의 신좌파New Left 학자들로부터 "만민 평등과 조직 타파를 부르짖은 인류 역사상 위대한 실험"이라는 최대의 찬사를 받은 '문화혁명'의 선도자 모택동에게는 몹시 후한 점수를 주시는 것 같습니다. 하지만 저는 이렇게 생각합니다.

등소평은 서구 근대의 무분별한 개발주의 신념과 정책을 모방해 환경을 파괴한 개발 독재자, '중국형 박정희'라고 여겨지는 점이 있기는 합니다. 확실히 그는 경쟁 원리를 설파해 평등이라는 사회주의의 이상을 깨뜨리고 세계 체제에 영합해 중국을 '세계의 공장'으로 만들어 중국 민중을 자본의 착취대상으로 전락시킨 '중국혁명'의 배반자라고 볼 수도 있습니다. 그러나 그런 평가는 너무도 일방적이고 가혹하지 않습니까? 1981년 중국 공산당 중앙위원회 전원회의에서 '당·국가·인민에게 건국 이래 가장 심한 좌절과 손실을 가져다준 모택동의 극좌적 오류'라는 비난을 받게 된 '문화혁명'이야말로 범죄 행위였습니다. 서구 자본주의 제국과 대항하여 중국 민족의 독립을 지키고, 약소민족의 민족해방운동을 지원하며, 서구 자본주의 세계 체제에서 벗어나 독립적인 국민 경제 시스템을 지킨다는 명분 아래 무죄한 인명을 무수히 살상한 문화혁명이고 보면 면죄부를 주기가 어렵습니다.

홍위병紅衛兵과 대자보로 상징되는 문화혁명 시대에 일어난 비극을 되새기는 중국의 '개혁·개방 정권'과 지식인들의 기억 속에 존재하는 모택동의 시대는 빈곤과 공포 그 자체였습니다.

한때 서구에서도 1960년대 학생운동을 이끈―오늘의 환경운동·반전운동·페미니즘운동을 주도한 NGO운동의 선구자들로 거듭난―주도 세력들이 당시 서구 자본주의의 폐해를 넘어설 대안으로 모택동의 사상과 문화혁명을 가슴에 품었던 적이 있었습니다. 우리나라에서는 1970~1980년대 개발 독재의 폭압에 항거하던 젊은이들과 지식인들 가운데 물신 숭배의 자본주의에 찌든 한국 사회의 모순을 극복하기 위한 대안으로 중국식 사회혁명을 꿈꾼 이들이 있었습니다. 당시 이러한 대중국 인식이 확산된 데는 리영희 선생님이 편역한 유신 시대의 대표적 금서 《8억 인과의 대화》(창비, 1977)가 크게 기여했습니다. 그러나 1989년 베를린 장벽이 붕괴되면서 사회주의권이 와르르 무너져 내리고 천안문 사태가 무력으로 진압되자, 중국식 사회주의와 인간형은 사회적 병폐를 치유하는 묘약으로서의 약효를 완전히 잃고 말았습니다.

선생님은 '모택동의 사상' 내지는 '문화혁명'으로 귀결된 중국 공산당의 이상이 오늘날에도 여전히 세계 체제와 신자유주의에 맞서 중국 민중의 미래를 밝혀줄 희망이며 폭력적 세계화의 함정에서 온 세계를 건져줄 동아줄이라 보시는지요?

봄이 성큼 다가온 것을 느끼며 수원에서
허동현 드림

■ 더 읽을 만한 책

강만길,《역사는 이상의 현실화 과정이다》, 창비, 2002.
송병기,《근대한중관계사연구》, 단국대 출판부, 1985.
김기혁,〈개항을 둘러싼 국제정치〉,《한국사시민강좌》 7, 1990.
왕후이 저, 이욱연 외 역,《새로운 아시아를 상상한다》, 창비, 2003.
야마무로 신이치 저, 임성모 역,《여럿이며 하나인 아시아》, 창비, 2003.
민두기,《시간과의 경쟁》, 연세대 출판부, 2001.
유영익,《갑오경장연구》, 일조각, 1990.
池田誠 외 저, 김태승 역,《중국공업화의 역사》, 신서원, 1996.
가시모토 미오 외 저, 김현영 외 역,《조선과 중국 근세 오백 년을 가다-
　　　　　　　　　　　　　　　　일국사를 넘어선 동아시아 읽기》,
　　　　　　　　　　　　　　　　역사비평사, 2003.
이혜경,《천하관과 근대화론: 양계초를 중심으로》, 문학과지성사, 2002.
이양자,《조선에서의 원세개》, 신서원, 2002.

박노자, 허동현 선생님께

100년 전 한국의 지식인들은 중국이라는 이웃나라를 어떻게 인식하고 있었는가? 그 당시 우리 선조들이 가졌던 중국관이 오늘날 우리를 깨우쳐주는 점이 있다면 그것은 무엇일까? 밝은 미래를 위해서 우리는 어떠한 중국관을 가져야 되는 것일까?

위와 같은 문제 의식에 대해 박 선생님은 역사상 지적·문화적 공동체를 유지해온 한국과 중국의 관계가 해방 이후 깨지고 만 것을 아쉬워합니다. 요즘에는 우리나라 사람들이 중국에 대해서 잘 알지도 못하면서 너무 얕잡아 보는 것이 아닌가 하는 염려를 하면서 가까운 장래에 동아시아의 문화적 공동체가 다시 태어날 수 있도록 준비할 것을 촉구합니다.

박 선생님의 견해를 좀 더 부연 설명하자면, 18세기 조선에서는 연암 박지원을 비롯한 북학파가 등장하여 중국 바로 알기의 전통을 세웠다고 합니다. 중국에 대해 개방적이고 균형 잡힌 북학파의 훌륭한 지적 전통을 이은 것은 다름 아닌 구한말의 온건 개화파였고, 일제 식민기에도 중국의 사상계나 정계 지도자들과의 접촉은 지속되었다고 합니다. 그러나 분단 이후 친미파가 득세하고 반대급부격으로 중국을 무시하는 남한의 현실에 대해 박 선생님은 중국이야말로 미래 한국의 후원자가 될 만하며, 인간다운 인류 사회를 건설하기 위한 원동력이 잠재되어 있는 나라라고 평합니다.

또한 중국공산당의 전통을 낮춰보면 안 된다고 경고하면서 최근 중국 정부가 강력히 추진하고 있는 경제 개발 정책을 환경적 차원에서 날카롭게 비판하고 부익부 빈익빈 현상을 불러일으키는 사회악이라고 단죄

합니다.

이에 대해 허 선생님은 조목조목 반격을 펼칩니다. 우선 북학파에 대한 박 선생님의 평가가 과장되어 있다는 점을 지적합니다. 북학파 가운데서도 가장 선진적으로 알려진 박제가의 해외 무역론이란 것만 해도 그처럼 대단한 것은 아니었다고 합니다. 당시 서양의 상인들은 이미 동아시아 여러 나라에 침투해 있었고 일본만 하더라도 나가사키에서 서양과의 교역에 종사하고 있었다는 사실을 염두에 둔다면, 박제가의 주장은 조선에서는 그림의 떡이었을망정 세계사적인 차원에서 살펴보면 전혀 신기할 게 없었다는 주장입니다.

허 선생님은 구한말 온건 개화파와 중국 지도층의 사이가 그다지 원만하지 못했다는 점을 부각시킵니다. 19세기 말 서울에 파견되어 한동안 우리의 내정을 간섭했던 원세개는 온건 개화파를 반청反淸 세력으로 간주할 정도였다고 합니다.

최근 우리가 무턱대고 중국을 멸시한다고 비판한 박 선생님의 주장에 대해서도 중국에는 이른바 한류韓流가 넘치고 있으며, 한국에는 중국 유학 열풍이 만만치 않다는 점을 강조하며 반론합니다.

그 밖에 중국이 한국의 후원자가 될 가능성은 거의 없으며 오히려 한반도에 새로운 침략자로 등장할 공산이 크다고 합니다. 영토주의에 입각해 한국 고대사의 일부를 중국사에 편입하려는 중국측의 동북공정을 예로 들며 허 선생님은 중국에 대해 경계론을 펴고 있습니다.

●●● 박노자 선생님께 묻습니다

푸른역사 선생님은 김윤식을 비롯한 온건 개화파를 긍정적으로 평가하면서도, '차악'이라고 규정하셨습니다. '차선'이라면 혹 모를까 '차악'이 되는 이유가 궁금합니다. 혹시 개화운동 자체가 잘못되었다는 뜻인가요? 그렇다면 한국 사회는 무언가 다른 식으로 역사의 물꼬를 텄어야 했을까요?

박노자 근대화라는 세계사적 현상에 대해서 제가 어떤 도덕적 심판을 하려는 것은 아닙니다. 도덕을 잣대로 삼으면 명백히 잘못된 일이라 해도, 일단 그 현상이 나타나게 만든 내·외적 조건들은 있기 마련입니다. 역사적 진보를 실현하는 과정이라 해도 왜곡은 피하기 어렵습니다. 그리 되면 민중에게 해악을 끼치게 마련인데, 근대화가 바로 그경우입니다.

19세기 말~20세기 초 조선의 경우 민중은 근대화가 선사하는 최소한의 혜택(예컨대 비농업 분야에서의 점차적인 임금 인상·교육 기회의 확대·여성 위치의 제고 등)도 받지 못하고 민중의 고통이 오히려 더 심화되는 주변부적인 근대화 과정을 겪었습니다. 노비제도가 혁파되고 신분제가 공식적으로 폐지되는 등, 민중의 법적인 지위가 격상됐음에도 소작료가 조선 후기의 50퍼센트에서 식민지 초기에 70~80퍼센트로 대폭 인상됐고 소작 조건들이 불안정해지거나 악화됐습니다. 거기다가 통화의 불안정성과 인플레이션, 쌀값 인상 등으로 인한 민생고가 겹쳤지요. 이런 문제를 백안시하고 자유방임형 무역이나 주장했던 갑신정변이나 갑오개혁, 독립협회 계통의 대지주, 중앙관료 출신 개화파들은 어떤 사람들입니까? 그러니까 의병이나 동학민들이 그들을 극단적으로 적대시한 데는 그럴 만한 이유가 있었던 겁니다.

물론 동도서기론자들은 계급적인 한계로 말미암아 완전한 해답을 제시할 수 없었지요. 김윤식만 해도 그렇습니다. 빈부는 하늘이 정해주는 것이라면서 빈민들을 대상으로 한 토지 분배를 반대하지 않았습니까? 그러나 그는 적어도 평민의 부담을 덜어주려고 세제의 합리화, 관리 부정의 적발 및 처벌, 구휼제도의 활성화, 외국인의 이권 획득을 방지하기 위한 국가 주도의 광산 개발 등 실사구시의 정신에 입각해 개혁을 구상했습니다. 또 그러한 구상을 구체화할 정도로 조선 농촌의 현실을 제대로 잘 파악하고 있었습니다.

조선의 전통을 무조건 멸시하고 기독교와 서구적인 교육만으로 조선을 개화하려 한 윤치호의 태도보단, 민생 고충의 해결에 고심했던 김윤식의 태도가 조금 나아 보이지 않습니까? 저는 바로 그러한 의미에서 차악이라는 말을 썼습니다.

푸른역사 '요즘 한국의 수구적 숭미파'를 선생님께서는 매섭게 비판하십니다. 한국 사회를 이끄는 주류가 숭미파라고 생각하시는 것도 같은데, 선생님의 주장에 반감을 느끼는 분들도 적지 않을 것 같습니다. 허 선생님만 해도 선생님의 견해를 지나친 이분법으로 간주하셨는데요, 선생님께서 생각하시는 숭미파에 대해 좀 더 자세하게 설명해주시기 바랍니다.

박노자 미국 대학에서 박사학위를 취득한 외국인을 출신 대학교 별로 나눠 본다면, 서울대 출신이 가장 많다는 최근의 보도를 보셨는지요? 서울대 학부 졸업과 미국에서의 박사학위 취득이라는 것은 이제 한국의 지식계, 관료계의 엘리트 코스와도 같은데, 이는 위험한 현상입니다. 미국의 학문 풍토는 철저하게 미국의 국익과 재벌의 이익에 맞춰져 있는 만큼 미국식 교육에 몰입할 경우 알게 모르게 판단 기준이 한국에서 미국으로 옮겨가게 돼 있지요.

예컨대 1997~1998년에 IMF와의 협상을 주도하여 한국 경제의 주권을 사실상 포기하고 비정규직 양산 등의 문제를 야기시킨 사람들은 교육 배경을 볼 때, 신자유주의적 분위기가 지배적인 미국의 경제학과에서 학위 받은 이들이 대다수였지요. IMF측의 요구에 굴복하는 것이 불가피했다 하더라도 그들은 IMF가 신봉하는 신자유주의를 절대 진리로 받아들여 모든 것을 너무도 빨리, 너무 쉽게, 너무 전적으로 굴복함으로써 한국 민중에게 심한 고통을 안겨주었습니다.

또한 이라크 파병 같은 것도 숭미적인 외무부, 국방부 관료들에 의한 국익 배반의 대표적인 사례라 하겠습니다. 저는 국수주의자나 배타주의자는 아니지만, 우리가 국민국가 시대를 완전히 벗어나지 않은 오늘날 교육 주권을 포기할 수 없다고 봅니다. 프랑스나 독일, 아니면 제가 사는 노르웨이만 해도 외국 교육을 받은 사람들이 사회의 주요 분야들을 장악하는 그런 예는 없습니다. 한국 지배자들이 선진화 이야기를 참 좋아하는 것 같은

데, 국산 엘리트들이 사회의 주요 영역을 운영하는 것이야말로 유럽 선진국들의 풍토입니다. 민중의 입장에서도 외국의 이론보다 이 사회의 현실을 더 중시하는 사람들이 국정이나 학계를 주도하는 편이 훨씬 더 바람직하지요.

푸른역사 현대 한국인들이 중국을 깔보는 경향이 있다는 선생님의 지적에 공감을 느끼는 독자들도 많을 것 같습니다. 실제로 '메이드 인 차이나'는 종종 무조건 싸구려로 취급되곤 하지요. 그런데 오늘날 중국에는 민주적 시민 사회가 존재하지 않기 때문에 한국 사회와는 여러 면에서 이질적이고 쌍방 간에 의사소통이 어려운 게 아닌가 하는 지적도 있습니다. 선생님은 현재의 한중 양국 사회가 얼마나 다르다고 생각하는지요. 만일 두 사회의 성격에 큰 차이가 있다면 의사소통의 문제는 어떻게 극복될 수 있다고 보시는지요?

박노자 중국엔 시민사회가 없다고 주장하려는 것은 아닙니다. 중국 근현대사의 특수성으로 말미암아 조금 더 늦은 시기에 약간 다른 형태로 등장하는 게 아닐까 합니다. 중국에는 수는 적지만 비판적인 목소리를 내는 지식인 그룹들이 형성되기 시작했고, 곳곳에서 민주노조들도 생겨나고 파업도 벌어집니다. 중국 강단의 비판적인 지식인들은 사회·경제 문제에 대해서 비교적 자유롭게 의견을 개진합니다. 이런 사정을 고려할 때 한국 시민사회가 취할 수 있는 최선의 방법은, 중국을 독재 국가로 단정해 진지한 대화를 포기하는 것보다는 새로운 목소리들을 발견해 그들과 꾸준히 대화를 유지하는 것입니다. 시간이 다소 걸리는 작업이겠지만 동아시아의 미래를 위해서 가장 중요한 작업일지도 모르겠습니다.

●●● 허동현 선생님께 묻습니다

푸른역사 선생님은 갑오개혁을 예로 들어 온건 개화파도 급진 개화파와 마찬가지로 일본형 국민국가를 수립하려고 했다고 주장합니다. 하지만 그 당시 우리가 모범으로 삼을 만한 현실적인 대안이 없었다는 의견도 있습니다. 그러한 의견에 대해서 선생님은 어떻게 생각하는지 궁금합니다.

허동현 이 질문에는 일본형 국민국가를 수립하려 한 것을 부정적으로 보는 시각이 담겨 있군요. 사실 저는 이 땅의 개화 세력들이 일본형 국민국가를 세우려 한 것을 비판적으로 보지는 않습니다.
구한말에 우리가 참고할 만한 성장 모델로는 기독교와 민주주의에 입각한 미국식 공화제, 중체서용의 중국식 양무운동 체제, 전제황권을 자랑하는 러시아 차르 체제, 그리고 일본식 천황 체제가 있었습니다. 당시 정치 세력 중 고종을 위시한 근왕 세력들은 러시아 모델을, 민씨 척족은 중국 모델을, 갑신정변과 갑오경장 추진 세력은 일본 모델을, 그리고 이승만과 서재필 같은 친미파들은 미국 모델을 선호했습니다. 반면 유교 지식인은 성리학적 지배 질서의 변화에 저항했으며, 종래의 통념과 달리 동학농민봉기를 일으킨 농민군 세력도 대원군의 재집권을 꿈꿨다는 점에서 사회 혁명을 도모한 것은 아니었지요. 사실 저는 당시 우리에게 가장 이상적인 발전 모델은 미국식 공화제였다고 생각하며, 이는 3·1운동에서 공화제 정부의 수립을 표명한 데서 알 수 있듯이 역사의 흐름에 순행하는 것으로 보입니다. 그러나 기독교에 입각한 공화제를 이상시한 이승만과 서재필 같은 친미 개화파들조차 구한말에는 일본식 입헌군주제를 실현 가능한 모델로 보고 있었습니다. 저 역시 일본식 발전 모델이 당시 우리에게 적용할 수 있었던 현실적이자 성공 가능성이 큰 모델이었다고 보기에 온건 개화파들이 일본형 국민국가를 세우려 한 것을 부정적으로 평가하지 않습니다.

재미있는 점은 일본의 경우 근대 국민국가 건설을 꾀한 세력들이 신도神道라는 전통종교를 기독교에 맞서는 국가종교로 재창출해 냈지만, 우리의 경우 기독교 수용에 부정적이지 않았다는 것입니다. 어윤중·김옥균·박영효·홍영식 등은 기독교를 유교의 단점을 보충해주는 정신적 지주로 보아 기독교의 도입에 호의적이었으며, 서재필과 이승만 같은 이들은 아예 기독교에 입각한 민주주의 국가의 건설을 꿈꾸었지요. 오늘 한국이 비서구 지역에서는 유례를 찾기 힘들 정도로 기독교가 뿌리를 내린 이면에는 개화기 이래 친기독교적인 인식이 자리했던 것으로 보입니다.

끝으로 사실 저는 개화파를 '온건'과 '급진'으로 분류하는 것에 동의하지 않습니다. 이러한 이분법은 갑신정변의 참여 여부를 기준으로 일본 지향의 급진파와 중국 지향의 온건파로 나눈 단순 분류에 지나지 않습니다. 이 두 세력의 국민국가 수립론을 비교해보면 온건 개화파로 분류돼온 어윤중과 유길준 등의 국가 구상이 김옥균 등의 그것과 다르지 않다는 걸 알 수 있습니다. 따라서 개화파는 국민국가 수립파와 이에 반하는 동도서기파로 나누는 것이 더 타당하다고 생각합니다.

푸른역사 　서구 여러 나라와 마찬가지로 한국은 중국에서 '피비린내 나는 이윤'을 얻고 있다는 것이 박 선생님의 질책입니다. 한국 기업가들이 중국에서 얻는 이윤에 대해서도 '우리'가 과연 부끄러워해야 하는 걸까요? 또한 그 이윤이 과연 '피비린내 나는' 것일지도 궁금합니다. 이미 국제자본으로 변해가고 있는 대기업의 기업 활동에 대해 한국 국민이 전체적으로 반성해야 할 필요가 무엇인지 의아해 할 독자들도 적지 않을 것입니다. 이 문제에 대한 허 선생님의 의견을 듣고 싶습니다.

허동현 　19세기의 고전적 자유주의 시대에 자유주의자들 즉, 자본 계급은 소득세 부과나 중앙은행의 설립을 통한 정부의 간섭을 사유재산권에 대한 침해로 보아 저항했으며, 무산 계급이나 여성에게 참정권을 주는 것에도 반대했습니다. 따라서 자유주의자들이 극성을 부리던 1800년대 초반의 영국에서는 5~6세의 어린아이를 포함한 수백만의 어린 노동자들이 휴일도 없이 광산과 공장에서 '피비린내 나는 이윤'을 창출하기 위해 착취당하고 있었습니다. 마르크스는 당시 영국의 참담한 착취 현장을 보며 사회주의 사회의 도래를 점쳤던 거지요.

그러나 오늘날 신자유주의 시대가 다시 세계를 장악하고 있지만, 사유재산권은 더 이상 누구도 범할 수 없는 자본의 성역은 아닙니다. 정부는 누진 소득세를 적용해 부를 재분배하고, 중앙은행을 통해 개인의 재산권을 규제하고 있지요. 또한 오늘의 '세계의 공장' 중국이 다국적 기업이 이윤을 창출해내는 현장임에 틀림없고, 중국에 진출한 한국의 대기업들도 이미 다국적 기업의 반열에 든 것이 사실입니다.

그러나 현대 중국이 한 세기 전 영국이 아닌 것처럼 국제자본의 이 과실 추구를 '피비린내 나는 이윤'으로 규정하는 것은 지나친 단순화로 생각합니다. 물론 국제 자본의 중국 진출과 이에 영합한 중국 권부가 대다수 중국 인민들을 빈곤에 허덕이는 '2등 공민'으로 전락시켰다고 볼 수 있겠지요.

그러나 자급자족을 외친 문화혁명의 경제관이 세상을 좌우하던 시절 중국 인민의 궁핍상은 오늘보다 더했습니다. 불균형 성장 정책으로 도시와 농촌 간의 삶의 질이 극심한 양극화 현상을 보이고 있지만, 박 선생님이 미국을 견제할 미래의 슈퍼파워로 보는 중국의 부상 뒤에는 국제 자본의 중국 투자가 있다는 점도 부정할 수 없는 사실이 아닐까 합니다. 중국 내 한국 기업의 활동이 중국이나 우리의 법 질서와 사회 통념에 어긋나는 부적절한 노동력 착취가 아니라면, 이윤을 추구하는 기업 활동을 반성해야 할 죄악으로 보는 것은 설득력이 떨어진다고 봅니다. 이미 세계는 자본의 국적을 불문하고 유동하는 자본을 잡기 위해 경쟁하고 있지 않습니까? 자본의 사회적 역할을 사회적 약자에 대한 착취만 일삼는 사회악으로 본다면, 나누어 먹을 빵을 부풀리는 자본의 순기능을 지나치게 폄하하는 좌편향이 아닐까 합니다.

푸른역사　선생님은 아시아에서 장차 중국이 떠맡게 될 역할에 대해 상당히 부정적인 관점을 취하고 있는 것 같습니다. 중국이 경제 개발에 성공하면 그 사회도 민주화될 것이고 따라서 국내외의 모든 문제를 전보다 더 합리적으로 해결할 것으로 전망하는 긍정적인 견해도 있습니다. 다양하고 깊이 있는 중국의 문화적 전통을 감안할 때 그 미래상은 한결 긍정적인 관점에서 조명되어야 하지 않을까요?

허동현　저는 동아시아 삼국이 함께 살아나가려면 국가주의와 민족주의에 휘둘리지 않는 시민사회가 한·중·일 세 나라에 굳건히 자리잡아야 하며, 이들 시민사회 사이에 협력과 연대의 그물망이 촘촘히 엮일 때 신뢰에 바탕을 둔 평화의 시대가 열리리라고 생각합니다. 그러나 오늘 우리 주변의 현실은 이러한 기대를 어둡게 합니다. 오늘날 중국 사회에 넘실거리는 민족주의와 국가주의의 물결은 우리가 연대하고 협력할 중국 시민사회를 한 입에 삼켜버린 것 같아 그 존재조차 찾기 힘든 형국이며, 일본 시민사회도 높아만 가는 우경화의 격랑을 뚫고 순항하기에는 그 역량이 부족해 보입니다. 민족주의와 국가주의의 마수를 피하는 길은 강대국이 먼저 그 발톱을 뽑는 선순환의 고리에 모범을 보일 때 가능한 게 아닐까요?

제가 보기에 오늘 우리가 처한 국제 환경은 거시적 분석에 입각한 중국의 변화를 기다릴 만큼 여유롭지 못하다는 겁니다. 얼마 전 유명을 달리한, 천안문사태의 무력 진압을 반대한 조자양趙紫陽(1919~2005)은 "중국은 가장 나쁜 자본주의 국가"라며 그 진보의 가능성을 부정하더군요. 중국의 국가주의와 민족주의 대두에 대해 비판적 입장을 취하는 몇몇 지식인이 있기에 장기적으로 중국이 인권에 기반을 둔 시민사회로 나아가리라는 믿음을 가져보지만, 오늘날의 중국은 낙관적 전망을 어둡게 하는 면이 더 많은 듯합니다. 강자의 변화를 기대하기 힘든 오늘의 현실이 상대적 약자인 우리가 민족주의라는 갑옷을 먼저 벗기 어렵게 만듭니다. 물론 중국과 우리 시민사회가 평화와 인권이라는 공동의 가치를 이루기 위해 함께 연대하고 협력하는 그 날이 하루라도 빨리 오기를 저 또한 기다립니다.

●●● 두 분 모두에게 드리는 공통된 질문입니다

푸른역사 박 선생님은 북학파의 의의를 강조하면서 북학파와 입장을 달리하던 대다수 성리학자들의 소중화주의와 존명대의를 '비현실적인 공론'이라고 비판했습니다. 하지만 성리학자들의 그러한 주장은 중국 문명을 계승했다는 문화적 자의식의 표현이라고 보는 견해도 있습니다. 18세기 이후 일본에서도 그에 비견될 만한 문화 의식이 등장했고, 유럽 여러 나라에서도 그리스와 로마 문명의 계승자임을 내세우는 경향이 일어나지 않았던가요? 조선이 명나라를 받들어 대의를 내세운다든가 중화주의를 표방하는 것이 과연 어떤 점에서 그렇게 헛된 일이었는지 궁금해 할 독자들도 적지 않을 것 같습니다.

박노자 조선 후기의 실학이나 천주학은 그때로서는 진보적이라 생각되는 점이 없지 않습니다. 그런데 문제는 한 시대의 전반적인 수준을 뛰어넘은 몇 몇 진보적 지식인, 즉 이단아들만을 가지고 그 시대의 문화적 수준을 판단하기는 곤란합니다. 가령 오늘날 미국에 미 제국주의의 폐단을 누구보다 예리하게 파헤친 촘스키 교수가 있다고 해서 미국의 문화가 반제국주의적이라고 단언하기는 어렵습니다. 지난 30년 간 촘스키의 미국사 관련 논저에 대해 단 한 줄의 서평도 싣지 않은 전문역사 학술지도 있고, 그러한 학술지에서 글을 발표하면서 미국의 민주와 인권이 이 세상의 유일한 빛이라고 생각하는 강단의 속물 자유주의자들도 있습니다. 그런가 하면 촘스키를 반미 테러리즘의 이념가쯤으로 보는 골수 수구주의자도 있습니다.

촘스키를 좋아하는 사람들에겐 그야말로 후기 자본주의의 최고 지성이자 현대 미국의 양심적 지성을 상징하는 인물이겠지만, 미국의 정통 사학이나 정치학계가 보기엔 그는 일개 아웃사이더일 뿐입니다. 따라서 촘스키의 비범한 지성을 근거로 오늘날 미국 학계를 호평하는 것은 무리일 듯합니다.

조선 후기도 마찬가지지요. 중국의 상황도 꿰뚫어 보았고 민중의 고통을 어떻게 하면 덜어줄 수 있을지를 늘 고심했던 연암이나 다산은 촘스키와 같이 뛰어난 아웃사이더였습니다. 체제의 문제점들을 정확히 인식했던 그들과는 달리 그 당시 학문의 일반적인 수준은 현재의 우리로선 웃어야 할지 울어야 할지 모를 정도로 과장된 문화적 우월심으로 가득찼습니다. 예컨대 정통 도학자 김평묵金平默(1819~1888)이 자신의 스승인 이항로李恒老(1792~1868)의 행장에 다음과 같이 쓴 일이 있었습니다.

왕도가 쇠퇴하여 패도覇道가 됨에 이르러서는 차디찬 겨울이 되어 천지가 닫히게 되었다. 공자가 이러한 때에 태어나 왕도를 밝히려 했지만 성공하지 못하였다. 패도마저 쇠퇴하여 이적夷狄이 됨에 중국의 문물은 자취를 감추게 됐다. 주자와 송시열은 이러한 때에 태어나 존왕양이를 자임했지만 성공하지 못하였다. 오늘날 서양 세력이 홍수처럼 밀려옴에 이르러서는 이적이 쇠퇴하여 그보다도 못한 금수가 되었으니, 사람의 도리가 거의 소멸하게 되었다. 선생은 이러한 때에 태어나 한 손으로 광란을 막아서 인간이 금수의 지경에 빠지는 것으로부터 구해냈으니 그 업적의 위대함이 어떠한가?(《중암집》, 권 49).

물론 특정 문화의 전통을 계승했다는 자부심은, 집단적 자아를 형성하는 기반이 되는 만큼 당연하고 긍정적인 것입니다. 우리가 물려받은 문화유산에 대해 긍지를 갖지 못한다면 어떻게 살아가겠습니까? 그 당당한 문화적 자부심으로 무장된 19세기 말~20세기 초의 위정척사론자들이 일본과 불평등 무역으로 빈곤의 늪에 빠진 기층민들의 이해를 대변해 현실적으로 승산이 없어 보이는 의병투쟁을 전개한 것을 저는 존경합니다.

그러나 정통 도학자 김평묵이 그 당시 보수 유림들의 세계관을 잘 반영한 위의 글에 나타난 논리는 과연 어떻습니까? 중국이 삼대三代 이후 왕도를 상실했고 게다가 청나라 오랑캐에 의해서 그 문물을 잃었으며, 인간도 아닌 양이들이 전세계에서 광란을 일으키고 있는데, 기울어져가는 이 세상에서 광란을 막는 참 사람들은 오직 조선 유림들이라고 김평묵은 선언했지요. 또 자신의 스승 이항로는, 중첩한 음陰의 밑바닥에서 유일하게 한 가닥의 양陽으로 남은 것이 바로 우리 조선이니 우리의 바른 법을 백대百代에 분명히 선포하고 사이四夷에 보여야 한다고 주장했지요.

이러한 굳센 의지가 절대 강자인 외세에 맞선 조선 의병들의 정신적 무기가 됐으니 그 역사적인 의의는 크겠지만 요즘 말로 이야기해 이 글에 보이는 '왕도가 이미 상실되고 시대가 차악에서 극악으로 치닫는다'라는 종말론적인 사고, '오로지 우리 법만이 세계가 궁극적으로 따라야 할 선'이라는 극단적인 선민 의식이 중첩돼 있음을 지적해야 하겠습니다.

그 당시 조선의 계급 모순과 사회 문제의 심각성을 생각해보면 이 선민 의식이 얼마나 허구적이었는지 쉽게 알 수 있습니다.

허 선생님 말씀대로 시대적인 한계도 있긴 했습니다. 박제가 등 몇 안 되는 지적 아웃사이더들은 혼란에 빠진 조선 사회를 구하기 위해 합리적인 방책을 제시했습니다. 그러나 대다수 지배층은 우리가 이 세상의 유일한 선善이라는 턱없는 자만심에 빠져 있었습니다. 이런 허구적인 자만심을 이론적으로 뒷받침한 것이 바로 '존명대의'입니다. 이 의식 가운데는 현실적 왕조로서의 명은 없고 임진왜란 때 조선을 구해준 은인이자 어버이라는 중화 관념으로서의 명이 존재합니다.

사실 명나라는 천자가 고관대작들에게까지 체벌을 가하고 환관들이 득세하여 충직한 학자들을 대거 숙청하는 등 패도가 난무한 전통적인 중국 왕조였습니다. 명나라가 임진왜란 때 조선에 군대를 파견한 것도 일본의 도전에 놀란 나머지 자국의 이해타산에 따른 것이었지, 조선을 위한 이타적인 구원은 물론 아니었습니다. 현실 정치에서 이타주의란 게 과연 있을 수 있는 겁니까? 명은 간데없이 쇠망했고 그 뒤를 이은 청나라에서도 민란이 일어나는 위기 상황인데도 조선의 지식인이 명에 대한 의리를 지킨다는 것은 비현실적이며 무책임한 행위가 아닌가 합니다.

허동현 18세기 이후 자민족의 문화에 대해 자긍하는 경향이 나타난 것은 동아시아만이 아닌 세계적인 추세였습니다. 소중화주의도 그런 면에서 보자면 보편적 현상이라고 긍정할 수도 있겠습니다. 그러나 소중화주의는 다음과 같은 면에서 비판적으로 볼 수 있습니다.

첫째, '중화'란 다른 말로 바꾸면 문명이란 뜻이며, 명이 망한 이후 명의 문물제도를 따르고 지키는 곳은 조선뿐이니 조선이 세계에서 마지막 남은 문명으로서 소중화라 자랑하는 것이지요. 그러나 '대명의리'라는 말이 잘 대변하듯, 소중화란 문명 의식은 현실에 존재하지 않는 명나라에 가탁한 것으로 비현실적이고 사대적인 관념의 유희에 지나지 않는 것입니다. 소중화주의를 뒷받침하는 조선 성리학은 주자학 일변도였다는 점에서 명나라보다 송나라 계승 의식으로 볼 수 있습니다. 성리학이란 송의 주자학과 명의 양명학을 통칭하나, 우리의 경우 성리학은 무조건 주자학만을 의미했습니다. 사상의 본바탕인 중국에서 주자학이 양명학으로 다시 고증학으로 진화해나갈 때 우리는 줄곧 주자학만을 준봉하면서 문화적 우월감을 느꼈다면 이는 일종의 시대착오가 아닐는지요? 조선 성리학을 대표하는 두 학자 이황과 이이도 독창적인 사상가가 아니라 주자를 충실히 계승한 아류에 지나지 않는다고 하면 결례일까요?

둘째, 우리는 대륙과 해양으로 뻗어나갈 수도 있는 반도라는 지리적 위치를 갖고 있습니다. 그러나 당시 조선 왕조는 바다로 나가는 것을 막는 해금海禁 정책 때문에, 그리고 대륙 쪽으로는 청조가 자신들의 선조가 살던 신성한 지역인 흑룡강 일대의 봉금封禁(통행금지) 조치로 인해 지리적으로 단절된 섬과 같았습니다. 여기에 더해 소중화주의는 북학자들이 인정한 바와 같이 당시 조선 사람들이 접할 수 있던 실질적으로 앞선 중국 문명에 대한 접근과 도입을 원천적으로 봉쇄하는 관념의 장벽이었습니다. 소중화주의는 지리·사상적으로 겹겹이 둘러쳐진 이중의 우물 속에서 자신이 제일 잘났다고 목청껏 외치는 개구리의 노래라고 한다면 우리 선조에게 너무 큰 불경일까요?

셋째, 소중화주의는 북학론과 대치되는 북벌론을 지탱하는 관념 체계였습니다. 임진왜란으로 중국은 왕조가 바뀌었고 일본은 정권이 새로 섰지만, 가장 큰 피해를 본 조선은 그 후 병조호란을 겪고도 왕조나 지배 계층에 전혀 변화가 없었습니다. 사실 북벌론은 권위주의 시절에 전가의 보도로 쓰인 반공 논리와 비슷한 사회 통제용 이데올로기 역할을 수행했습니다. 전쟁에서 공격하는 쪽은 수비하는 쪽보다 군세가 배는 커야 한다더군요. 그렇다면 북벌을 외치며 증강한 2만 1천 명의 어영청군은 북벌에 턱없이 모자라는 병력입니다.

사실 북벌 계획에서 증강된 군대는 수도권과 왕실 경비 강화에 동원되는 것에 그쳤는데요, 이런 북벌론과 소중화주의는 거듭된 전란에서 비롯된 정치·사회적 위기를 모면하려는 기만적 사회 통제책으로 보는 게 합리적입니다. 양반들과 왕조가 두 번에 걸친 전란에 대한 책임을 미루는 방편으로 북벌론과 소중화주의를 내걸었다면, 소중화주의는 결코 긍정적으로 평가할 수 없습니다.

푸른역사   허 선생님은 청나라의 장군 원세개가 온건 개화파를 반청 세력으로 규정했다는 점을 예로 들어 온건 개화파와 중국의 관계를 부정적으로 설정하셨지요. 하지만 당시 중국 측의 내정간섭이 심했다는 점을 고려할 때 뜻있는 조선의 관리라면 누구라도 반청의 입장을 취하게 되는 것은 당연한 일이 아니었을까요? 뒷날 친일파 관리들 가운데 상당수는 일본의 뜻에 아부하여 한일합방에 찬성하기도 합니다만, 그들이야말로 친일이라기보다는 부일附日이란 비난을 받는 것이 마땅하다는 이들도 있습니다. 친청이 바로 청나라에 아부하는 것이 아닌 다음에야 온건 개화파가 원세개와 대립한 것은 당연한 일이 아니었는지요?

박노자 　온건 개화파는 핵심적인 지배층에 속했던 만큼 조선왕조의 국익을 최대한 지키되, 외세의 지배가 불가피한 현실로 나타나면 그에 순응하여 기득권을 유지하려는 경향이 있었습니다. 외세에 끝까지 저항하려면 기득권을 포기하고 망명하거나 민중과 함께 투쟁에 나서 의병장들처럼 승산 없는 싸움을 벌이는 방법밖에 없었습니다. 그러한 고난의 길을 택한 양심파·의리파는 소수였습니다.

대부분의 온건 개화파는 비록 명분을 잃더라도 현실에 순응하는 쪽을 택했지요. 동서고금을 막론하고 가진 자의 선택은 그런 것이겠지만, 조선 후기처럼 중앙의 지배자와 기층민중 간의 괴리가 큰 사회에선 더욱 그러했겠지요. 예컨대 1880~1890년대 청나라의 현실적인 입김을 인정하면서도 그 횡포에 맞서 조선의 국익을 지키려 했던 온건 개화파의 김윤식이나 신기선은 1900년대 말이 되면 통감부와 타협합니다. 김윤식은 이완용, 조중응과 매국적인 합방조약을 논의했고 그 문건을 기초하는 데 관여했으며, 신기선은 일진회에 부역해 그의 옛 제자 신채호로부터 통렬한 비판을 받습니다. 어찌됐든 1880~1890년대 온건 개화파의 국익 중심적인 외세관은 나름대로 균형을 유지했다고 봅니다.

허동현 갑신정변 이후 청의 간섭을 배제하기 위해 러시아 세력을 끌어들이려는 고종의 인아책을 막는다는 데 청일 양국은 뜻을 같이했습니다. 이런 합의를 배경으로 조선에 파견된 인물이 원세개입니다. 그는 주차조선총리교섭통상사의駐箚朝鮮總理交涉通商事宜라는 지위를 갖고 제후의 나라를 감시하기 위해 천자가 파견한 감국監國을 칭하면서 마치 보호국의 통감처럼 행동했지요. 당시 그는 고종의 러시아 유착을 막는 데 주력하면서 우민화 정책을 펴 한국이 중국의 지배에서 벗어나는 것을 막는 한편, 경제적으로도 일본에 빼앗긴 주도권을 되찾기 위해 부심했습니다. 따라서 그는 고종을 '정신 나간 임금昏君'으로 몰아 폐위를 획책한 바 있으며, 조선인들이 미몽에서 깨어나는 것을 막기 위해 외국 유학생을 소환해 처형하고 각종 교육 기관 설립을 막는 등 몽매주의 정책을 펼쳤습니다.

당시 원세개가 견제한 정치 세력은 청에게서 벗어나려고 하는 고종과 온건 개화파 같은 근대화 추진 세력이었습니다. 고종 대신 써먹으려 한 대원군 세력으로는 민씨 척족을 누를 수 없다고 본 그는 결국 민씨와 손을 잡았습니다. 원세개와 민씨 척족의 결합은 근대화 정책의 부재와 민씨 척족의 가렴주구를 부추겼으며, 이는 갑오농민봉기가 일어나는 주된 원인으로 작용했지요.

이런 점들을 염두에 두고 당시 정국을 살펴보면, 민씨 세력을 제외한 어떠한 지식인 무리도 드러내놓고 원세개에게 도전할 수 없었습니다. 사실 국왕조차 원세개의 서슬 퍼런 권세에 눌려 있던 상황에서 어느 누구도 드러내놓고 반청을 표방하는 것은 있을 수 없는 일이었습니다. 온건 개화파들도 정권에서 쫓겨나 겨우 목숨을 부지하는 데 여념이 없었으니까요. 예를 들어 초대 주미공사로 미국에 갔다 온 박정양은 약속한 미국 주재 청나라 공사의 지시를 받지 않고 독자적으로 활동했다는 이유로 원세개의 눈에 거슬렸습니다. 그는 귀국 후 수차에 걸쳐 구명을 호소한 고종의 노력이 없었다면, 비극적인 죽음을 맞은 일본 유학생들처럼 형장의 이슬로 사라질 뻔했습니다. 또한 미국 유학생 유길준도 민영익의 보호가 없었다면 마찬가지 운명이었을 것입니다. 당시 드러내놓고 반청을 외친 사람은 어느 누구도 없었다고 보는 것이 타당할 것입니다. 온건 개화파 인사들도 청일전쟁이 터져 원세개가 본국으로 돌아간 이후에야 반청의 소리를 외칠 수 있었습니다.

한 가지 재미있는 사실은 1885년에서 1894년까지 이른바 '태평 10년'의 시대에 조선을 가장 압박하고 착취한 외세는 중국이었지만, 전통적 유교 지식인들과 동학의 지도자들은 어느 누구도 중국의 압제와 간섭에 대해 비판하지 않았다는 겁니다. 동학의 지도자들도 '척양척왜'와 '보국안민'을 외쳤지만, 중국에 대한 비판적 성찰이 결여돼 있다는 점에서 그들의 반봉건·반제국 의식에 큰 결함이 있었다고 말할 수 있습니다. 마찬가지로 중국에게서 독립을 얻으려 한 개화파 세력들은 반중국의 기치는 높이 세웠지만, 일본 제국주의의 침략에 눈이 멀었다는 한계를 갖고 있습니다.

갑신정변과 갑오경장, 그리고 독립협회운동을 추동한 이른바 개화 세력들은 모두 외세 의존이란 공통의 한계를 갖고 있습니다. 당시 이들은 일본 세력에 기대는 것이 수치임을 알고는 있었으며, 가급적 빠른 시일에 일본의 영향에서 벗어나려는 의지도 내비친 바 있습니다. 즉 그들은 일본에서 300만 원의 차관을 들여와 근대화 작업에 착수하려 했고 3년 뒤면 빚을 갚고 자립할 수 있다고 생각했습니다. 그러나 이들은 자신들의 권력을 잡기 위해 일본 세력에 야합함으로써 일본의 침략을 방조하는 이율배반을 범했습니다. 따라서 이들은 부일 세력이라 할 수 있습니다. 이들 개화 세력들은 갑오경장에 관한 대표적 연구자인 유영익 교수의 말처럼 '애국적 부역자patriotic collaborators'라고 보는 게 타당할 것 같네요.

끝으로 우리의 근대화 추진 세력들의 대다수가 망국 후 친일파로 전락한 가장 큰 이유는 그들이 품고 있던 사상의 한계에서 찾아야 할 것입니다. 제국주의의 시대를 풍미한 사회진화론이 말하는 적자생존의 논리는 한 세기 전 개화 세력들의 뇌리를 사로잡았으며, 이들에게 우승열패에 따른 조선의 식민지화는 저항할 수 없는 자연의 순리로 비쳐졌던 것 같습니다. 따라서 이들에게 적극적인 반일을 기대하기란 애시당초 어려웠던 것이 아닐까 합니다.

푸른역사 1992년 한중 간에 국교가 수립된 이후 쌍방 간에는 인적·물적 교류가 급속히 증가했습니다. 외교적인 측면에서도 미국이나 일본이 염려할 정도로 사이가 가까웠지요. 그런데 최근에 와서 중국측이 동북공정을 집행함으로써 양국 간에 때아닌 역사전쟁이 벌어져 긴장감이 흐릅니다. 동북공정의 목적에 대해서는 학자들마다 의견이 분분한 듯한데요, 선생님들께서는 어떻게 생각하십니까?

박노자 저는 중국의 현실 정치에 문외한이라 뭐라고 말씀드리기가 어렵습니다. 다만 최근 중국 내 소수민족을 상대로 한 중화 민족주의적 규정 뒤에는 정치적 계산이 깔려 있다고 봅니다. 아마도 한반도의 통일에 대비해 동북 지방에 대한 영유권 주장이 그 핵심일 듯합니다. 내우외환에 처한 북한 정권은 붕괴 가능성이 있는 데다, 민족공조론에 공감해 남북한 지도층도 정서 상의 차이를 다소 극복한 것으로 판단되므로 조만간 남북이 어떤 형태로든 통합할 가능성이 높아 보입니다. 만일 그렇게 된다면 중국으로서는 한국이 비록 민간 차원에서라도 간도 영유권의 문제를 들고 나올 경우에 대비하지 않을 수 없지 않을까요?

사실 간도 문제는 근대사를 기준으로 볼 경우 중국에 불리한 점들이 다소 있으니까, 아예 고대사부터 다민족 국가에 포함시켜

화근을 없애려 하는 것 같습니다. 물론 고구려에 대해 이와 같이 너무도 현대적인 중국측의 해석은 한반도 주민들이 집단적으로 공유해온 역사 기억에 대한 엄청난 폭력입니다. 이웃 나라들에 대해 이와 같은 폭력을 행사하는 중국의 정책은 장기적으로 봤을 때 결코 지혜롭지 못합니다. 만일 한국의 민간 극우주의자들의 입에서 만주는 우리 땅이라고 하는 무책임한 소리들이 덜 나왔더라면 동북 지역의 영유권 문제에 대해 중국도 오늘날처럼 그렇게 거칠게 나오지는 않았을 것입니다.

중국의 동북공정을 두고 북한 정권이 붕괴할 경우 북한의 영토를 점령하기 위한 준비 작업으로 보려는 사람들도 있지만, 그래도 중국의 입장은 공세적이라기보다는 수세적이라 보고 싶습니다. 지금 고도성장을 거듭하는 중국으로서는 일체의 외환이 귀찮을 테고, 대만 문제가 최우선시되고 있는 마당에 북한 영토 때문에 남한뿐만 아니라 미국과 등을 돌리게 될 위험을 떠안으려 할 리가 없습니다. 다만, 미국이 북침을 시도할 경우라면 중국이 고구려를 계승한 북한측에 아낌없이 원조를 보내도 좋다는 대내외적인 명분을 얻게 될 것입니다. 동북공정을 포함한 일체의 민족주의적인 역사 담론들은 앞서 말한 대외적인 효용도 있고 동시에 빈부격차가 날로 심해지는 중국의 내부 통합을 도모하는 데도 도움이 될 것입니다. 이러한 사정에서 비롯된 중국의 도발을 선전 포고로 간주해 지나치게 흥분한 나머지 중국을 자극해 더 강력한 민족주의적 망발을 유발하는 것은 별로 바람직하지 않지요. 그보다는 오히려 차분하게 대응해

나가면서 탈민족주의적, 전 지역적 역사 이해의 기초를 마련하는 편이 좋겠습니다.

허동현 동북공정은 크게 보면 냉전의 종언 이후 다시 돌아온 약육강식의 세상을 맞아 지구마을 곳곳에서 유행병처럼 번지는 민족주의와 국가주의의 열병에 중국도 감염된 결과로 볼 수 있습니다. 이렇게 볼 때 동북공정의 이면에는 중화주의라는 중국식 민족주의가 꿈틀거리고 있으며, 동시에 중국이라는 국민국가가 그 외연 확대와 대내 통합이라는 두 마리 토끼를 동시에 잡으려는 국가주의의 움직임을 감지할 수 있습니다.

또한 한중 간의 특수한 관계를 고려하면, 동북공정은 한국이 통일된 후 옛 고구려 강역이자 구한말에 조선인들이 개척한 간도에 대한 영유권 주장이 불거져 나올 경우에 대한 대비책으로 볼 수도 있습니다. 사실 고구려 강역에는 북한 지역도 포함되기에, 임오군란이나 6·25전쟁 때와 같이 한반도에 대한 지정학적인 전략에서 군사적으로 개입하기 위한 사전 포석으로 해석할 소지도 큽니다.

중국과 일본 같은 지역 내 패권 세력들이 민족주의를 강화해나가는 추세를 보면, 아시아 국가들과 공존하기 위해 우리가 넘어야 할 길이 얼마나 험한지 짐작할 수 있습니다. 우리가 공유하는 '역사의 기억'에 대해 중국은 부정하고 있습니다만 이것이 현실적인 침략 행위로 이어지는 역사의 악순환이 되풀이되지 않기를 바랄 뿐입니다.

푸른역사   두 선생님은 현대 중국의 경제 개발이 박정희식이라고 하는데, 아마도 중국의 경제인들은 수긍할 것 같지 않습니다. 하필 박정희 전 대통령과 같은 방식이라고 보아야 할 이유가 있습니까?

박노자   중국 경제를 눈부시게 발전시킨 등소평은 박정희를 높이 평가했고, 사회주의 국가답지 않게 중국 교과서에서 박정희 시대를 고도성장과 개발의 시대로 칭찬합니다. 하지만 박정희 시대와 등소평 시대를 굳이 비교하는 가장 큰 이유는 경제·사회·정치적 모델이 유사하기 때문입니다. 우선 외자 도입·수출 주도·저임금 노동 착취를 위주로 한 경제 발전 모델이 공통적이며, 사회적으로 이농 현상과 도시 빈민층의 급증, 불균형 지역 개발, 노동자와 농민층의 소외 현상이 양쪽에서 돋보입니다. 정치적으로 관료 엘리트가 권력을 독점하고 국가주의 이데올로기를 광범위하게 사용한 점에서도 매우 비슷합니다. 이것을 총칭하자면 '후발형 권위주의적 압축 근대화'라 할 수 있지요.

이러한 모델의 시작은 메이지 시대로 거슬러 올라가지만 후발인 만큼 차이점도 돋보입니다. 가령, 메이지 시대 일본의 개발은 외자가 아닌 내자 주도형이었습니다. 중국의 경우에는 비록 화교·대만 등지에서 유입된 자금이 우세하지만 일단 외자에 거의 절대적 비중을 둡니다. 이는 메이지 시대보다 박정희 시대를 더 연상시키지요.

박정희 시대와 차이가 있다면 1960~1970년대 한국 정부는 외자를 주로 차관의 형태로 도입해 관치금융 방식으로 재벌들에게 분배했습니다. 그에 비해 중국에 투자된 외자는 직접 투자 비율이 굉장히 높다는 것이죠. 이건 보다 심한 경제적인 종속으로 이어질 가능성이 높습니다. 비록 고도성장 가능성이 높은 게 이 모델의 장점이라 해도, 여기에 내재돼 있는 사회·정치적 모순들이 언젠가 폭발하게 돼 있습니다.

허동현 오늘 중국의 경제 개발 방식은 박정희 시대의 그것과 유사한 점이 있습니다. 첫째, 민주주의를 외친 북경대학 학생들의 시위를 무력으로 진압한 천안문사태에서 보듯이 민주화를 산업화에 역행하는 가치로 보아 탄압한 것이 그렇습니다. 둘째, 경제 건설을 위한 재원을 외자 도입을 통해 조달하는 대외종속형 성장 모델과 권력에 의해 위로부터 육성된 재벌에 의존하는 정경유착의 관주도형 경제 개발 정책이 매우 닮아 있습니다. 셋째, 영·호남 차별과 같이 연안과 내륙을 차별하고 도시를 위해 농촌을 희생시키며, 개발을 환경에 우선하는 불균형 성장 정책이 비슷합니다. 넷째, 봉건적·수직적 사회 통제 기제로서 일본 군국주의의 기치에 가까운 충효라는 유교 정신을 되살려 수평적·민주적 사회 관계의 실현을 막았다는 점에서도 닮은꼴입니다.
사실 박정희식의 경제 성장 모델은 메이지 시대 이래 군국주의 일본이 추진한 부국강병과 식산흥업의 경제 정책과 유사하며, 우리의 경우 이미 갑신정변과 갑오경장 때 외자 도입을 통한 산업화라는 경제 발전 모델이 입안된 바 있었습니다. 일본식 성장 모델을 채택한 우리의 갑신정변(1884)이 강유위와 양계초가 이끈 변법자강운동(1898)보다 앞섰던 것처럼, 박정희의 산업화 정책이 등소평의 그것보다 20여 년 앞선 것은 우연으로만 볼 수는 없을 것 같습니다.

박노자

"일본은 분명 한국 근현대사의 '부정적 타자The negative Other'이면서도 '유의미한 타자The significant Other'인 셈이지요. 한국 근대의 거의 모든 담론이 일본의 영향을 받아 형성된 만큼, 따라잡아야 할 대상으로서의 일본, 우리의 우수성을 인정받아야 할 권위자로서의 일본, 그리고 시찰하고 배워야 할 근대 모델 중의 하나로 일본은 늘 우리 머리를 떠나지 않는 듯합니다."

조선인의 일본관

허동현

"미흡한 점이 있었다 하더라도 한국 민중은 개발 독재를 자력으로 극복하고 시민 사회를 건설하지 않았습니까. 설사 외부적 요소가 사회 발전에 큰 몫을 했다 하더라도 우리가 정치적 투쟁으로 시민 사회를 일구고 경제 발전을 달성하기까지, 우리 민중, 아니 시민들이 뿌린 땀과 희생을 정당하게 평가하는 것이 필요합니다."

경제 수탈의 아성 동양척식주식회사

1938년 4월 1일에 공포된 '개정 한국 교육령'. 조선의 민족혼을 말살하려는 정책의 일환이다

▲ 박 "우리가 단합된 민족으로서 정체성을 유지할 수 있는 것은 식민지 시절이라는 '상처'를 공유하며 살기 때문입니다. 일본과의 교류가 증진되는 것과는 별도로, '우리를 괴롭힌 적대적 타자' 일본에 대한 해묵은 감정은 좀처럼 쉽게 사라지지 않을 듯합니다."

▼ 박 "일제의 패망 이후 미제의 비호를 받으며 '소프트 권위주의적 우파'가 다시 살아났고 그들 우익이 가까운 장래에 헤게모니를 내놓을 것 같지는 않습니다."

"다케시마에서 나가라"라는 구호를 외치는 일본 우익 단체

일본의 독도 영유권 주장에 반대하는 시위

통신사 행렬도

▲허 "위풍당당한 통신사 행렬을 묘사한 옛 그림이 말해주듯, 앞선 문물을 뽐내며 전수해 주던 통신사들의 눈에 비친 일본은 미개한 야만국에 지나지 않았지요."

▼허 "모든 사회적 울타리를 초월해 나와 생각이 다르고 이해 관계와 처지가 다른 타자들과 연대하고 공존을 모색하는 과정에서 시민 사회에 기반을 둔 새로운 민족 의식을 창출해 내는 것이 우리에게 주어진 책무가 아닐까 합니다."

한국에서 강제 출국 당하는 외국인 불법체류자

우편·전신의 근대화가 조선보다 일찍 이루어진 일본

부국강병 정책에 따라 일본 소학교에서 행해진 군사 훈련

▲ 박 "개화기의 계몽주의자들에게 메이지 유신의 근대주의적 면모, 예컨대 해외 유학파의 등용이나 법률·제도의 서구화, 부국강병 정책은 경탄의 대상이 되었습니다."

박 노 자

한국 민족주의가 일본을 미워하면서 배운다

식민지의 아픔, 우리를 우리로 만든 공동의 기억
허동현 선생님, 안녕하십니까?

한국 근현대의 일본관에 대해 글을 쓰는 것은 여간 어려운 일이 아닙니다. 지금도 '일본'이라는 기호는 한국 사회에서 '적대적 타자'의 의미가 강합니다. 해마다 신문 등 대중매체에서 국가별 호감도를 묻는 여론조사를 하지 않습니까? 잘 아시겠지만 교과서 파동이 있는 해는 약 60퍼센트 정도, 그렇지 않은 해라도 45~50퍼센트 정도의 응답자가 '일본을 가장 싫어한다'고 대답합니다. 일본과의 각종 교류가 거의 40년 동안 지속돼왔음에도 불구하고 일본에 대해 지속적으로 거부감을 느끼고 있는 근본적인 이유는 지금까지도 아물지 않은 식민지 시대의 상처에서 찾을 수 있을 겁니다. 상처에 대한 공동의 기억이 영예로운 과거에 대한 기억 못지않게, 어쩌면 그 이상으로 상상의 공동체로서의 민족 만들기에 기여한다는 말이 있지 않습니까?(전쟁·학살 등에 대한 '민족 전체가 나눈 상처'에 '기억'의 정치가 민족을 어떻게 만드는가에 대해서는 *Commemorations: The Politics of National Identity*, ed. John R. Gillis, Princeton: Princeton University Press, 1994 참조)

한국은 갖가지 갈등과 모순으로 가득 차 있습니다. 한국의 재벌들은 제1세계의 최고 우량 기업과 어깨를 나란히 하고 있습니다. 그러나 중소기업은 기술이나 사고 발생률이 제3세계 수준이지요. 서울을 둘러싼 수도권이 세계적 산업지대라면 농촌은 애써 농사 지어봐야 느는 건 빚인, '명'과 '암'이 공존하는 역설의 땅이 한국입니다. 그럼에도 불구하고 우리가 단합된 민족으로서 정체성을 유지할 수 있는 것은 식민지 시절이라는 '상처'를 공유하며 살기 때문이 아닙니까? '우리가 그들에게 당했다'는 생각이 바로 민족적 '우리'를 만든다는 말입니다. 자세히 따져보면 이 사회의 상층에 군림하는 지배층의 상당수는 그때 '당하기'는커녕 오히려 일본제국 체제에 잘 순응하여 동포들을 착취해가면서 돈을 벌고 지위를 얻었음에도, 한국인들은 민족적 '우리' 전체를 피해자로 간주하는 경향이 강합니다. 실제로 착취와 억압을 당한 것은 물론 식민지 민중이었습니다. 계급 의식을 결여한 민족관의 문제점이 무엇이든 간에, '상상의 공동체'로서의 한민족이 구성되는 과정에서 일본에 대한 피해 의식이 크게 작용했다는 것만큼은 부정하기 어려운 사실입니다. 한국 근대사의 기점으로 인식되는 강화도조약의 체결은 바로 한국에 대한 일본 침략의 출발점이기도 합니다. 이것은 이 땅에서 양반과 상민을 하나의 민족으로 묶은 근대의 도래가 일본이라는 가해자의 이미지와 불가분의 관계라는 사실을 증명하는 게 아닙니까?

그런 만큼, 일본과의 교류가 증진되는 것과는 별도로, '우리를 괴롭힌 적대적 타자' 일본에 대한 해묵은 감정은 좀처럼 쉽게 사라지지 않을 듯합니다. 만약 조선 침략의 불법성을 침략 당시부터 줄곧 주장해온 일제시대 좌파의 후계자들—일본 공산당과 사회당—이 일본 사회에서 헤게모니를 장악할 경우 일본의 역사 교과서는 달라질 겁니다. 메이지 시대의 '성공'을 일궈낸 '자랑스러운 우리의 이야기' 대신 그 당시 일본의 공장에서 폐결핵으로 말미암아 무더기로 죽어간 여공들의 고난, 한국에서 자행된 일본군의 잔악한 의병 토벌 등 일제의 범죄에 대한 참회와 반성의 글이 실릴 것이고 그리 되면 한국인들의 일본관도 바뀔 테지요.

1920~1930년대 조선 공산주의자들은 침략적인 제정 러시아 정권과 국제주의적인 레닌의 정책 방침을 완전히 이질적인 것으로 간주하고 별도로 취급하지 않았습니까? 그런데 일제의 패망 이후 미제의 비호를 받으며 '소프트 권위주의적 우파'가 다시 살아났고 그들 우익이 가까운 장래에 헤게모니를 내놓을 것 같지는 않습니다. 결국 제 이야기는 어디까지나 한여름 밤의 꿈에 불과합니다.

일본의 집권 우파가 일제 시절의 관료와 정객들을 계승한 만큼, 우리로서는 '그때의 일본'과 '오늘의 일본'을 분리해서 생각하기가 무척 어렵습니다. 미 제국주의가 천황제라는 군국 일본의 정신적인 기틀을 그대로 살려둠으로써 아직도 지속되고 있고, 부시 정권의 사주를 받은 일본이 이라크에 파병해 과거의 군국주의적 양태를 재연출하는 것은 우리의 심기를 건드리고 있습니다. 현재의 미국은 100년 전의 패권 국가 영국을 꼭 닮았습니다. 약화돼가던 영국의 패권주의 체제에 기대 일본이 영일동맹 체제하에서 어떤 일을 저질렀는지 너무나 또렷하게 기억되고 있습니다. 오늘날의 미일안보조약은 또 어떻습니까?

피해자로서 우리의 명과 암

피해 의식에 뿌리를 둔 민족 의식에는 아마도 장단점이 두루 있는 것 같습니다. 우선 몇 가지 단점부터 이야기해볼까요.

우리의 집단적 피해 의식이 일본에 집중된 결과 한반도 주변의 다른 제국주의의 야수들에 대해서 우리가 상대적으로 관대(?)한 듯합니다. '적대적 타자'의 역할을 일본이 전담한 만큼, 나머지 야수들과의 관계는 '과거 기억의 부담' 없이 그때 그때 필요한 대로 만들어가게 됩니다. 최근의 사례로, 지난 2004년 2월 12일 인천에서 여러 시민단체의 반대에도 불구하고 러일전쟁 당시 인천 앞바다에서 전사한 러시아 해군을 추모하는 기념비가 한국측의 적극적인 협조 아래 제막되었습니다. 물론 북한 핵 문제 등의 안건이 걸려 있던 때라 노무현 정권이 푸틴 정권과의 관계 개선을 위한 외교 전략으로 이해할 수 있습니다. 하지만 역사적 관점에서 볼 때 한반도, 특히 한반도의 북부 지방을 러시아의 보호령으로 만들 목적으로 일으킨 러일전쟁에서 죽은 러시아 군인들을 위한 추모사업이 한국 영토 내에서 개최돼야만 할 명분은 없습니다.

제 주장이 편협하다고 생각하시는 분들은 러일전쟁 발발 직전 연해주의 총독 알렉세예프Alekseev가 러시아 외무부 장관 람스도르프Lamsdorf(1844~1907) 백작에게 보낸 서한을 읽어봐주시기 바랍니다.

때가 되면 한반도가 러시아의 영토가 되게 돼 있습니다 (……) 우리로 하여금 한국에 침입하게 하는 힘은, 우리로 하여금 우랄 산맥에서 태평양까지 진출하게 하기도 한, 우리로 하여금 중앙아시아를 우리의 영토나 우리의 보호국으로 만들게 한, 그리고 이제는 만주까지 뻗어나게 하기도 한 바로 그 힘입니다(박종효 편역, 《러시아 국립해군문서 보관소 소장 한국 관련 문서 요약집》, 한국국제교류재단, 2002).

알렉세예프가 말하는 그 힘은, 바로 '동진의 운명', '하나님이 부여하신 동방 여러 민족들의 문명화'의 사명이었습니다.

만약 일본측이 청일 내지 러일전쟁에서 전몰한 일본 군인들을 기리는 추모비를 한국 영토 내에 세워달라고 요청해온다면 우리는 '망언'이라며 벌떼처럼 들고 일어나겠지만, 100년 전 일본과 똑같이 한반도 침략을 꿈꾼 러시아의 '러일전쟁 영웅화'에 노무현 정권은 일조를 했고 대다수의 한국 사람들은 무관심한 태도를 보였습니다.

밖으로부터의 상처가 골수에 깊숙이 박힌 탓에 한국인들에겐 '우리는 다 피해자'라는 통념이 형성되었습니다. 그 상처가 주로 일본으로 인해 생긴 만큼, 다른 나라들의 야수성에 대해서는 우리가 별로 자각을 하지 못하고 있는 것 같습니다. 러시아도 그렇지만, 한국전쟁 때 '이북 지역 융단폭격'이라는 이름의 인종주의적 살육을 자행해 수십만 명의 동포를 무참히 살해한 뒤 한마디 참회나 사과의 말도 하지 않은 미제의 범죄도 그렇지요.

그 결과 우리를 지배해온 우파 정객들이 미제의 세계적 헤게모니에 편승해 '밖'에서 저지른 가해 행위를 우리는 별로 생각하지 않는 것 같습니다. 지금 한국의 중산층이 누리고 있는 번영은 베트남전쟁이라는 400만

명 이상의 아시아인들을 도살한 미제의 범죄에 편승함으로써 번 돈, 한국 기업가들이 중국이나 베트남 등지의 노동자를 착취해 벌고 있는 돈이 밑천이 된 것이 아닙니까? 그런데 우리는 남으로부터 받은 피해는 뚜렷이 인식하면서도 우리가 '가해한 사건'들에 대한 기억은 흐릿합니다. 노무현 정권에 실망한 과거 정권의 지지자들도 그렇습니다. 그들은 실망의 원인으로 '도덕성 상실'이나 '경제 침체', '개혁 부진' 등을 거론했으면 했지, 미 제국주의와의 극악한 공범 행각이자 이라크 민중과 독립군에 대한 가해 행위인 이른바 이라크 파병을 문제 삼지는 않습니다. '우리'와 '가해자'라는 두 단어는 아직까지 우리 뇌에서 동의어로 인식되기는 어렵겠지만, 집권 우파의 숭미 정책이 우리를 자원 수탈을 위한 중동 침략의 '졸병'으로 전락시키는 것은 엄연한 현실입니다. 항일운동에 목숨을 바친 독립 운동가의 영령들이 우리를 지켜본다면 태극기를 휘날리며 대한 남아들이 이라크인들의 가슴에 총을 겨누는, 이 수치스럽기 짝이 없는 광경을 보고 무슨 생각을 하겠습니까? 인기몰이에 능란한 노무현 대통령은 무슨 말을 해도 다 좋지만 《백범일지》를 애독한다는 말만은 더 이상 하지 않았으면 좋겠습니다. 부시 도당의 이라크 침략에 동참하는 것이 아랍권과의 우호 증진을 위해 필요한 일이라는 식의 정신 나간 망언이 폭포수처럼 쏟아져 내린 그 입에 김구 선생과 같은 분의 함자가 오르내리는 것은 여간 거북하지 않습니다. 여담이 너무 길어 죄송합니다.

그러면 상상의 공동체로서의 '우리'가 피해 의식에 의해서 태어난 것은 과연 어떤 장점이 있습니까? 일본이 점령했던 한반도에는, 지금의 우리로서 상상하기도 어려울 정도로 너무나도 다양한 신분·지역 집단이 서로 부딪히며 존재했습니다.

노비제가 이미 철폐됐던 식민지 때만 해도 노비 집안 출신은 상전 집안과 대등하게 존댓말을 쓰지 못했습니다. 독립운동가들 사이에서조차도 기호 지방의 지도자(이승만 등)들이 평안도 출신 지도자(박용만·안창호 등)들과 갈등을 빚는 등 지역 갈등이 고질적이었습니다.

더욱이 인구의 절반을 차지하는 여성들은 완전한 의미의 사회적 구성원으로 간주되지 못했지요. 식민지의 지배자들이 총독부의 관리를 임용하는 과정에서 기호인 양반을 우대하는 등 '교묘한 분리 통제 정책'도 썼다고는 하지만, 일단 그들의 인종주의적인 '조센징'관觀에 따르면 양반이든 서민이든, 남성이든 여성이든. 기호인이든 서북인이든 누구나 다 '태생적으로 열등한', 언제나 경찰서에서 고문을 당해도 되는 '통치 대상으로서의 반도인'이었습니다.

그런데 조선 왕조 때는 서로 다른 법적 카테고리에 속했던 양반, 서민, 노비와 백정의 자손들이 일제의 식민지 법 앞에서는 다들 똑같은 '조선인'이었습니다. 물론 일제의 목적은 어디까지나 식민적 통치 '대상물'의 분류였지요. 그러나 그렇게 생겨난 피지배자인 '조선인'으로서의 일체감은 한국인으로 하여금 전근대적인 각종 분류틀에서 벗어나게끔 한 것은 아닙니까?

전근대적 신분에 대한 기억이 완전히 사라진 것은 한국전쟁 때이지만, 일정日政의 쓰라린 경험도 일치된 집단으로서의 '한국인'의 탄생에 큰 영향을 미치지 않았을까요? 일본 통치자들의 '민족적' 분류법이 한국 민족 정체성의 형성에 결정적이었다는 일부 미국의 한국계 소장파 학자들의 이야기(예컨대, Em. Henry H, Minjok as a Modern and Democratic Construct: Sin Ch'aeho's Historiography, In Gi-Wook Shin and Michael

Robinson, eds. *Colonial Modernity in Korea*. Cambridge, MA: Harvard University Asia Center, 1999. 참조)에 전적으로 동의하기는 어렵지만(그들은 개화기 때의 '국민 만들기' 노력을 너무 과소평가하고 있는 듯한 느낌입니다), 거기에 일말의 진실이 담겨 있지 않나 합니다.

어쨌든 영토의 상당 부분이 식민지 종주국의 간접 지배를 받았던 영국령의 인도에 비해, 일본의 직접 지배 아래 놓였던 한반도에서는 신분제에 관한 기억이 철저하게 잊힌 듯합니다. 물론 전통적 지배자인 양반들이 차지하던 자리를, 선진 지식을 통해서 그 권위를 확립한 '해외 유학파' 지식인들과 역대 정권의 비호를 받으며 부를 축적한 재벌 등의 '신흥 양반'들이 차지해버리긴 했습니다. 그리고 '국민'의 형성이 결코 평등과 박애를 의미하진 않았습니다. 하나 역사적으로 이미 유효 기간이 지나버린 조선 시대의 혈통적 권위가 종말을 고한 것도 일종의 '진보'로 볼 수 있을 것입니다.

일본, 근대의 위협이자 거울

일본의 지배로 인한 집단적 아픔이 오늘의 우리를 만든 이상, 친일 행각에 대한 분노도 그리 쉽게 없어지지는 않을 것 같습니다. 친일의 화신 박정희가 일제에게 물려받은 강압적인 통치 방법으로 나라를 다스렸을 때 친일 문제는 금기의 영역이 됐기에 더욱 그렇습니다.

한국 사회의 지배층인 우익 보수층을 공격할 때, 사람들은 '친일파 후손'이라는 언설로써 보수층의 역사적 정통성을 부정합니다. 흠집내는 데 가장 강력한 무기이죠. 한편 재일교포 작가나 사업가가 일본에서 성공했다 하면, 보수언론이든 진보언론이든 앞다퉈 대서특필하는데, 이것은 일본에 대한 한국인의 이율배반적인 감정을 잘 보여줍니다. 예컨대, 한국에는 아쿠타가와 류노스케芥川龍之介(1892~1927)의 인지도가 낮았지만, 재일작가 유미리(1968년생)가 일본 최고 권위의 아쿠타가와 상을 타고 나니 '아쿠타가와'란 이름이 갑자기 유명해졌습니다. 그만큼 일본의 권위가 국내에서도 인정을 받는 것이겠지요? 일본은 분명 한국 근현대사의 '부정적 타자The negative Other'이면서도 '유의미한 타자The significant Other'인 셈이지요. 한국 근대의 거의 모든 담론이 일본의 영향을 받아 형성된 만큼, 따라잡아야 할 대상으로서의 일본, 우리의 우수성을 인정받아야 할 권위자로서의 일본, 그리고 시찰하고 배워야 할 근대 모델 중의 하나로 일본은 늘 우리 머리를 떠나지 않는 듯합니다.

밉기도 하고 배워야 하기도 하고, 근대성을 체화하는 과정에서 경쟁도 해야 하는 일본에 대한 근현대 한국인의 의식을 어떻게 간단히 서술할 수 있겠습니까? 어찌 보면 한국인들의 일본관은 근대성을 보는 태도와 구조적으로 흡사합니다. 아름다운 옛 시절을 향수 어린 눈길로 뒤돌아보면서 근대가 가져다준 인간성의 상실을 한탄하는 감정, 강제로 이식된 근대성에 대한 거부감이 우리 모두에게 내재돼 있는 것 같습니다. 그러면서도 세계 여러 나라들과의 경쟁에 이겨서 일등 국가가 돼야 한다는 강박감, 그리고 근대성을 성취한 모델로 인식되고 있는 선진국들의 눈을 지나치게 의식하는 풍조도 우리 안에 깊이 박혀 있지 않습니까? '따라 배우기'와 '경쟁하기' 2 그리고 '인정받기'의 불가피성을 받아들이면서도 영 마땅찮고 원한에 젖어 있는 것이 우리의 근대관이기도 하고 일본관이기도 합니다.

'미워도 배운다'는 대일본관은 이미 개화기에 어느 정도 형성된 게 아닌가 싶습니다. 무슨 말인가 하면, 정치적인 면에서 '친일적'이라고 볼 수 없는 개화기의 계몽주의자들도 대개는 일본을 가장 시급하게 모방할 모델로 여겼습니다. 이승만의 〈독립정신〉(1904년 탈고)이나 서재필의 〈독립신문〉에서 메이지 유신의 근대주의적 면모, 예컨대 해외 유학파의 등용이나 법률·제도의 서구화, 부국강병 정책이 경탄의 대상이 되었습니다. '온고지신'에 중점을 두었던 개신 유학자들도 유교적 충효사상이나 신도, 불교를 장려한 메이지 유신의 보수적인 측면을 긍정적으로 평가했습니다. 예컨대, 어떤 논객은 개화파가 구래의 풍습을 전격적으로 타파하는 것이 '국성國性(전통을 바탕으로 한 국민적 통합)'을 해친다는 논리를 전개하면서 메이지 유신의 권위에 대해 이렇게 말했습니다.

어느 나라든 간에 그 유신을 창도하는 초기에 일반 인민이 크게 깨달아 바람에 휩쓸리는 구름처럼 크게 일어나는 것은 보통 잘 없는 일이다. 민습民習이 오랫동안 그대로 있었다가 갑자기 획기적으로 바뀌는 것은 어느 나라, 어느 시대든 어려운 일이다. 그리하여 일본의 메이지 유신 초기에 인민들의 고유한 불교 신앙을 기반으로 삼아 그들을 고취한 관계로 일본이 크게 일어나는 것이 쉬웠던 게 아니었던가? 그러나 지금 우리나라의 개화파는 도리어 우리나라의 고래의 국성國性이 어떤가를 전혀 참작하지 않고 남의 기준만 적용하여 대대로 내려온 선조들의 풍속을 다 불가한 것으로 보는 것이다 (……) (송남松南, '개화수구파開化守舊兩派의 궁실肯失', 《서북학회월보》 제19호, 1910년 1월, 3~7쪽, 현대 한국어로 번역하였음).

조선에 한때 막대한 영향을 끼쳤던 청나라와 제정 러시아가 차례로 일본에게 참패를 당하자, 수많은 한국인들이 일본으로 유학을 떠났으며, 일본은 동아시아 지역에서 '근대성의 대표자'라는 표상을 구축하기에 이르렀습니다. "장하도다 우리 학도 병식 행보가 나파륜拿破崙(Napoleon)의 군인보다 질 것 없겠네"(안창호가 설립한 대성학교의 체조 노래: 주요한, 《안도산전》, 삼중당, 1975, 71쪽)와 같이 개화기의 수많은 시가에서 프랑스나 독일, 미국 등 서방 국가들에게 최상의 근대적인 권위가 인정된 것은 사실이었습니다. 하지만 머나먼 그들과 달리 가까이 존재하는 일본은 손쉽게 따라갈 만한 현실적인 모델이었습니다. 1905~1910년 간에 간행된 개화기의 주요 학술지를 보면, 자치제나 근대 법률, '정신 교육'의 원칙에서 조혼 폐지와 여성의 이혼 권리의 확립에 이르기까지 거의 모든 분야에서 유신 이후의 일본을 근대화의 모범으로 삼고 있습니다.

〈대한매일신보〉처럼 반일적인 태도가 확고한 매체라 하더라도 거기에 즐겨 사용되던 근대적 어휘와 개념들, 예컨대 '국가사상'(1910년 6월 25일자 논설, '소리 없는 무기')이나 '국수國粹'(1908년 8월 12일자 논설, '국수보전론'), '정신상의 국가'(같은 이름의 1909년 4월 29일자 논설) 등은 거의 다 당대 일본 매체에서 빌어 온 국가주의적 또는 근대적인 관념들이었습니다. 〈대한매일신보〉의 논설 가운데는 "서구의 정신이 자유 독립이고 일본의 정신이 명치유신의 정신인 것처럼 우리 대한의 정신도 있어야 한다"라든가 그들이 그렇기에 우리도 그래야 한다 식의 논리가 담긴 '대한 정신'이라는 유명한 논설(1907년 9월 29일자)도 포함돼 있습니다. 근대주의적인 항일운동가들은 '적대적 타자'인 일본의 근대적인 '유의미성'을 결코 부인하려 하지 않았던 것입니다.

강간 형태의 근대 수업

파르타 차테르지Partha Chatterji라는 유명한 탈식민post-colonial 이론가는 '근대성에 대한 원한'을 식민지 내지 구舊식민지 지식인들의 보편적인 정서라고 주장했습니다. 서구의 침략을 받아 제3세계로 전락하게 된 아시아 대륙의 전통적인 문화 중심지 중동이나 인도, 중국, 한국 등은 강제로 서구적 근대성의 세례를 받게 되었던 만큼, 그들이 근대화를 '가치의 상실'로 인식하거나 일종의 '강간'에 비유하는 게 당연하다는 논리입니다. 차테르지가 준거로 삼은 인도의 경우도 그랬지만, 하물며 전통 시대 내내 경멸해온 '도이島夷(일본인)'들에게 전통 문화의 가치라는 '정조'를 빼앗긴 한국의 경우는 얼마나 심했겠습니까?

웬만하면 극언을 삼갔을 법도 한 유림의 대표가 "일본인 그 놈들의 수도를 빈터로 만들며 그 종족을 멸종시킬 만큼 천지가 용납 못할 죄를 범했다(최익현, 1898년 10월 9일의 상소문)고 극언하였고, '강도 일본과 그 주구에 대한 암살, 파괴 폭동'(신채호, 〈조선혁명선언〉, 1923년 1월)을 부르짖었던 것으로 보아 한국인의 원한이 얼마나 깊었는지 짐작할 수 있습니다. 박정희 정권을 지지하던 여론마저 1965년 굴욕적인 한일수교가 체결되자 그 지지도가 급속도로 무너져가기 시작한 것을 보더라도, 식민지 시대에 대한 원한이 오늘날에도 위력을 발휘하고 있음을 실감합니다.

정치적 지향이 아무리 현실 순응적이라 해도, 가슴 속 깊은 곳에 아무런 원한을 갖지 않기란 사실상 불가능했습니다. 이러한 원한의 직접적인 동기는 김구가 《백범일지》에서 지적했듯이 일본인들이 일상적으로 휘두르는 인종주의적인 폭력이었습니다. 1890년대는 아직 한일합방 이전이었음에도 일본 상인들은 조선인들을 다음과 같은 방법으로 괴롭혔습니다.

시가로 5천 환씩 하는 토지를 저당 잡아 불과 1~2백 환만을 빌려주고 이에 50~80퍼센트의 고리를 받을 뿐만 아니라 원래가 저당 잡힌 땅을 빼앗으려고 하는 대금인지라 기한이 오면 법률을 앞에 내세우고 용서 없이 토지를 빼앗는다. (……) 혹은 상점에 조선인이 나타나 상품을 손에 들고 값을 물었다가 만일 그것을 사지 않는 경우에는 손때가 묻었다고 하여 다른 사람에게 팔 수 없다 하여 트집 잡아 20~30퍼센트 이상 비싸게 매긴다(龜岡榮吉,〈朝鮮を直視して〉, 경성, 1924, 32쪽. 최준,《한국신문사》, 일조각, 1990, 75쪽에서 재인용).

우리는 1920~1930년대의 윤치호를 친일파로 간주하지만, 그 역시 자신의 일기에 "조선에 충만한 것은 천황의 은혜가 아니라 천황의 악의이다"와 같은 표현을 사용했고, 조선인에 대한 일본인들의 일상적인 오만과 핍박을 한탄했습니다. '천황의 악의'라는 윤치호의 표현은, 이처럼 일상적인 폭력에 시달리는 식민 백성들의 처지를 통탄한 표현입니다.

그러나 항일운동 입장에 섰던 사람들도 일본으로부터 근대를 배워야 한다는 명제를 당연하게 여겼습니다. "조선의 문명이 일본에 미치지 못함은 사실인즉, 독립한 후에 문명을 수입하려면 일본을 외면하면 달리 길이 없을 것이다." 3·1운동의 주모자로 투옥된 만해 한용운(1879~1944)의 명저《조선 독립에 대한 감상의 개요》(1919)에 나오는 문구입니다. 1908년 일본을 시찰한 한용운은 정치적으로 독립을 지향했으나, 한국 불교를 개혁하는 데 일본의 전례를 많이 참고했습니다. 서양어를 잘 몰랐기 때문에 세계 시사를 읽는 데 일본의 신문과 잡지에 의존할 수밖에 없는 한계가 있었던 거죠.

일본에 대해서 원한이 있더라도 일본을 통해서 근대를 학습하는 것은 개인의 정치적 지향과 무관하게 한국 근대 지성의 특징 가운데 하나로 봐야 할 듯합니다. 거듭 강조해서 말씀드리지만, 이 과정에서 '단일 민족'이라는 배타주의적 관념이나 '국민의 의무'를 무조건 강조하는 일본 근대 특유의 전체주의적 이념들이 한국 사회에 무비판적으로 수용된 것은 한국 근대의 가장 큰 비극 중 하나입니다.

탈근대적인 공존 모색

결과적으로 일본의 폭력성에 대해 깊은 원한을 가지면서도 일본의 근대적 권위 앞에 납작 엎드려 '인정'을 갈구하는 마음이 우리에게 존재합니다. 우리는 불우한 역사가 낳은 이 복잡한 감정들을 과연 극복할 수 있을까요? 일본에서 우파의 헤게모니 구조가 완전히 해체되기란 불가능하다 해도, 메이지 시기 서구화의 야만적이며 배타적인 측면을 충분히 자각하고 반성한다고 가정해봅시다. 그에 덧붙여 한국이 경제적으로 일본과 비슷한 수준에 도달해 일본 콤플렉스의 물질적 원인이 제거된다면, 한일 양국은 프랑스와 독일처럼 불우한 과거를 잊고 새로운 연대와 연합의 시대를 열 수 있을 겁니다. 그러자면 현해탄 양쪽의 지식인들은 근대적 국가지상주의라는 패러다임을 해체하고 인간 위주의 포용적이고 화쟁적인 사관을 확립하도록 노력해야 할 것입니다.

아직도 영하권을 벗어나지 못하는 오슬로에서
박노자 드림

■ 더 읽을 만한 책

김구, 도진순 주해, 《백범일지》, 돌베개, 2002, 207쪽.
주요한, 《안도산전》, 삼중당, 1975.
최익현, 민족문화추진회 편, 《면암집》 제1권, 솔, 1997.
안병직 편, 《한용운》, 한길사, 1979.
권태억, 〈근대화, 동화, 식민지유산〉, 《한국사연구》 108, 한국사연구회, 2000.
_____, 〈자강운동기 문명개화론의 일본 인식〉, 《한국문화》 28, 서울대 한국문화연구소, 2001.
Partha Chatterji, Our Modernity, *SEPHIS*, Rotterdam, 1997.
Commemorations: The Politics of National Identity, ed. John R. Gillis, Princeton: Princeton University Press, 1994.
Gi-Wook Shin and Michael Robinson, eds. *Colonial Modernity in Korea*. Cambridge, MA: Harvard University Asia Center, 1999.

허동현

우리 근대는 일본 근대의 사생아일까요?

욕하면서 배우는 이율배반의 대일본 인식

반갑습니다, 박노자 선생님.

위풍당당한 통신사 행렬을 묘사한 옛 그림이 말해주듯, 앞선 문물을 뽐내며 전수해 주던 통신사들의 눈에 비친 일본은 미개한 야만국에 지나지 않았지요. 1748년 영조 때 일본 통신사로 갔던 조명채曹命采가 남긴 기행문 《봉사일본시문견록奉使日本時聞見錄》을 보면, 우리 문화에 대한 우월감과 일본 문화에 대한 모멸감이 곳곳에 짙게 배어 있습니다. 조명채는 통신사를 맞이하는 일본인의 태도를 보고 "왜인 선비는 문답하며 필담을 나눌 때 우리를 황화皇華(천자의 사신)라 부르니 사모하여 따르는 마음을 알 만하다"며 우월감을 과시했고, 생김새가 다른 일본의 닭을 보고 "짐승이 닮지 않은 것도 오랑캐와 중화가 다른 것과 같다"고 할 정도로 일본을 낮춰 보았습니다.

조선 시대 유교 지식인들은 일본을 왜, 일본의 수도는 왜경, 천황은 왜왕, 관원들은 대차왜大差倭·호행왜護行倭 등으로 표현했지요. 이처럼 조선 사람들의 눈에 비친 일본인은 사람이 아닌 '왜의 무리群倭'에 불과한 '부정적 타자'였습니다. 멀리 거슬러 올라가서 여말선초의 왜구라든가 임진왜란으로부터 가깝게는 식민지 시대에 이르기까지 한국 사람들이 보기에 일본은 끊임없이 재부를 약탈하고 생존을 위협하던 '적대적 타자'이기도 했습니다. 오늘의 한국인에게 가장 큰 고통을 안겨준 남북 분단의 비극도 그 근본적인 책임은 일본에게 있다고 볼 수 있지 않습니까? 그런 여러 가지 이유로 아직도 일본은 우리가 가장 싫어하는 나라로 남아 있는 거겠지요.

박 선생님이 지적한 것처럼 한국인이 일본을 증오하는 한 가지 이유는 과거사의 잘못을 스스로 뉘우치지 않는 일본 주류 사회의 오만 때문입니다. 그러나 손바닥도 마주쳐야 소리가 나듯이, 우리의 학교 교육과 언론 매체들이 주도해 재생산해온 증오의 기억도 세대를 넘어 일본을 부정적 타자로 보게 한 또 하나의 이유라고 하겠습니다.

"원수의 나라에 가는 너는 배반자야." 몇 년 전 교환 교수로 일본에 체류 중이던 아빠를 만나러 일본에 간 초등학생 아들이 급우들에게 들은 말입니다. 한국인들은 학교 교육을 통해 일본이 과거에 행한 악행을 누누이 듣기 때문에 자연히 일본을 증오하는 마음을 기르게 됩니다. 그런가 하면 개화기 이래 일본의 앞선 문물과 제도를 본 떠 왔으므로 은연중에 그들을 선망하는 마음을 품게 된 것도 사실입니다. 한마디로 우리는 증오와 호감이 충돌하고 갈등하는 이율배반적 일본관을 갖고 있습니다.

욕하면서 배운다고 했던가요? 이스라엘의 민족주의인 시오니즘이 나치즘의 또 다른 얼굴이 될 수 있듯, 식민지는 식민지 종주국을 닮기 마련입니다. 20세기 후반 남한의 권위주의 체제 하에서 추진된 국민국가 형성과 국민 만들기는 '일본 따라잡기'의 한 모습이었다고 평가되기도 합니다. "해방 후 한국민은 한편으로는 일제의 식민 통치를 증오하면서 다른 한편으로는 일본을 본 따는 애증 상반적 갈등love-hate conflict 증세를 무의식중에 표출시키고 있다"는 진단이 사실입니다.

개화기에 시동된 국민국가와 국민 만들기 프로젝트

중국 중심의 세계 질서에 따라 동아시아 여러 나라가 공존하던 시절 일본은 아시아의 변방이었습니다. 그러나 19세기 후반 서세동점西勢東漸 시대를 맞아 일본은 '서구의 충격western impact'에 발 빠르게 대응했고, 일본형 국민국가를 건설함으로써 지역의 중심 세력으로 거듭났지요. 이후 일본인들은 조선을 '부정적 타자'로 낙인찍었고, 조선 사람들의 눈에 비친 일본의 모습은 역전되기 시작했습니다. 1882년 제3차 수신사로 일본을 다녀온 박영효가 남긴 기행문《사화기략使和記略》이란 제목은 이러한 변화를 말해줍니다. 이제 일본은 더 이상 왜로 멸시받을 대상이 아니라, 따라 배워야 할 '화和'라는 것이었습니다.

나아가 근대 국민국가로 탈바꿈한 일본의 위협, 다시 말해 '일본의 충격'은 세계 질서의 변화에 눈 뜬 몇몇 지식인의 뇌리에 '일본과 같은 국민국가를 수립해야'만 한다는 목표를 심어주었던 것이지요.

> 일본 사람들은 일의 이익과 손해를 따지지 않고 단연히 감행하므

로, 잃는 바가 있더라도 국체國體를 세울 수 있었다. 청나라 사람들은 낡은 관습에 연연해 허송세월하며 날을 보낸다. 이로써 천하를 보면 이해를 돌아보지 않고 행하는 자가 성공한다.

1881년 근대 국민국가로 거듭난 일본의 문물과 제도를 시찰한 조사시찰단朝士視察團(이른바 신사유람단)의 어윤중이 남긴 말이지요. 1880년대 이후 개화파 인사들은 일본형 국민국가를 모델로 삼아 조선에 국민국가를 세우려 했습니다. 그와 사상적 맥락을 같이한 김옥균金玉均(1851~1894)은 "일본이 동방의 영국 노릇을 하려 하니 우리는 우리나라를 불란서로 만들어야 한다"는 소망을 품고 1884년 갑신정변을 일으켰지요. 그러나 갑신정변의 근대 기획은 좌절되었고 10년 뒤의 갑오개혁도 물거품이 돼버린 참담한 실패의 역사를 맞고 말았습니다.

'nation'은 국민으로도 민족으로도 번역됩니다. "국가를 정치적 표현물로 갖는 시민단을 뜻할 때는 '국민'이 되고, 공통의 문화와 역사적 전통을 토대로 영토적인 정치권력을 요구하는 집단을 뜻할 때는 '민족'이 되는 것"이겠지요. 결국 조선 왕조의 백성이자 대한제국의 신민臣民이었던 우리 선조는 자신의 힘으로 국민으로 거듭나지 못했습니다. 일본제국의 식민지 국민이자 천황폐하의 신민으로 살 수밖에 없었던 그때 그들은 자기들만의 국민국가의 국민 되기를 소망하는 민족일 수밖에 없었습니다. 하지만, 개화기에 태동된 이 땅의 민족주의는 일제 식민 통치를 거치며 강력한 '저항 민족주의'로 바뀌었으며, 이를 무기로 해방 후 한국인들은 일본 따라잡기를 시도할 욕망을 품게 됐던 것이지요. 따라서 저는 비록 실패로 끝났지만, 개화기 선각자들의 국민국가와 국민 만들기에 쏟은 노력을 과소평가해서는 곤란하다고 봅니다. 그런 점에서 한국사에서 '민족'이라는 상상물을 근대와 들어와 신채호에 의해 비로소 만들어졌다고 본 헨리 임 교수나, 식민지 근대화론을 펼치고 있는 신기욱 교수 같은 재미 학자들과는 견해를 달리합니다.

야누스의 두 얼굴, 저항적 민족주의와 패배적 민족주의

박 선생님 말씀대로 침략과 학살의 아픈 기억과 상처를 남긴 러시아와 미국의 악행에 대해 우리는 지속적으로 증오하거나 문제시하지 않는 것이 사실입니다. 또한 베트남전쟁에서 범한 우리의 가해 행위나 이라크전쟁에서도 재발할 소지가 큰 '밖'에 대한 가해에 대해 침묵하거나 눈을 감고 있는 것도 사실입니다. 이는 우리가 일본의 사죄를 꾸준히 요구하는 현실에 견주어 볼 때 형평에 맞지 않지요. 우리의 대외 인식에 존재하는 어두운 부분이 일본에게 당한 피해 의식에 기인한다는 선생님의 진단에 저도 동의합니다. 일본이 적대적 타자의 역할을 전담하고 있기 때문에 우리는 러시아나 미국과 같은 제국주의 세력의 야수성에 대해 애써 눈감고 있다고 볼 수 있습니다. 우리가 밖으로부터 받은 골수에 박힌 통념화된 피해 의식이 우리가 행한 '가해'에 대해 무감각하게 만들 수도 있겠지요.

민족주의는 항상 자민족의 우월함을 선전하기 위해 타자의 희생을 요구합니다. 근대 일본의 민족주의는 중국, 특히 한국을 부정적인 타자로 삼고 멸시함으로써 자민족의 우월을 증명하려 했지요. 그와는 달리 피해자인 한국의 민족주의는 지금의 실패를 달래기 위해 고대의 영광을 노래할 수밖에 없었지요. 가해자인 일본보다 더 긴 '반만 년'의 역사를 강조하거나, 고대 일본의 이곳저곳에 남아 있는 한민족의 자취를 강조함으로써 민족의 영광을 노래한 겁니다. 고대사의 영광을 말하는 우리 정신의 깊은 곳에는 근대에 겪은 참담한 좌절에 대한 보상심리와 열패감이 꿈틀거리고 있습니다.

일제하의 저항 민족주의는 창씨개명으로 상징되는 민족 말살 정책에 맞서 한민족의 생존을 지키려 했으므로 당시로서는 건강한 민족주의 내지 민족 의식이었다고 하겠습니다. 프란츠 파농이 말했듯이, 제국주의의 침략 아래 민족이란 존재는 투쟁하는 소수자이며 그들의 민족주의는 상대적 진보성을 갖는다고 합니다.

그러나 역사의 시공간이 변하면 민족주의의 역할도 바뀌어야 하는 법이겠지요. 산업 사회 단계에 이른 오늘의 한국은 더 이상 침략당하는 제3세계가 아닙니다. 오늘 우리에게 주어진 과제는 지난 세기가 남긴 숙제인 남의 국민과 북의 인민이 하나가 되는 진정한 의미의 국민국가 만들기와 이를 넘어선 아시아 여러 나라와 함께 살기이며, 국민을 넘어 시민으로 거듭나기가 아닐까 합니다. 일제 시대의 민족이 국민 되기를 소망한 자였다면, 해방 후 우리들은 시민 되기를 꿈꾸는 국민이겠지요. 변화하는 현재에 맞춰 역사를 재해석하는 것이 역사가의 임무일 텐데, 오늘의 과제를 직시하여 이미 시효가 지난 저항 민족주의가 초래한 폐단을 제 나름대로 정리해보겠습니다.

일본을 위시한 주변의 강대국들인 중국·러시아·미국으로부터 입은 아픈 상처는 우리의 기억 속에 큰 상처를 남겼고 이것이 우리의 정신을 병들게 하고 있다고 봅니다. 저항 민족주의는 마치 야누스와 같아서 패배적 민족주의라는 또 하나의 숨겨진 얼굴을 갖고 있습니다. '양키', '쪽발이', '되놈', '로스케'. 우리 주변의 강자들을 낮춰 부르는 비칭들이지요. '베트남 사람', '몽골 사람', '티베트 사람'. 우리에 비해 상대적 약자들의 호칭은 편안합니다. 그러나 강자와 약자에 대한 현실적 대접이 역전되는 것이 오늘 우리 사회의 현주소입니다. "벼는 익을수록 고개를 숙인다"는 격언이 새삼 가슴에 와 닿습니다. 뼈아픈 과거사의 소산으로 우리는 주변 4대 강국에 동포 사회를 갖고 있습니다. 고려인, 조선족, 재일동포, 재미 교포. 우리 밖의 또 다른 우리에 대한 서열화된 차별대우를 바라보며 우리 민족주의의 편협성을 넘어 시대에 맞는 건강함을 다시 얻기 위해 과연 무엇을 해야 할지를 생각해봐야 할 때인 것 같습니다.

국가, 민족, 인종, 계급, 성차(젠더) 등 모든 사회적 울타리를 초월해 나와 생각이 다르고 이해 관계와 처지가 다른 타자들과 연대하고 공존을 모색하는 과정에서 시민사회에 기반을 둔 새로운 민족 의식을 창출해내는 것이 우리에게 주어진 책무가 아닐까 합니다. 베트남에서 온 산업연수생들의 한국어 교재에서 "우리도 사람이에요. 함부로 때리면 안 돼요"란 표현이 사라질 날이 오길 기다릴 뿐입니다(《한겨레》 2002년 11월 26일자 보도 참조).

식민지의 아픔만이 우리를 하나의 민족으로 상상하게 했을까요?

프랑스에서는 왕과 귀족이 사라지고 통치의 대상이었던 민중이 나라의 주인, 즉 국민으로 거듭날 수 있었지요. 그러나 '천황대권天皇大權'을 규정한 일본의 명치헌법을 뚫어져라 읽어도 나라의 주인 되는 국민의 모습은 보이지 않습니다. 시민사회의 형성이 매우 늦은 일본이나 이를 거울로 삼은 우리에게 '민족'이나 '민족주의'라는 것은 '상상의 공동체'라는 상징 기제를 이용한 위로부터의 '국민 만들기'였을 가능성이 큽니다. 박 선생님의 지적처럼, 양반과 상민과 노비와 백정의 자식을 차별하지 않고 몽땅 태생적으로 열등한 통치의 대상물로 다룬 일제의 "민족적 분류법"이 양반과 상민을 "상상의 공동체"로서 하나의 민족으로 묶는 통합적 역할을 했던 것으로 볼 수 있습니다.

그러나 저는 박 선생님의 견해와는 달리 일본에 대한 피해 의식, 즉 식민지의 아픔이 우리를 민족으로 만들었다고는 생각하지 않습니다. 식민지 한국의 민중이 "착취와 억압의 대상"에 머문 우민이 아니었으며, 그들이 민족이란 공동체 의식을 갖게 된 것이 양반과 상인을 구별하지 않은 식민지 지배 정책의 우연한 선물이었다고 생각하지 않기 때문입니다.

기생의 딸 춘향과 일급 양반의 아들 이몽룡의 자유연애를 다룬 《춘향전》과 박지원의 소설 《양반전》이 웅변하듯, 18세기 이래 우리 사회에서는 평등주의를 지향하는 자생적 노력이 계속됐습니다. 평등을 지향하는 사회 변화의 추세는 사노비의 해방을 선언한 갑오경장(1894) 이후 더욱 가속화되는 추세였지요. 그러나 민족 분열 정책을 통치 수단으로 삼은 일제의 지배 정책으로 인해 양반 지주의 사회·경제적 지위가 철저하게 보장되는 바람에 오히려 사회 변화의 물길은 1930년대까지 막히고 말았습니다. 그러나 1930년대 이후 전근대 사회에서 주변인으로 존재했던 중인과 향리, 그리고 천민 계층인 백정들의 사회적 성장이 눈에 띄게 나타났습니다. 물론 이러한 추세는 식민지 공업화의 진전에 힘입은 것이었고 양반층 밖으로까지 외연이 확대된 일제의 친일파 포섭 정책이 주효했기 때문이었죠.

박 선생님은 우리에게서 신분에 대한 기억이 완전히 사라진 것은 6·25 전쟁의 결과이기도 하다고 했지요. 전쟁으로 말미암은 동족부락의 파괴, 익명성이 보장되는 도시화의 진전 같은 것이 전근대적 신분 차별을 없애는 데 한몫을 담당한 것은 틀림없습니다. 그러나 그보다 더욱 중요한 사실이 있습니다. 제 생각으로는 전통 시대 특권 신분층을 지칭하던 양반이란 호칭이 3인칭 대명사로 바뀐, 달리 말해 모두가 양반이 된 오늘의 우리 사회를 이룩한 원동력은 조선 사람들의 자발적이고 능동적인 평등 사회 건설 노력에서 찾아야 합니다. 그래야만 해방 후 이승만 정권의 문민독재와 군부 독재에 맞서 시민사회를 건설한 우리의 역동성을 설명할 수 있을 것입니다. 양반과 백정이 모두 사라진 오늘의 우리 시민사회에 비해 한때 우리 근대화의 거울이었던 일본에는 아직도 3백만 명을 헤아리는 부라쿠部落민이 남아 있다는 사실이 이를 역설합니다. 일본은 1871년에 에타穢多(중세부터 도살과 피혁업에 종사하던 천민)와 히닌非人(사형수와 버려진 시체를 처리하는 천민) 같은 천민이 평민으로 해방되었고, 평민과 화족華族·사족士族의 결혼이 허용되는 등 이른바 사민평등이 이루어졌다고 선언했지만, 오늘날에도 일본 사회에는 천민의 후손들이 사회적 차별을 당하고 있는 실정입니다. 이는 다음의 신문보도에 잘 나타납니다.

　　　　　　부라쿠 해방동맹은 12만여 명이 가입해 있는 인권단체. 다니모토 아키노부谷元昭信 부라쿠 해방동맹 중앙본부 중앙서기차장은 "19세기 후반 메이지 정부 수립 후 신분 차별 제도가 없어져 모두 평민이 됐지만 차별 의식, 가문 중시 문화가 여전히 뿌리 깊게 남아 있고, 법의 허점도 커 여전히 많은 문제를 낳고 있다"고 밝혔다. 그는 "신분제도 철폐 후에도 호적에는 과거 신분 출신 지역 등이 적혀 있고, 누구나 남의 호적을 열람할 수 있어 많은 개인기업이 결혼 신입사원 채용 때 흥신소 사설탐정 등을 시켜 상대방의 신분을 확인했다"고 밝혔다. 다니모토 차장은 "부라쿠 지역을 떠나고, 호적상 출신지를 바꿔도 호적에 원적지가 남아 있기 때문에 갓 태어난 아기도 원적지와 《부라쿠 지명 총감》을 비교하면 부라쿠 출신임을 알 수 있다"고 말했다. 《부라쿠 지명 총감》에 적힌 6천여 곳의 후손은 3백만여 명으로 추산되고 있다"(《중앙일보》2004년 3월 11일자).

우리 근대는 일본 근대의 사생아일까요?

박 선생님 말대로 한국의 근현대사가 일제와 미제의 강간으로 세상에 태어난 사생아처럼 보일 수도 있습니다. 카터 에커트Carter Eckert와 브루스 커밍스Bruce Cumings가 진단했듯〔에커트의 《제국의 후예Offspring of Empire》(워싱턴대 출판부, 1996—통상 '제국의 후예'로 번역되나 'offspring'의 정확한 의미는 후예나 사생아라기보다는 '아비가 인지하지 않는 자식'이라는 의미가 더 정확하겠지요)와 브루스 커밍스의 《한국현대사Korea's Place In the Sun: A Modern History》(창비, 2002)〕, 한국이 이룩한 오늘의 경제적 성공은 식민지 시대 일본이 구축한 산업화의 물적·인적 토대를 바탕으로 해방 후 미국 중심의 세계 체제에 종속돼 성장을 이룩한 것으로도 볼 수 있겠지요.

일본의 근대는 우리 근대의 거울이었으므로, 한국 근대의 식민지적 기원을 완전히 부정할 수는 없습니다. 일본 근대는 전체주의와 미성숙한 시민사회가 그 특징이었고, 이를 모방한 우리 근대도 개발 독재와 친일 세력 미청산 등 비슷한 난맥에 빠졌지요. 하지만 한국 근대의 식민지적 기원에만 주목할 때, 우리의 근현대사는 마치 일제와 미제에 의해 기생적으로 전개된 타율과 종속의 역사처럼 오해될 가능성이 있습니다.

미흡한 점이 있었다 하더라도 한국 민중은 개발 독재를 자력으로 극복하고 시민사회를 건설하지 않았습니까. 설사 외부적 요소가 사회 발전에 큰 몫을 했다 하더라도 우리가 정치적 투쟁으로 시민사회를 일구고 경제 발전을 달성하기까지, 우리 민중, 아니 시민들이 뿌린 땀과 희생을 정당하게 평가하는 것이 필요합니다. 박 선생님이 지적한 일본 근대의 유산인 전체주의, 배타적 민족주의 그리고 쓰라린 식민지 체험이 남겨놓은 패배적 민족주의를 넘어서 세계와 함께 살아갈 건강한 민족 의식 또는 시민 의식을 기르려면 우리 자신을 긍정하는 자긍—자만과 준별됩니다—의 역사 의식이 있어야 합니다.

탈근대만을 할 수 없는 우리의 현실

박 선생님의 지적대로 민족주의는, 국민국가의 희생양이 모순에 가득 찬 현실의 사회 관계와 계급적 모순을 인지하지 못하게 만드는 환각 기능을 합니다. 특히 식민지 시대 여성들은 식민주의와 민족주의라는 양날의 칼에 찔린 피해자였습니다. 근대 만들기라는 거대 담론은 양심적 병역 거부자를 비롯한 소수자와, 여성으로 대표되는 사회적 약자들에게 있어 억압과 약탈의 기제입니다. 그런 점에서 개인의 발견, 젠더나 환경과 같이 주변화돼온 문제들에 관한 미시적 접근이 필요하다고 봅니다.

그러나 우리는 서구 국가들이 이미 두 세기 전에, 그리고 일본이 한 세기 전에 달성한 근대 국민국가의 수립을 아직도 미완의 과제로 떠안고 있습니다. 제가 말씀드리는 근대 국민국가 수립은, 동독과 마찬가지로 북한이 붕괴될 때 우리에게 닥칠 남북한을 포괄하는 하나의 공동체로서의 근대 국민국가 만들기를 의미합니다. 세계가 국민국가를 넘어 지역 공동체를 만들어나가는 시점에 지금 우리나라에선 민족에 기반을 둔 근대 국민국가 만들기를 이야기해야 하는 지체 현상과 함께 이주노동자들의 코리안 드림이 상징하듯 타자와 함께 살기를 모색해야 하는 조숙 현상이 철길처럼 평행선을 달리고 있습니다. 저는 우리가 역사의 특수성에서 비롯된 지체와 조숙의 병존으로 인해 환경 문제나 남녀 동권의 달성 등 근대 이후의 문제 해결과 아울러 근대의 완성도 꾀해야만 하는 이중의 책무를 지니게 됐다고 생각합니다. 우리는 분단을 극복하고 민족과 국가의 통합 작업을 완수하고, 진정한 시민사회를 구현하며, 세계와 어울려 살기를 도모해야 한다고 봅니다.

연대와 공존의 새 시대를 바라며

한국은 왜 일본을 따라 배우면서도 고마워하지 않고, 일본은 과거의 잘못에 대해 독일처럼 진솔하게 반성하지 않을까요? 한일 두 나라도 독일과 프랑스처럼 해묵은 갈등과 반목을 넘어 화해와 연대의 새 시대를 열 수는 없을까요? 독일과 프랑스의 사례 외에도 우리와 처지가 비슷한 약소국 핀란드의 경험은 우리들에게 많은 교훈과 시사점을 줍니다. 핀란드는 1293년에 스웨덴 왕국에, 1809년에는 러시아에 합병되었다가 1917년 제정 러시아가 무너지는 틈에 독립하였습니다. 이후 핀란드는 스탈린 시대의 소련과 힘겨운 전쟁을 치러 주권을 지켰으며, 냉전의 와중에서 동서양 진영 어디에도 치우치지 않는 균형 잡힌 중립 정책을 펼쳐 번영을 일궈 왔습니다.

작년 겨울 헬싱키대학에서 열렸던 학술회의 기억나지요? 그때 저는 헬싱키 시내 한복판에서 마주친 러시아 황제 알렉산드르 2세Aleksandr II(1818~1881)의 동상에 놀라고, 스웨덴어가 핀란드어와 나란히 공용어로 쓰이는 것을 보고 다시 한 번 충격을 받았습니다. 마치 서울 한복판에 메이지 천황의 동상이 서 있고 일본어가 우리말과 함께 국어의 지위를 누리는 것이나 진배없으니 말입니다. 한국과 핀란드가 한때 자기들을 지배한 나라를 대접하는 것이 어찌 이리도 다를까요. 속사정을 들어보니 우리들이 핀란드 사람들보다 속이 좁아서인 것만은 아니더군요. 알렉산드르 2세의 동상은 그 당시 러시아에도 없던 의회를 식민지에 허용함으로써 자치권을 보장해준 데 대한 감사이자 그 아들의 폭정에 대한 항의를 웅변하는 것이며, 스웨덴어를 공용어로 받아들인 것은 스탈린 통치 시기 핀란드 사람들이 소련과 맞서 싸울 때 수십만이나 되는 핀란드의 어린아이들을 맡아서 돌봐준 스웨덴 시민들의 따뜻한 사랑에 대한 보답이라는 겁니다.

일본의 천황이나 총독 중 어느 누구의 동상도 서울에서 찾아볼 수 없는 데다가 일본이 한국의 근대화에 기여했음에도 우리에게 존중받지 못하는 이유는 자명하지 않습니까? 일본은 서세동점의 시기 동아시아에서 영국과 미국의 이익을 지켜주는 '집 지키는 개番犬' 노릇을 한 덕에 한국을 식민지로 삼게 되었고, 어떤 제국주의 나라에 비해서도 철두철미하게 자국의 이익을 위주로 '혹독하고, 조직적이며, 강제 동원적인 식민 통치'를 감행했습니다. 그러므로 일본 덕택에 근대화됐다는 말에 고개를 끄덕일 한국 사람은 찾아보기 힘들며, 이것은 단지 우리들의 편협함 때문만은 아닐 겁니다. 현대 한국인에게 가장 고통스러운 상처를 남긴 남북 분단과 동족상잔의 6·25전쟁에 대해서도 일본이 져야 할 근원적인 책임의 몫이 크며, 전후 일본의 부흥도 6·25전쟁 특수도 전부 한국인의 아픔을 담보로 삼았다고 볼 수 있습니다. 이러한 사정에도 아랑곳하지 않고 재일동포를 함부로 대하고, 식민 지배로 인해 고통 받은 이들에 대한 배상과 사죄에 인색한 일본의 태도를 볼 때 과연 존중받을 만한 선진국인가 하는 의문이 듭니다. 최근 북한으로부터 반환된 납북 일본인 유골이 가짜라는 사실에 분개하는 마음만큼 일본 사회가 그들의 가해로 고통 받는 이들의 아픈 속도 같은 잣대로 헤아릴 수 있길 바랄 뿐입니다.

　프랑스가 독일에게서 받은 것과 같이 진심에서 우러나오는 사과를 우리는 일본에게서 받아본 적이 없습니다. 사정이 이러하니 한국 사람들이 품은 적개심은 일본의 오만에 기인한 것이라고 할 수 있겠지요. 그러나 관점을 달리해 보면 독일이 프랑스에게 사죄한 것이나, 알렉산드르 2세가 핀란드에게 자치를 보장해준 이면에는 그들보다 먼저 시민사회를 이룬 선진 프랑스와 핀란드에 대한 열등 의식 또는 수치심도 작용했을 것 같습니다. 독일도 비서구 국가에 대해 저지른 과거의 악행에 대해서는 여지껏 사죄한 적이 없으니 말이죠. 그렇다면 일본이 반성하지 않는 것도 그들만의 탓은 아니라는 이야기입니다. 프랑스나 핀란드가 침략자에게 충분히 존중받을 만한 대상이었던 데 비해, 한때 일본의 스승이었던 우리는 그렇지 못했던 것 또한 사실입니다.

　오늘날 우리가 한반도로부터 일본으로 문화가 동류東流하던 옛날의 영광만을 자랑하고, 오늘날 일본인들에게 '유의미한 타자'로 거듭나기 위한 노력을 소홀히 한다면, 결코 우리는 일본 사람들과 당당히 연대하고 협력하는 새 시대를 열지 못할 겁니다.

봄이 다가오는 수원의 연구실에서
허동현 드림

■ 더 읽을 만한 책

강만길, 《21세기사의 서론은 어떻게 쓸 것인가》, 삼인, 1999.
권용립 등, 《우리 안의 이분법》, 생각의나무, 2004.
사카이 나오키 저, 이규수 역, 《국민주의의 포에이시스》, 창비, 2003.
야마무로 신이치 저, 임성모 역, 《여럿이며 하나인 아시아》, 창비, 2003.
왕후이 저, 이욱연 외 역, 《새로운 아시아를 상상한다》, 창비, 2003.
유영익, 《한국근현대연구》, 일조각, 1992.
____, 〈일제 식민통치와 한국의 근대화 문제〉, 《한국근현대사론》, 일조각, 1992.
윤건차 저, 이지원 역, 《한일 근대사상의 교착》, 문화과학사, 2003.
최갑수, 〈내셔널리즘의 기원과 특성〉, 《내셔널리즘: 과거와 현재》, 국제역사학한국위원회, 2003.
Henry Em, 〈탈식민지의 역사학과 국학의 세계화〉, 《안동대 국학부 제3회 국학 심포지엄 발표문》, 1988.
요시노 마코트 저, 한철호 역, 《동아시아 속의 한일 2천년 사》, 2005.

또 하나의 논쟁
독자를 대신하여 질문합니다

박노자, 허동현 선생님께

2004년 12월, 남아메리카 칠레의 수도 산티아고에서는 아시아·태평양 지역의 국가 원수들이 모여서 에이팩APEC 정상회담을 가졌다고 합니다. 회담장 주변에서는 고이즈미 준이치로 일본 수상과 후진타오胡錦濤 중국 국가 주석 간에 가벼운 실랑이가 있었다고 하더군요. 중국측에서는 되풀이되고 있는 일본 수상의 야스쿠니 신사 참배를 직설적으로 비판했던 모양입니다. 그 장소가 청일전쟁에 참전했던 일본군 장병을 비롯하여 2차 세계대전의 A급 전쟁범죄자로 처벌된 인사들의 위패를 안치한 곳이라서, 20세기 전반 일제에 짓밟혔던 중국으로서는 당연한 불평이었겠지요. 겸연쩍어하던 고이즈미 수상은 자기의 참배가 앞으로도 계속될 것이라고 못박았답니다. 수상은 가끔씩 신사를 찾아가 전몰장병을 위로함으로써 평화를 향한 일본인의 마음을 표현한다는 것입니다.

중국측 항의가 어찌 보면 당연한 것 같은데 그래도 어딘가 피해 의식에 사로잡힌 말처럼 들리고, 일본측 주장이 합리적인 항변으로 들리기는 한데 미심쩍은 구석이 없지 않습니다. 대국을 이끌어가는 정치가들은 이렇게도 저렇게도 해석되는 말을 워낙 잘 하는 것인지 잘 알 수가 없습니다.

칠레에서 단막극으로 끝난 고이즈미와 후진타오의 가벼운 실랑이는 중일 간에 과거사 문제가 여전히 현재진행형으로 남아 있다는 뜻으로 해석됩니다. 불과 수년 간 국토의 일부가 일본군의 수중에 떨어진 것을 가지고서 중국이 그렇게 나올 정도라면 무려 35년 간이나 전 국토와 백성이 종살이를 했던 우리로서는 과연 어떻게 대응해야 되는 것인지 모르겠습니다.

박 선생님의 견해처럼 일본은 "우리를 괴롭힌 적대적 타자"로 각인되어 있는데, 그 정도 역시 매우 심한 편입니다. 한국 사람들은 일본에 대한 적대감이 워낙 크기 때문에, 다른 "야수들"에 대해서는 지나치게 관대한 편이라고 꼬집었습니다. 선생님이 지적하듯이 우리 정부는 러일전쟁에서 전사한 자국 병사들의 위령비를 인천 어딘가에 세우겠다고 한 러시아 정부의 요구를 관대하게(?) 수용했습니다. 좀 웃기는 일인가요?

일본의 식민 통치가 한국 사회에 남긴 유산으로 박 선생님은 민족 의식의 형성을 손꼽았습니다. 전통적인 신분관념을 깨뜨리고 우리 전체를 '국민' 또는 '단일민족'으로 인식하는 근대적 민족국가 만들기가 시작된 것은 일제 식민 지배의 영향이었다는 말이지요. 일본은 한국의 입장에서 볼 때 침략자인 동시에 '근대의 교사'였다는 박 선생님의 주장은 식민지 근대화론에 가까운 편입니다.

국제주의적 평화주의자 박 선생님은 미래 한일 양국의 평화 교류를 꿈꾸면서 우선 한국 사회의 뿌리 깊은 일본 콤플렉스가 사라져야 한다는 점, 그리고 양국 모두 국가 지상주의의 청산을 촉구하였습니다. 바람직한 한일 관계가 실현되기까지 많은 시간이 걸릴 것이라는 조심스런 전망이겠지요.

박 선생님의 주장에 귀를 기울이다 보면 절로 고개가 끄덕여지는데, 연이어서 허 선생님의 글을 읽어보면 오히려 그 견해가 더욱 옳은지도 모르겠다는 생각이 듭니다. 허 선생님의 연구 결과에 따르면, 한국에서 근대국가 만들기라는 작업이 본격적으로 시작된 것은 이미 개화기였습니다. 앞서 박 선생님은 식민지 시대의 경험을 힘주어 강조했습니다. 식민지의 어둡고 아픈 기억이 한국의 민족 만들기에 직접적인 동기가 되었다고 본 것인데, 허 선생님은 19세기 말 김옥균, 박영효 및 어윤중

등 조선의 선각자들이 근대국가를 건설하기 위해서 자발적으로 많은 노력을 기울였다고 주장합니다. 그리고 한국의 근대 만들기가 무턱대고 일본을 본 뜬 것이 아니었다는 점을 강조하면서 18세기부터 한국 사회에서는 신분의 장벽이 해소되기 시작하였다는 점을 부각시킵니다. 오늘날에도 일본에는 부라쿠민이라는 일종의 특수집단이 존재하지만 한국은 결코 그렇지 않으며, 양국의 시민사회를 비교할 때 한국의 시민사회가 더욱 활기를 띤 양상이라고 강조합니다. 요컨대 한국의 근대는 결코 일본의 사생아가 아니었고 그렇기 때문에 시민사회가 이처럼 급속도로 성장할 수 있었다는 견해지요.

허 선생님도 한 가지 고민이 있는 것 같은데 한국 민족주의의 장래에 관한 것입니다. 최근 세계사의 흐름은 탈근대의 바다를 향해 도도히 흘러가고 있어서 여기저기서 민족주의를 포기하라는 함성이 들려오고 있지만—박 선생님만 해도 그렇게 촉구하시는 편이지요—우리로서는 아직 민족주의를 포기할 때가 아니지 않느냐는 생각을 하는 것 같습니다. 1945년 8월 해방과 더불어 불의에 찾아온 국토 분단이나 6·25전쟁도 그 뿌리를 더듬어보면 일본의 식민지 지배로 소급된다는 것이지요. 그런데도 일본은 아직까지 변변한 사과의 말도 없이 세월만 보내고 있기 때문에 허 선생님은 양국 관계를 우려하고 있는 듯합니다.

●●● 허동현 선생님께 묻습니다

푸른역사 선생님은 18세기 조선통신사가 남긴 어찌 보면 극히 주관적이고 단편적인 진술을 증거로 삼아서 일본인에 대한 조선인의 우월감이 대단했다고 보고 있습니다. 한 가지 궁금한 점은 그 당시 일본 지도층의 조선관입니다. 과연 쇼군을 비롯한 일본의 실력자들은 조선에 대해 열등감을 느끼고 있었을까요?

허동현 조선에서 이입된 성리학, 정확하게 퇴계학은 일본 막부의 통치 체제를 안정화시켜주는 쪽으로 기능했습니다. 요즘의 한류가 드라마나 연기자에 대한 관심 표명이지 한국 문화나 한국인 전체에 대한 호감 표명이 아닌 것처럼, 도쿠가와 시대 유학자들의 한국 존경도 주자학 학습이란 측면에서의 존경이었던 것이지 한국 문화를 비롯한 한국인을 우러러본 것은 아니었습니다. 일본의 외래문화 수용에 보이는 특징 중 하나가 섬이라는 일본의 지리적 위치로 인해 속도와 폭을 조절할 수 있다는 겁니다. 어떠한 보편 사상과 종교도 일본으로 들어가면 일본적 특성을 띠게 되는 거지요. 예를 들어 불교와 기독교 같은 고등종교도 일본에 수용되면 일본 고유의 민속신앙인 신도神道와 뒤섞여 일본 천황을 석가모니불의 현세불로 보는 '습합習合' 현상이 초래됩니다. 마찬가지로 퇴계학도 일본의 특수성과 신성성을 강조하는 국학과 미토학水戶學의 뿌리로 기능하게 됩니다. 그래서 국학자들은 태고에 일본의 신이나 천황이 한국을 지배했으며 한국의 왕이나 귀족이 일본에 복속했다며 한국에 대한 일본의 우월적 지위를 강력하게 주장했습니다. 이러한 한국관은 일제 침략을 합리화하는 일선동조론日鮮同祖論의 뿌리가 됐던 게 사실입니다. 또한 우리의 경우 붓 든 선비들이 지배층이었지만, 일본의 경우는 칼 든 무사들이 정권을 쥐고 있었으므로, 일본의 지배 세력들이 조선에 대해 군사적·경제적인 면에서 열등 의식은 없었던 것으로 보입니다. 일례로 미토학이 나온 수호번의 영주였던 도쿠가와 미츠쿠니德川光國(1628~1700)가 옮긴 우리 사서 《동국통감東國通鑑》의 서문에는 태고 적에 일본이 한국을 지배했다는 우월 의식이 짙게 배어 있습니다. 이러한 일본 무사층의 우월 의식은 일본 유학자들의 내면에도 동일하게 흐르고 있었던 것 같습니다. 사실 유학자들의 한국 유학 존경은 겉으로 드러난 다테마에建前(겉모습)였지 그들도 무사 계층과 마찬가지로 혼네本音(속마음)는 한국보다 일본이 우월하다는 생각을 품고 있었을 겁니다.

푸른역사 선생님은 현재의 한국은 국민국가 만들기와 그것을 초월하기라고 하는, 이를테면 두 마리의 토끼를 동시에 쫓아가야 하는 어려운 과제를 안고 있다고 말씀하셨습니다. 남쪽에는 대한민국, 북쪽에는 조선민주주의인민공화국이란 국가가 들어선 지도 50년이 넘었습니다. 아직도 우리가 국민국가 형성이라는 과제에 매달려야 한다면 좀 지나친 것이 아니냐는 지적이 나올 법합니다.

허동현　제가 남북이 하나 되는 국민국가 세우기를 이야기하는 것이 통일지상주의로 비칠 수도 있겠습니다. 그러나 저는 동독의 붕괴가 예기치 않게 찾아 왔듯이, 언젠가 느닷없이 다가올 통일에 대비해 북한 주민들을 우리 안의 타자로 만들지 않기 위해서라도 민족에 기반을 둔 국민국가 만들기가 우리의 피할 수 없는 시대적 과제임을 말한 것이며, 이미 산업화·민주화된 남한 사회의 경우 근대 이후의 과제도 함께 고민해야 하는 지체와 조숙이 병존하는 한국 사회의 특수성을 말씀드린 겁니다.

제가 우리의 통일을 말씀드리는 이유는 동독과 서독의 경우와 비교해 볼 때 잘 설명할 수 있을 것 같네요. 현재 독일의 영역은 17~18세기만 해도 국가가 아니라 신성로마제국의 한 지역을 가리키는 호칭에 지나지 않는 300개 이상으로 분리된 제후국 영방領邦의 집합체였습니다. 당시 신성로마제국의 수장은 오스트리아의 합스부르크 왕가였으며, 제후국인 프로이센은 오스트리아와 프랑스의 방해를 차례차례 물리치면서 1871년에야 독일 통일을 이뤄냈지요. 즉 독일이라는 국민국가는 철저하게 근대의 산물이며 그 이전에는 중앙집권적인 정치·경제·문화적 공동체의 경험이 없었다는 겁니다. 반면 우리는 적어도 고려 시대 이후 남북 분단 이전까지 1,000년 이상 정치·경제·사회·문화적 공동체를 유지해왔다는 점에서 큰 차이가 있습니다. 저는 동서독의 통일에 비추어 볼 때 우리의 통일은 반드시 이루어져야 한다고 생각합니다. 왜냐하면 독일의 분단은 전쟁을 일으킨 전범국가로서 치러야 할 역사적 죗값 때문이었지만, 우리는 일본의 잘못을 대신 덮어쓴 속죄양이었기 때문입니다. 남북 분단은 수정주의 사관이 말하는 것처럼 우리 안의 내전 탓이라기보다 6·25전쟁이 국제전임을 밝힌 윌리엄 스툭William Stueck의 말마따나 이데올로기 시대의 좌우를 대표하는 외세 탓이 더 컸습니다. 따라서 남북의 통일은 우리만의 문제가 아니라 우리 분단에 책임 있는 외세들도 도와줘야 할 지난 세기가 남긴 과제라고 봅니다. 독일이 그랬듯, 통일이 장밋빛 미래를 보장하진 않는다는 점에서 단순한 통일지상주의가 아니냐는 반론과, 그러면 미국과 같은 다인종·다종족 국가는 초超근대냐는 비판이 제기될 수도 있겠지요. 물론 통일 이후 우리들이 감내해야 할 통일 비용이나 풀어야 할 사회적 갈등이 매우 클 것이라는 점은 예상할 수 있습니다. 하지만 분단으로 인해 고통 받는 이산가족의 존재 그 하나만을 고려해 봐도 통일로 인해 생길 경제적 어려움은 우리 모두가 기꺼이 나누어 져야 할 짐이고, 사회적 갈등도 우리 모두가 머리를 맞대고 풀어야 할 숙제가 아닐까 합니다. 또한 우리도 다른 선진 산업 사회와 마찬가지로 3D업종 기피로 인한 노동력 부족을 이주 노동자들로 채우고 있으며, 제3세계로부터의 인구 유입은 우리 사회의 출산율의 저하와 맞물려 더욱 커지는 추세입니다. 사실 우리도 이미 다인종·다문화 사회로 넘어가고 있는 과정에 있습니다. 따라서 오늘 우리는 국민국가의 완성이라는 근대적 과제와 약자·타자와 함께 살기라는 탈근대적 과제를 함께 추구해야 하는 거죠.

푸른역사   선생님은 한국의 근대는 단순히 일본을 베껴서 된 것이 아니라는 점을 강조하기 위해 개화기의 근대국가 만들기 운동, 조선 후기의 사회 발전 그리고 현대에 있어서 시민 사회의 성장을 드셨지요. 그런데 이러한 견해가 지나치게 내재적 발전논리에 치우쳐 있는 것은 아닐까요? 만약 선생님의 견해가 우리 역사는 반드시 긍정적으로 봐야 한다는 논리에서 비롯된 것이라면, 그 역시 근대국가 만들기 운동의 이념적 포로임을 드러내는 일일 것 같은데요?

허동현   제가 피력하고 있는 한국근현대사 긍정적으로 읽기는, 물론 내재적 발전론에 입각한 근대화 지상론으로 읽힐 수도 있을 겁니다. 그러나 제가 말씀드리고자 하는 것은 한국근현대사를 보는 눈이 우리의 눈이 아닌 타자의 눈을 빌려 볼 때 생기는 문제점을 말해보려고 했던 겁니다. 이미 이데올로기의 시대가 끝나고 근대적 과제를 달성한 구미 사회에서는 국민국가를 넘어 선 지역 공동체 만들기와 아울러 탈근대가 오늘의 시대적 과제일 테고, 서구 지식인들에게 근대적 과제를 이야기하는 것은 시대착오로 비치겠죠. 따라서 한국근현대사를 보는 서구학계의 눈은 차갑기 그지없습니다. 그들은 식민지 시대 일본에 의해 이루어진 산업화의 물적 토대를 바탕으로 해방 후 미국 주도 하의 세계 체제에 기생한 군부와 재벌이 결합한 천민자본주의가 노동자·농민을 착취해 이룬 예기치 못한 성공이라고 봅니다. 물론 경성방직의 역사를 연구해 한국의 자본주의의 식민지 기원과 천민성을 밝힌 카터 에커트의 연구는 우리의 산업화가 갖는 암울한 측면을 잘 보여줍니다. 그러나 저는 경성방직의 역사가 하나의 케이스 스터디로 일면의 진실을 말할 뿐 총체적 진실은 아니라고 생각합니다. 유한양행의 역사와 같은 사례가 우리 자본주의의 건강성을 지켜줄 소중한 기억이기에 연구되고 알려져야 한다는 것이지요. 개발 독재에 저항하던 민중이 얼마나 많은 착취와 고통을 겪었는가를 말하는 것만으로는 세계사에 유례없는 비서구 지역에서의 다원화된 시민사회의 성장을 설명하지 못한다는 게 제 생각입니다. 새가 좌우의 날개로 균형을 잡으며 날 듯이, 한국근현대사를 바라보는 눈도 대칭을 이룰 필요가 있다는 것입니다. 우리가 사는 사회가 이상적이지 않기에 그 모순을 바로잡기 위해서 비판과 질책이 필요하나, 우리 사회의 정체성을 잃지 않기 위한 칭찬과 자긍도 필요하다는 점을 지적하고 싶습니다.

현재 우리가 구해 볼 수 있는 한국현대사에 관한 서적들의 90퍼센트가 수정주의 사관에 입각해 씌어졌다는 현실은 한쪽 날개만 비대해진 새가 균형을 잃는 것과 마찬가지로 우리 사회의 건강성 유지에 득이 되지 않는다는 생각에서 반론을 제기한 것입니다. 그렇다고 산업화를 이끌었다고 평가되는 군부와 재벌의 공을 예찬하자는 게 아닙니다. 저는 개발 독재의 질곡 속에서도 시민사회를 이루어 낸 우리 어머니 아버지를 역사의 주어로 하는 한국근현대사 들여다보기와 쓰기가 필요하다는 이야기를 하고 싶었던 것입니다.

●●● 박노자 선생님께 묻습니다

푸른역사   선생님은 한국의 근대화가 일본에 의한 일종의 '강간'이었다고 주장했습니다. 그 말은 근대화 과정에서 한국의 역할이 그처럼 수동적이었다는 뜻인지 궁금합니다. 우리가 서구 문명을 본뜰 이유가 없었다고 생각하는 것도 같고요. 과연 '강간'이 아닌 정상적인 근대화란 것이 존재한다면 그것은 어떤 모습으로 나타나게 되는지 궁금합니다.

박노자   '강간'이지요. 즉 전근대적인 사회 계층이나 사회 관계, 관념들을 해체시키려 할 때 폭력을 수반하지 않는 경우란 역사상 아마도 없을 겁니다. 유럽을 보세요. 중세 후기 인클로저 운동이 전개되면서 농민을 강제 퇴거시켰지요. 그밖에도 비슷한 경우가 많았습니다. 손수건을 훔쳐도 곧 교수형에 처해졌던 16세기의 야만적인 법률, 아일랜드와 같은 유럽의 주변부에 대한 강탈과 학살, 17세기 중반부터 일어난 천주교도의 "비非국민화"나 19세기 초의 5~6세 아동들에 대한 노동 착취 등 영국과 같은 자칭 모범적 근대국가에서 민중이 흘린 피와 눈물을 생각해보시지요. 만일 영국과 조선에 차이가 있다면 영국에서는 같은 영국인이 근대화 과정에서 잉여 가치를 무자비하게 착취하고 자본을 축적했던 데 비해, 세계적 주변부인 조선에서는 일본인 그리고 외국 교육을 철저하게 받아 조선을 타자화시킨 매판적인 개화파, 친미반공이 뼛속까지 물들어 있던 정치군인, '태자'들을 미국으로 일찍 들여보내 미국인으로 만들기 원했던 종속적인 재벌들만이 그 덕을 보았다는 겁니다. 한국의 근대화 주체들은, 그들의 상당수가 기층민 출신들이었음에도 불구하고 식민성·매판성이 강해 민중을 수탈과 폭력의 대상물로만 여겨 왔습니다. 권위주의 시대에 발생한 대민 폭력이야 다들 아는 이 야기지만, "미국과 관계 좋게 하자"는 의미에서 수천 명의 민중 들을 '자이툰 부대'라는 이름으로 일종의 '인신 제사'로 미국에 바친 자칭 '진보주의자' 노무현 정권의 행각을 어떻게 봐야 합 니까? 결국 돈 없어서 이역만리로 총알받이로 가는 수밖에 없 게 된 빈민들이 노무현이라는 자수성가형 신흥 '사회귀족'의 외 교적인 카드가 된 것입니다. 민중이 나라의 주인은 커녕 충분한 의미의 '국민'도 되지 못하는 것은 주변부 국가의 근대화에서 목격되는 주된 폐단인데, 그게 바로 한국의 경우에 가장 잘 드 러납니다. 대한민국에서 노동자와 농민에 기반을 둔 사회주의 적/사회민주주의적 세력들이 집권하지 못하는 이상 복지다운 복지는 없고 민중 시련의 시대도 끝나기 어려울 것입니다. 주변 부적 종속 근대화를 포함한 일체의 근대화가 자의로든 타의로 든 전 세계에 보편적으로 이루어지고 있는 만큼 그 나름의 합법 칙성과 필연성을 내포하고 있겠지요. 하지만 조선의 경우 민중 은 이 가혹한 시련의 과정에서 혜택보다는 피해를 더 많이 입었 습니다. 이 점을 망각하면 안 될 것 같습니다. 그리고 지구의 환 경과 인간의 삶을 왜곡시킨 근대를 극복하자는 의미에서라도 근대화 과정을 피해자의 입장에서 비판적으로 성찰해야 할 것 입니다.

푸른역사 선생님은 현대 한국 지도층의 상당수가 일본제국의 체제에 잘 적응해 같은 조선인들을 착취해가면서 돈과 지위를 확보했으므로 민족 전체가 식민 통치의 피해자라고 볼 순 없다고 하셨지요. 그런데 국가 사회란 수백만 또는 수천만을 헤아리는 구성원들로 이뤄진 것이고 보면, 어차피 전체 구성원이 동일한 피해와 압박을 당한다는 것은 불가능하지 않을까요? 만일 선생님의 논리를 충실히 따른다면 역사상 어떤 집단도 가해자나 피해자로 서술돼서는 안 될 것 같습니다.

박노자 네, 바로 그 말씀입니다. 민족을 단위로 삼아 '피해'와 '가해'를 나눈다는 것은 무의미에 가까운 일이지요. 계급적인 관점이 절실히 요구됩니다. 그 점에서 유럽사와 한국사는 본질적으로 같습니다. 2차 세계대전만 해도 그때 학살당한 6백만 명의 유대인이 있었는가 하면, 소련과의 전쟁에서 전사하거나 행방불명 또는 부상당한 약 6백만 명의 독일 병사들이 존재했습니다. 이 병사들 역시 넓은 의미에서는 '가해자'인 동시에 '피해자'였습니다. 독일군의 대다수는 무산계급의 졸병들이었는데, 파시즘에 그 생명을 바친 대가로 챙긴 것이 과연 무엇이었습니까? 설사 파시즘이 전쟁에서 이겼다 하더라도 불평등 구조를 생명으로 여기는 파시스트 사회에서 그들에게 돌아갈 몫은 그들의 희생에 비해 결코 크지 않았을 겁니다. 즉, 피해국이나 가해국을 이야기하는 것보다는 국가적인 소속과 무관하게 피해 대중과 지배층에 속하는 가해자들을 구별하는 게 더 정확한 방법일 것입니다. 다만 60여 년 전의 독일이나 오늘날 그를 빼닮으려 하는 미 제국의 피해 대중은 가엾게도 지배계급의 이데올로기를 내면화한 나머지 자각 없는 즉자적인 대중에서 계급 의식이 싹튼 대자적인 민중으로 탈바꿈하지 못했습니다. 결국 그들 대중은 지배계급의 무모한 세계 정복에 이용당하는 도구일 뿐입니다. 실제로는 피해를 보면서도 그런 줄도 모르고 자발적으로 가해자들을 위해 복무하는 거지요. 이것이 피해 대중의 여러 유형들 중에서 최악입니다. 상대적으로 특혜를 받는 제국주의 국가 대중들에게는 이와 같은 피동성과 반동성이 쉽게 생기곤 하지요. 그러나 세계 체제의 무게를 온몸으로 감당해야 했던 조선의 피해 대중들의 자세는 그래도 훨씬 꼿꼿했습니다. 일제시대의 적색노조와 농민조합, 그들이 중심이 됐던 소작쟁의라든가, 권위주의 정권 때의 노동운동 등을 생각해보세요. 물론 박정희의 이데올로기를 내면화한 면도 있고, 88올림픽이나 2002월드컵 때 국가주의적 '스포츠 애국주의'에 휩쓸리는 등 국가와 자본에 의해 쉽게 동원된 측면도 있습니다. 하지만 지배층에 대한 투철한 피해 의식, 사회적 정의가 존재하지 않는 수탈적 국가에 대한 불신 등이 강해 국가주의의 허구를 반박한 적이 많았지요. 지금도 한국 민중은 친일파 엘리트에 대해 매우 강한 거부감을 보이고 있습니다. 그런데 이와 같은 지배층에 대한 피해 의식이 국가와 자본에 대한 사회과학적인 이해를 바탕으로 계급적으로 체계화되지 못하고 있습니다. 그런 까닭에 한국의 지배층은 여전히 민중을 이데올로기적으로 장악할 수 있는 겁니다.

푸른역사　선생님은 오늘날 한국의 중산층이 일상적으로 누리고 있는 편안함의 이면에는 4백만 명도 넘는 '같은 아시아인들을 죽인' 미국의 범죄행위에 한국이 편승하였다는 부끄러운 사실이 숨어 있음을 고발했습니다. 한국의 고도성장을 성공으로 이끌었던 박정희 대통령에 대해서도 '친일의 화신'으로 규정했고요. 독자들 중에는 선생님의 사관이 지나치게 도덕적이며 흑백논리라고 비판하는 이도 있다고 생각합니다. 아울러 선생님이 한국이란 용어 대신 '우리'라는 표현을 즐겨 쓰시는데요, 이것을 과장된 제스처로 받아들이는 시각도 분명 존재할 겁니다. 이런 점들을 어떻게 생각하는지요?

박노자　마지막 질문부터 답을 드리자면 저는 대한민국에 입적된 자로서 '우리'라는 말을 쓰기도 하지만, 폭정 밑에서 살아온 러시아/소련에서의 경험이 수탈-억압 일변도의 한국에서의 경험과 나름대로 일맥상통하는 점이 있어서 그렇게 쉽게 '우리'라고 말하는 부분도 있습니다. 러시아와 한국의 공통점을 예로 들자면 최근 한국에 박정희 향수병에 걸린 사람들이 많은 것처럼 러시아에도 스탈린 향수병이 유행입니다. 그만큼 권위주의의 국가주의적 주술은 강력합니다. 오늘날 신자유주의 체제하에서는 사회적 신분이 세습화되어버렸기 때문에 신분 상승이 얼마간 가능했던 권위주의 시대에 대한 향수가 짙습니다. 이것도 사회의 혁명적 변혁을 회피하는 일종의 허구 의식입니다. 그밖에 러시아인들의 극히 냉소적인 국가관은 한국 서민들의 관점과 많이 통하지요. 저는 스탈린 밑에서 고생한 사람들의 후손으로서 스탈린에 대해 느끼는 감정들을 박정희에 대해서도 느끼고 있습니다. '공산주의'의 외피를 쓴 소련의 권위주의적 근대화를 '자유민주주의'의 외피를 써온 한국의 권위주의적 근대화와 동일 선상에서 놓고 보는 것입니다. 군사주의와 공포의 왕국을 조성한 점에서 박정희와 스탈린은 별로 다를 게 없지만(박정희가 스탈린주의적인 남로당에 한때 가입한 것을 과연 우연으로만 볼 수 있을까요? 그는 선배 스탈린에 대해 그 나름의 매력을 느끼지 않았을까요?), 제국주의적 유산에 힘입어 나름대로 자율성을 유지했던 소련과 달리 박정희 식의 근대화는 철저하게 대외 종속적이었습니다. 친일파 박정희가 스스로 자청해서 한국 병사들을 베트남에 총알받이로 내몬 것은 결코 우연이 아니라 종속적 엘리트의 일관된 논리입니다. 친일이든 친미든 간에 종속적이기는 마찬가지였단 말씀입니다. 남한은 시종일관 중심부의 돈을 빌려다 쓰고, 중심부의 언어를 달달 외우는 것을 귀족의 필수품 또는 사회신분의 지표로 삼고 있습니다. 중심부의 기술을 사다 쓰고, 그리고 중심부 군대 주둔의 부끄러운 역사를 청산하지 못하고 있습니다. 그런 까닭에 1997~1998년에 IMF를 앞세운 신자유주의 세력들에게 그렇게 무력하게 무너진 것이었고, 바로 그래서 반미 기류를 타고 대통령이 된 노무현 정권조차 말 그대로 '끽소리 못 하고' 이라크로 한국 병사들을 파병한 겁니다. 이러한 허약한 종속 구조를 영구화시킨 것이 바로 박정희의 개발 전략이라는 사실을 간과하면 안 됩니다. 그런 까닭에 저는 박정희를 대통령이라기보다는 반란자인 동시에 민중의 학살자로 불러야 한다는 부정적인 입장입니다. 허 선생님도 저도 한국이 자존심을 가지고 지구상의 모든 이들로부터 존경받는 국가 되기를 다 같이 갈망합니다. 그 첩경은 바로 박정희 유산에 대한 비판적인 성찰이라는 게 제 생각입니다.

●●● 두 분 모두에게 드리는 공통된 질문입니다

푸른역사 개화기 한국의 근대국가 만들기에 대해 두 분 모두 관심을 갖는 것 같은 인상을 받았습니다. 허 선생님은 그 점을 대단히 적극적으로 평가하셨고, 박 선생님도 그런 현상을 무시한 것은 아니었다고 봅니다. 개화기의 근대국가 만들기와 식민지 시대에 전개된 비슷한 프로젝트를 비교해서 같은 점과 차이점을 설명해주세요.

허동현 개화기(1876~1910)란 우리 민족이 자발적으로 '근대화modernization'를 추진해나가다 외세의 침략 때문에 좌절한 시기를 말합니다. 당시 조선 왕조의 위정자들 중 1880년대 초반의 개화운동을 주도한 온건 개화파는 중국을, 1884년 갑신정변을 주도한 급진 개화파와 갑오개혁(1894~1895)을 주도한 친일 개화파는 일본을, 독립협회운동(1896~1898)을 이끈 친미 개화파는 미국을, 1898년 광무개혁(1897~1904)을 주도한 고종과 그 측근 세력은 러시아의 경험을 본받아 '근대화'를 도모하는 제도

개혁에 나선 바 있습니다. 그러나 조선 왕조는 국민국가로 진화하지 못하고 1905년 일본의 보호국에 이어 1910년 일본제국의 식민지로 전락함으로써 한국인들은 '천황폐하의 신민'이 돼 버렸지요. 반면 일제 시대는 개화기의 근대화 운동과 해방 이후 남북한에서 본격적으로 전개된 국민국가 만들기 움직임 사이에 낀 과도적 시기였습니다. 1960~1980년대 남한의 독재 군부가 추진한 위로부터의 근대 만들기와 해방 후 현재까지 북한이 고집해온 1인 독재와 권력세습의 모델이 된 것이 바로 일제 시대에 이루어진 타율적 근대화입니다. 그러나 남한의 경우만 놓고 보면, 개발 독재 시대의 근대화 모델은 일본 식민 지배의 유산이기도 하지만, 개화기에 메이지 유신식 근대 만들기를 시도했던 갑신정변과 갑오경장의 전통을 이은 것이기도 합니다. 사실 해방 후 한국의 근대화 기획을 거시적으로 살펴볼 때, 이승만 정권과 장면 정권은 개화기 독립협회 운동의 맥을 이은 미국식 근대를, 박정희 군부정권과 전두환·노태우 신군부 정권은 산업화를 민주화에 앞세우는 부국강병형의 일본식 근대를, 김영삼·김대중 정권은 다시 민주주의와 산업의 병행 발전을 목표로 하는 미국식 근대를 추구한 것으로 볼 수 있습니다.

따라서 개화기에 일어난 근대 만들기 움직임은 비록 실패하였고 외세 의존적인 면이 있었다고 해도 무시해버릴 만큼 미약했거나 의미 없는 일이 아니었습니다. 또한 식민지 시대에 일어난 근대적 변화는 기본적으로 식민 모국 일본의 이익을 도모하다 우연히 일어난 발전이기에 '식민지적 근대화'는 우리의 행복 증진에 도움이 되기는커녕 오히려 고통과 상처를 준 '과잉발전 over-development' 내지 '잘못된 발전mis-development'이므로 일제하의 겉껍데기 근대화를 한국의 진정한 근대화로 보는 것은 잘못이라는 유영익 교수의 견해에 귀 기울일 필요가 있다고 생각합니다.

박노자 개화기 근대국가 만들기를 여러 단계로 나누어 볼 수 있을 것 같습니다. 가령 강화도조약 때부터 갑신정변까지는 비록 중국의 간섭이 있었다 해도 내정은 독립성이 보장됐던 개화기 초기라 하겠고요, 중국의 예속화 정책이 강력히 추진되는 가운데 급진 개화파가 탄압당한 중국 간섭 하의 온건 개혁기(1884~1894), 친일적 갑신정권이 주도한 급진 개혁기(1894~1896), 그리고 아관파천(1896년 2월 11일) 또는 대한제국의 성립(1897년 10월 12일) 이후 을사늑약의 강요(1905년 11월 17일)에 이르는 이른바 광무 개혁기(황실 측근 세력의 주도 하에 물질적으로 근대화된 절대왕권 국가를 건설하려던 시도)와 보호국 시절(1910년의 국치까지) 등으로 시대 구분이 가능합니다.

그 중 갑오개혁기와 광무개혁기는 근대국가 설립 프로젝트가 일부 공통되기는 합니다만 서로 큰 차이가 있습니다. 먼저 갑오개혁 기간을 보면 그 때는 근대 엘리트들의 권한이 거의 지배적이었습니다. 조선 시대는 유례를 찾기 힘든 "신권臣權의 국가", 사회과학적으로 이야기하자면 과두寡頭 엘리트의 권위주의적 정권이 만들어졌던 것입니다.

그들이 실시한 개혁들 중에는 신분제 특히 노비제도의 폐지 등 어차피 누군가가 실행해야 할 중대한 업적들도 포함돼 있었지만, 그들은 위로는 고종과 그 측근들로부터 혐오의 대상이 됐으며 아래로는 수탈을 심하게 받아온 민중들에게 지지를 얻지 못해 결국 아관파천으로 그냥 무너지고 말았습니다. 그들이 구상한 개화 엘리트의 집단 독재는 외세의 후원 없이는 불가능했지요. 결과적으로 고종이 일본의 속박에서 벗어나기가 무섭게 갑오 정권 담당자들은 순식간에 정치범으로 둔갑됐지요.

아관파천으로 구 민씨 세력 일부와 고종의 측근(이용익 그룹 등)이 집권했는데, 이들의 근대국가 구상은 갑오개혁의 집단 독재와는 대조적으로 1인의 절대적인 지도자(고종)와 그 부하 집단의 독재, 즉 전제왕국 제정 러시아를 닮은 전제권력이었습니다. 일본만 의지했던 갑오정권과 달리 광무정권은 일본과 러시아의 갈등을 나름대로 수완 있게 이용하는 등 국익(실제로는 어용 독점 자본가의 이익이지만)을 지키려고 다양한 시도들을 해봤습니다. 하지만 극단적인 부정부패와 수탈이 그치지 않았고, 민란을 무자비하게 탄압해 민중적 기반을 잃었습니다. 본질적으로 광무정권은 갑오정권과 그리 다르지 않았다고 볼 수 있는데, 헤이그 밀사 파견이라는 무의미하고 무력한 시도 끝에 결국 무너지고 말았습니다. 민중의 지지를 얻으려 노력하기보다 수탈과 채찍질만 일삼는 정권의 말로란 늘 그렇지요.

한국을 병합한 일제의 통치 체제는 일본군이라는 조직에 바탕을 둔 군부 독재였습니다. 물론 군부 독재라 해도 총독이라는 1

인 독재자는 거의 전제왕권에 가까운 무소불위의 권력을 휘둘렀습니다. 고종도 광무정권 때 '1인 독재'를 시도해봤지만 차원이 달랐지요. 총독의 전제는 피지배민들의 저항을 분쇄하고 사상을 강제로 주입했고, 자본과 국가 본위로 개발은 하였으나 피지배층의 복지를 개선할 의지가 거의 없어 진정한 민중적 지지 기반은 생길 수가 없었지요. 게다가 인권의 '인' 자도 염두에 두지 않았다는 사실들을 비추어볼 때 일제 통치야말로 남한의 권위주의적 정권의 직접적인 뿌리일 겁니다. 북한도 일제의 통치술을 본뜬 측면이 많습니다만, 토지개혁부터 시작해 복지 제도가 어느 정도 실시되어 민중의 자발적인 지지 기반이 일찍이 확보됐습니다. 그러나 1990년대에 빈발한 아사 사태 등으로 이 자발적인 지지 기반, 즉 그람시가 이야기한 민중에 대한 이데올로기적 헤게모니는 크게 약화된 것 같습니다.

푸른역사 '욘사마' 열풍도 그렇거니와 한일 양국의 경제·문화적 교섭은 대단히 활발합니다. 양국의 젊은이들은 과거사 문제에 별로 신경 쓰고 싶어 하지 않는 분위기도 조성돼가고 있지요. 그런데 선생님들은 한일 양국이 화해하고 협조하는 시대가 밝아오기를 고대하면서도 단시일 내에 성사되기는 어렵다고 생각하는 듯합니다. 특히 박 선생님은 '화쟁적 사관'이란 신조어까지 구사하는데 21세기 한일 관계의 전망을 다시 한 번 정리해주기 바랍니다.

허동현 문화란 물과 같아서 높은 곳에서 낮은 곳으로 흘러갑니다. 최근의 한류는 한국의 대중문화에 관심을 갖는 일본인들이 늘어난다는 점에서 흥미로운 현상으로 보입니다. 그러나 아직까지 한일 양국이 주고받은 문화·기술 같은 무형재와 자본과 같은 유형재의 대차대조표는 여전히 우리 쪽 항이 빨간 글씨로 채워지고 있는 것이 현실입니다. 즉 대중문화와 연예인 몇몇에 대한 관심을 갖고 우리가 일본에 유의미한 타자가 되었다고 보기는 어렵다는 생각입니다. 마찬가지로 일본 시민사회는 미 점령군 사령관 맥아더가 만들어낸 타율적 작품이지 일본 시민 자신들의 손으로 만들어낸 것이 아니기에 마땅히 청산해야 할 한일 간의 해묵은 과제를 결자해지의 마음으로 풀려 하기보다 침략의 과거사를 미화하는 극우 세력이 점차 힘을 얻고 있는 형국입니다. 물론 한일 양국에 과거에 부담을 갖지 않는 새로운 세대가 자라나고 있지만, 무조건적인 망각은 문제 해결에 도움이 되지 않을 겁니다. 그보다는 앞으로의 미래를 책임질 한일 양국의 새로운 세대가 침략과 피지배라는 과거 역사에 대해 성찰적 기억을 공유하는 것이 바람직한 미래를 위한 첫걸음이라고 봅니다. 과거 역사에 대한 기억을 공유한 다음에는 둘 간의 시각차를 좁히는 게 중요하겠죠.

비유를 들자면, 칠면조와 공작은 원래 같은 종이지만 대륙을 달리해 살다보니 소위 보디랭귀지가 다르다는 이야기를 어릴 적 동물들의 생태를 관찰한 책에서 읽은 적이 있습니다. 기억이 정확한지 자신이 없지만, 칠면조가 공작을 만나면 덩치 큰 개 앞에서 작은 개가 꼬리를 감추듯 약자로서 항복의 표시로 고개를 숙인다고 하더군요. 그러나 이러한 몸짓은 공작에게는 도전의 표시로 받아들여져, 칠면조는 사정없이 쪼아대는 공작의 부리를 피할 요량으로 더 강한 복종의 몸짓으로 고개를 조아리다 죽음에 이른다고 합니다.

양국의 대표적 고전인 《춘향전》과 가부키 《주신구라忠臣藏》에 나오는 여성의 존재양태는 칠면조와 공작만큼 다릅니다. 춘향은 절개를 지켜 이몽룡의 처가 되지만 《주신구라》에 나오는 사무라이의 아내는 주군의 원수를 갚기 위한 군자금을 대기 위해 유곽에 팔려가게 됩니다. 여성의 정조를 보는 두 나라 사람의 눈이 이다지도 다르니, 정신대 문제를 보는 한국과 일본 두 나라의 시각차는 두 나라 사이에 흐르는 문화와 관습의 차이를 품고 이해할 때야만 좁혀질 수 있을 겁니다. 따라서 저는 두 나라 사람들이 서로에 대한 차이를 알고 포용하는 노력을 기울일 때, 그리고 두 나라 시민사회의 화합을 방해하는 움직임에 대해 공동으로 고민하고 대처하는 국제적 연대를 모색할 때 오랜 악연의 고리를 끊고 함께 사는 바람직한 새 시대를 앞당기리라고 생각합니다.

박노자 일본의 극우주의적 행태는 요즘도 심심치 않게 목격됩니다. 미국 편향적인 외교와 '북한 때리기' 캠페인 전개, 야스쿠니 신사와 같은 일제 시대 상징성의 복원, 정치적 좌파의 약화와 신좌파의 부재, 그리고 역사 왜곡으로 '대륙'(한국·중국)을 무시하는 분위기가 조장 되는 등 문제가 참 많습니다. 우려되는 부분이 많은 것도 사실입니다만 그럼에도 저는 한일 양국 관계를 긍정적으로 보려고 합니다.

그 이유는 첫째, 한국과 중국의 주된 무역 파트너이자 투자국인 일본이 아무래도 미국보다 동아시아 지역에서 책임감을 더 많이 느낄 것이고, 그러면 미 제국의 북한 침략과 같은 행위 즉, 한국과 중국에서 영구히 비판의 대상이 될 망동을 노골적으로 지지하지는 못할 겁니다. 일본 수상의 야스쿠니 신사 참배 등 극우적 상징 조작이야 금지할 수 없겠지만, 오늘과 같은 지역통합의 시대에 동아시아의 일원인 북한에 대한 미제의 학살을 돕는다는 것은 말도 안 되는 일입니다. 고이즈미의 지적 수준은 극히 낮지만 아마 거기까지는 못 갈 듯합니다.

둘째, 신자유주의적 환경에 적응하지 못하는 '일본식 자본주의'는 위기에 대한 반동적인 대응으로 극우주의에 매달립니다. 그렇다 해도, 일본의 풀뿌리 시민사회는 생각보다 건전한 부분이 많습니다. 이 풀뿌리의 건전성을 지킬 만한 메커니즘도 그 나름대로 있습니다. 일례로 극우들이 왜곡된 역사 교과서를 써도 대부분의 학교에서는 그것을 채택하지 않거든요. 동아시아 전체와의 평화 공존을 원하는 일본의 시민사회는 극우적 엘리트의 상징 조작을 배척하고 있습니다.

셋째, 한일 간에 경제적인 격차는 당분간 해소되지 못하겠지만 남한과 일본의 문화, 정서적인 격차가 급격하게 줄어들고 있어 한국에 대한 윗세대의 제국주의적 오만이 곧 설 자리를 잃을 것입니다. 한국과 일본 젊은이들이 서로 낯선 느낌 없이 사귈 수 있을 만큼 한국의 젊은 세대는 이미 개인주의적, 탈권위주의적 방향으로 성장해 있습니다. 따라서 다소의 시련이 있더라도 이미 시민사회의 뿌리가 정착된 일본과 남한, 그리고 홍콩과 대만은 자유주의를 지향하는 동아시아적 공동체를 창출해낼 가능성이 분명히 있다고 봅니다.

■ 부록-원전 읽기

□ 대미관

1. 모해화인, 〈한성주보〉 (1886년 3월 8일, 제6호, 외국소식란)
출처: 관훈클럽 신영연구기금,《한성순보. 한성주보 번역판》, 박문국, 1983, 750쪽.
주해: 재미 중국인을 대량으로 죽이려다가 붙잡힌 백인 테러리스트에 대한 '엽기적인' 이야기. 인종주의 국가로서의 미국의 본질에 대한 보도는 일찍부터 한국에 없었던 것은 아니지만 태평양 건너편에서 어떤 '희망'을 발견하려는 개화파 지식인들은 이를 무시하려는 경향이 강했다.

謀害華人〔108〕지난해 12월 26일 申報의 보도에 의하면 이러하다.
美國 사람과 中國 사람 사이에 불편한 관계가 누적되어 온 것이 이미 일조일석의 일이 아니었다. 근래 金山(샌프란시스코) 彙報를 열람해 보고 다음과 같은 사실을 알았다. 該處 皇家의 醫生인 阿短爾路(아담스 Adams)라는 자가 凶徒들을 모집하여 전적으로 음험한 계책을 세워 날마다 중국 사람을 謀害하는 것으로 일을 삼고 있다. 그는 睹文(스웨덴)인 3명, 러시아인 1명을 규합하여 孟金烏匣(Mountain view)의 亞允天(Avenue) 街에 가옥 한 채를 전세냈다. 그 가옥 앞에는 빈 터 1區가 있는데 여기에다 園圃를 築造하고 그 속에서 軍火·炸藥을 제조하기로 했으며, 서기 1886년 1월 14일을 기한으로 준공하여 15일에 사용하기 위한 제반 물품을 예비하기로 했다. 그 의도는 대개 중국 사람과 本地의 官紳과 富民 22인을 謀害하기 위한 것이었다. 그들은 衛門의 監房과 중국인의 街道의 鋪

戶와 樓屋에 불을 질러 분풀이를 하려 하였다. 그래서 이날 밤 삼경에 특별히 거사하기로 약속하였었다. 巡捕頭가 일찍이 이와 같은 소식을 탐지하여 알았으나 확실한 증거를 잡지 못하였기 때문에 일시에 체포할 수가 없었다. 뒤에 수사하여 製造局의 소재를 찾아냈고 인하여 該局의 맞은 편에 있는 樓房 하나를 세내어 몰래 망원경을 사용하여 살폈고 그 종적을 상세히 조사한 결과 11월 11일 밤에 실재적인 情形을 探出해 내었다. 그리하여 은밀히 官差 2인에게 華役 여러 명을 대동하고 가게 하였는데, 그들은 바로 該局에 이르러 門을 깨뜨리고 들어가 스웨덴인 3인과 러시아인 1명을 체포하고 아울러 硝磺·炸藥·軍火 등 각종 물품을 압수하였으며, 이들을 衙門에 인도하여 구금시켰다. 먼저 흉범을 잡아다가 訊問하였더니 軍火 등을 제조한 사유에 대해서 供招하였는데, 皇家의 醫生 아담스가 주동이 되어 저들을 부린 것은 의심할 여지가 없었다. 또 전일 국가에서 새로 한 조례를 만들어 華人을 제한한 조항이 있고 지금 本省〔캘리포니아〕의 원주민들도 華人을 증오하고 있기 때문에 조례에 의거, 내몰기로 하였다고 供招하였다. 신문을 끝낸 巡捕頭는 전일 새로 정정한 조례에서 華人을 제한하는 조항을 풀어달라고 청하였다. 뒤에 土丙萬衙門에서 이것을 취소했다고 이미 신문에 포고한 바 있는데 그대들은 알고 있는가고 물으니, 모른다고 대답하였다. 또, 이런 亂을 창도한 우두머리가 누구냐고 물었더니, 皇家의 의사라고 대답하였다. 이어 원근의 모든 지방에서 華人을 내어몰고 있는데 우리는 따라서 附和한 것에 불과할 뿐이었고, 실제로 지휘하는 권한을 가진 사람은 아담스 한 사람뿐이었다고 대답하였다. 신문을 마친 다음 4명의 범인을 풀어주고, 다시 신문하기로 하였는데 13일에 들은 바에 의하면 4명의 범인은 이미 보석으로 석방되었다고 하니 매우 이해할 수 없는 노릇이다. 미국인이 華人을 끝내 이렇게 심각하고 지독하게 해칠 줄은 실로 뜻밖이다. 華人의 입장에서 헤아려 본다면 멀리 해외에 가서 스스로 일신을 붙여 생활할 수 없다면, 무엇 때문에 이 나라를 그리워하면서 예측할 수 없는 화를 감수할 필요가 있겠는가.

2. 박정양, 《미속습유美俗拾遺》(1899)
출처: 한철호, 《친미 개화파 연구》, 국학자료원, 1998, 51~69쪽
주해: 백인에 의한 미주의 약탈과 원주민 학살, 노예주 워싱턴 일당 주도 하의 노예제 독립국가 미합중국 건국의 과정 등을 박정양이 철저하게 백인 상류층의 입장에서 찬양투로 기술했다. 그의 저서에는 백인 자본가 위주의 세계 체제에의 종속적인 편입을 도모하려는 조선 후기 지배층 일파의 욕망이 그대로 담겨져 있다.

• 옛날 남북 阿美理加洲에는 토지가 아직 개간되지 않은 채 단지 토착인이 스스로 부락을 이루고 君長도 없이 穴虎하거나 노숙하였으며, 나체로 살면서 사람을 죽여 잡아먹었다(51쪽).
(각주 65 : 《美俗拾遺》, 《全集》 6, 557쪽).

• 하늘이 우리에게 부여한 것은 우리가 포기할 수 없고 남이 빼앗을 수도 없는 것이다. 이는 自主自立의 權利이다. 人君의 職分은 사람으로 하여금 하늘이 부여한 자주자립의 권리를 보존케 하는 데 있는 것이다. 그런데 英王이 이를 빼앗고자 함에 만약 지금 이를 막아내지 못한다면 우리들은 장차 魚肉처럼 될 것이다(52쪽).
(각주 67 : 《美俗拾遺》, 《全集》 6, 562쪽).

• 美人이 일시에 분발하여 '만약 지금 독립에 이르지 못한다면 오직 죽음만이

있을 뿐 삶은 없을 것이다'고 외치면서 萬口同辭로 一戰을 결의하였다. 다음해 4월 18일에 농민으로 군대를 편성하니 모두 각오를 군건히 하고 必死를 기약하였다. 심지어 한 노파는 鈍刀를 아들에게 주면서 '적을 만나면 물러서지 말라'고 하였으며, 한 늙은 농민도 아들에게 '大功을 세우지 못하면 다시는 나를 보지 말라'고 말하였다(52쪽).
(각주 68 : 《美俗拾遺》, 《全集》 6, 564쪽).

• 누가 훈련받지 않은 병사라고 말하는가. 진실로 人和가 최고라고 할 수 있다(53쪽).
(각주 69 : 《美俗拾遺》, 《全集》 6, 564쪽).

• 華盛頓이 4년간 재임하고 나자 많은 사람들이 추대하였으므로 또다시 4년간 맡았다. 〔그의 임기〕 전후 8년 동안 政規·法令·課稅·財用 등이 모두 便宜를 얻게 되었다. 美國의 富强은 실로 여기에 기반을 둔 것이다. 재임 기간이 끝날 무렵 국민들이 다시 한 번 맡기를 원했지만, 華盛頓은 만약 그만두지 않으면 후세 사람 중에 반드시 자기를 구실로 삼아 沿襲하는 단서를 여는 자가 있어 훗날 世襲의 지위를 차지할까 두렵다고 말하면서 단호히 사임하고 고향으로 되돌아갔다(54쪽).
(각주 72 : 《美俗拾遺》, 《全集》 6, 571쪽).

• 미국이 민주·독립을 이룩한 것은 워싱턴으로부터 비롯된다. 그러므로 국민이 追崇하여 잊지 못하고 이 날을 慶節로 삼아(……)(54쪽).
(각주 73 : 《美俗拾遺》, 《全集》 6, 439쪽, 戊子년 8월 13일).

• 歲의 恒入은 各港稅를 第一로 하고, 恒出은 行政費, 海陸軍費를 第一로 삼는다.(……) 1887년 6월 查勘한 바로는, 수입은 3억 7,140만 3,277圓이고(……) 비용은 2억 6,793만 2,180원(……)그러므로 금년 國會에서는 매년 恒入額이 恒出額에 비교해 남는다고 생각하여 內地 各稅를 減額하자는 논의가 있었다. 그 까닭은 이 나라의 富가 天下에서 으뜸이기 때문이다(60쪽).
(각주 88 : 《美俗拾遺》, 《全集》 6, 599~602쪽).

• 耕墾·播種·耨穫·收斂·等事는 모두 機械·駕馬·轉車를 이용하여 人力을 소비하지 않고서도 몇배의 성과를 거둔다. 一夫가 경작하는 바로도 百人을 먹여 살릴 수 있다. 해마다 農産은 소비량과 비교해서 항상 잉여가 있다(60쪽).
(각주 89 : 《美俗拾遺》, 《全集》 6, 615쪽).

• 全國內(……) 모두 會社가 있어 매우 힘써 힘써 진보하며 정부도 銳意 공업을 권장한다. 무릇 한사람이 물건 하나를 만듦에 반드시 그 성명을 물건에 기록하여 속여 팔 수가 없다. 이런 까닭에 器用은 모두 지극히 純質하고 精巧함은 갈수록 더욱 정교해진다(61쪽).
(각주 90 : 《美俗拾遺》, 《全集》 6, 616~617쪽).

• 開國된 지 몇백 년이 지났지만 饑荒의 고통을 알지 못한다(61쪽).
(각주 91 : 《美俗拾遺》, 《全集》 6, 623쪽).

• 전국민 가운데 회사에 속하지 않은 사람이 없으므로 衆心이 마치 城과 같아서 감히 서로 속이지 않는다. 심지어 부인과 어린이도 회사에 속해 있는 경우

가 있다. 이것이 民心이 和同하고 國勢가 富强한 이유가 아니겠는가(62쪽).
(각주 95 : 《美俗拾遺》, 《全集》6, 628쪽).

• 美俗은 비록 오늘 執政大臣일지라도 내일 해직되면 평민과 같아져서 무릇 상공업에 조사하는 것이 자유롭고 구애받지 않는다(64쪽).
(각주 99 : 《美俗拾遺》, 《全集》6, 438쪽, 戊子년 8월 10일).

• 人民의 私第와 그다지 구별이 없고, 富民의 집과 비교하면 오히려 초라해 보일 정도로 매우 검소하다(64쪽).
(각주 100 : 〈朴定陽 復命問答〉)

• 該國은 바로 合衆心成의 권리가 民主에 있는 나라이다. 그러므로 비록 細민小民이라 할지라도 국사를 자기 일처럼 돌보아 盡心竭力하여 지극히 쓰이지 않음이 없다. 또 交友의 道는 존비가 같으며 귀천의 구별이 없어 무릇 국민은 태어날 때부터 자주를 얻는다고 한다. 자주라는 것은 누구나 다같이 하늘이 부여한 것이고 귀천·존비는 모두 바깥에서 이르는 것이니 바깥에서 이르는 것이 어찌 자주를 훼손할 수가 있겠는가(65쪽).
(각주 103 : 《美俗拾遺》, 《全集》6, 639쪽).

• 新開紙는 一國의 大政으로서 民社에서 설립한다. 신문은 정부로부터 그 자유권을 허락받지만 비록 전·현직 대통령의 善言·惡行일지라도 구애받지 않고 싣는다. 일이 있으면 바로 쓰고 들은 바가 있으면 반드시 적어내어 조금이라도 거리낌이 없다. 가지고 있는 私見은 일시에 밝혀져 萬人의 눈에 드러나고 만인

의 입으로 퍼져 아무도 가리거나 비호할 수가 없다. 그러므로 官民이 猛虎보다도 더 두려워하여 각자 근신한다. 이 역시 〔좋은〕 풍속을 장려하는 데 一助한다(65~66쪽).

(각주 104 :《美俗拾遺》,《全集》6, 634쪽).

● 鰥寡孤獨한 四窮民, 병들고 지치고 無告한 사람들은 모두 謗院에서 보살펴준다. 그 거처·의복·음식의 수준은 平常人의 넉넉함에 조금도 뒤지지 않는다. 〔복지시설은〕 위로 部都에서부터 아래로 鄕閭에 이르기까지 없는 곳이 없으니 이것은 모두 정부가 먼저 이끌어 인도한 것이다(66쪽).

(각주 108 :《美俗拾遺》,《全集》6, 629쪽).

● 중학교가 1,588개, 대학교가 370개나 된다는 사실에 주목하였다.

(각주 113 :《美俗拾遺》,《全集》6, 613~614쪽).

● 그리하여 "인민 남녀 가운데 不學·無識者는 20분의 1에 불과(……)(69쪽)"

(각주 114 :《美俗拾遺》,《全集》6, 614쪽).

● 전국 내에 학교가 없는 곳이 없으므로 그 부강이 천하에서 으뜸임을 알 수 있다(69쪽).

(각주 115 :《美行日記》,《全集》6, 401쪽, 戊子년 4월 15일).

3. '미국의 독립기념일과 독립 과정',〈독립신문〉(1899년 7월 7일 논설)

출처: 서울대 정치학과 독립신문강독회, 《독립신문, 다시 읽기》, 푸른역사, 2004, 153~155, 388~390쪽.
주해: 미국을 명절 때면 '애국가를 부르며 자유권과 독립권과 공평정직한 마음과 자선하고 하느님을 위한 교법을 남녀노소 모두에게 가르치는' 중산층의 천국으로 묘사하고 원주민 학살이나 흑인, 동양인 차별 문제 언급조차 하지 않는 이 논설은 개화파가 미국의 어용적인 '국가 신화'를 무비판적 수용하는 부끄러운 모습을 보여준다.

이 달 4일은 미국이 독립하던 날 환갑인데, 미국 정부가 120년 전 7월 4일 독립하자는 의론서를 세계에 반포한 날이라. 미국 백성들은 그날을 개국하던 날로 아는 고로 국중에 제일가는 명일名日(명절, 국경일)이라. 오늘날 우리가 미국 사기史記(역사)를 대강 이야기하여 조선 인민들에게 미국이 어떠한 나라인 줄을 알게 하노라.

아메리가라고 하는 대륙은 서반구 속에 있는 땅인데 북방, 중앙, 남아메리가로 나뉘었는지라. 크기가 아세아보다는 작되 다른 대륙들보다는 크고, 기후는 북빙해 기후부터 시작하여 남방 적도 기후까지 있는데, 제일 좋은 토지와 기후는 합중국이 제일이라. 합중국의 크기가 동에서 서로 가기는 조선 리수로 12,500리 가량이요, 북에서 남으로 가기는 8천 리 가량이라. 인구는 7천만 명이요 부유하기는 세계 제일이라.

세계는 이 땅을 4백 년 전까지 모르다가 서반아 사람 가륜파(콜럼버스) 씨가 이 지구가 둥근 줄로 생각하고, 서반아 사람들에게 말하기를 "지구가 달걀 모양 같으니 만일 사람이 배를 타고 어떤 항구를 떠나 바른 향방으로 대고 얼마든지 가면 필경은 떠났던 자리로 도로 와서 닿는다"고 하거늘 세상 사람들이 믿지 아니하고 미친 사람이라고 웃더라.

그때 서반아 왕후 이스별나(이사벨) 폐하가 가륜파 씨의 말을 들으시고 부르셔 말씀하되, "네가 만일 서반아 바세-논아(바르셀로나) 항구에서 배를 타고 서편으로 향하여 몇 달이든지 가거드면 필경 바세-논아로 도로 닿겠느냐?"고 말씀한즉, 가류파 씨 하는 말이 "지구란 것은 달걀과 같은지라, 만일 한 군데 먹점을 찍고 그 점에서 시작하여 동편이나 서편으로 향하여 곧은 길로 얼마를 가면 필경 그 시작하였던 점에 도로 와서 닿는 줄로 아나이다."

왕후께서 돈을 내어 풍범선風帆船(화륜선은 그때 없었음) 한 척을 만들고 사람 50여 명을 주어 "서반아를 떠나 서편을 향하고 얼마를 가라"고 하신즉, 가륜파의 생각에는 구라파 서반아를 떠나 서편을 향하여 대고 가면 필경 아세아를 지나 도로 서편으로 가 서반아에 닿을 줄로 생각하고, 중간에서 볼 땅은 아세아 속에 있는 인도를 볼까 하였는지라. 서반아에서 배를 타고 서편을 향하여 태평양을 건널 때, 거진 1년 만에 육지가 보이는지라. 가륜파 씨가 생각하되 그 땅이 인도인 줄로 알았더니, 상륙하여 본즉 그 땅에 사는 사람들은 인도 사람들도 아니요 도무지 듣도 보도 못하던 사람들이라. 그때 비로소 그 땅이 새로 찾은 땅인 줄로 알고 그 땅에 서반아 국기를 꽂고 도로 서반아로 돌아가 새로 찾은 땅을 서반아 왕후께 드렸더라.

그 후 아메리쿠스(아메리고 베스푸치)라고 하는 이가 다시 가 그 대륙을 찾은 까닭에 그 대륙 이름을 그 사람의 이름을 좇아 아메리가라 하고 서반아가 그 대륙을 차지하였더니, 그 후 영국, 화란, 포도아(포르투갈), 불란서 사람들이 새로 찾은 대륙에 들어가 그 야만들을 차차 다 제어하고 토지를 개척하고 살았더라. 지금 북미합중국은 영국·화란·불란서 사람들이 차지하여 살되 영국 사람들이 점점 강하여져 화란과 불란서 사람의 땅을 다 차지하고 3백 년을 살았더라. 그런데 영국 정부가 미국에 사는 백성들을 층등層等(차별)이 있게 대접하는 고로, 미국 백성들이 분히 여겨 영국을 부모국으로 대접하지 말고, 미국 정부가 독립국에 동등이 되어 외교와 내치를 자유로 하고 영국 지휘를 받지 않기로 작정하였더라.

1776년 7월 4일 날은 미국 정부가 유명한 독립서를 작정하고 세계에 반포한 날이라. 그런고로 이날은 미국 백성의 마음에 제일 경사로운 날이요, 매년 한 번씩 전국 인민이 각처에 모여 애국애민하는 연설을 하고 애국가를 하며, 자유권과 독립권과 공평정직한 마음과 자선하고 하나님을 위하는 교법을 남녀노소 모두에게 가르쳐, 나라 사기에 제일 경사로운 날을 기념하자는 뜻이라.

이 달 4일 서울에 있는 미국 백성들은 출렴出斂(비용을 분담함)하여 배재학당 앞에서 독립기념회를 하는데, 미국 사람 중에서 셋이 좋은 연설을 하고 독립서를 낭독하고, 지총紙銃(딱총)을 많이 사서 경례포 스물한 방을 놓고, 미국 부인네들이 음식을 많이 하여 손님들을 대접하였더라. 청한 손님들은 거진 각국이 다 왔는데 조선의 높은 인민들도 많이 청하였더라. 전년에는 미국 공사관에서 공사와 공사 부인이 각국의 높은 사람들을 많이 청하여 입식회를 하고 불놀이도 하고 마당에 각색 채색한 등을 많이 달고 문에 국기와 국표를 높이 달아, 인민의 경사로운 마음을 불빛으로 빛내더라.

4. '일장춘몽 – 꿈속의 서구 유람', 〈독립신문〉(1899년 7월 7일 논설)
출처: 서울대 정치학과 독립신문 강독회, 《독립신문, 다시 읽기》, 푸른역사, 2004, 153~155쪽.
주해: 개명 유림의 입장에서 쓰인 이 논설은 서구나 미국을 인간 탐욕의 원천이 정부의 교화로 봉쇄된 '군자의 나라'로 묘사한다. 즉, 조선 후기 '개명' 유산층에게 호소력이 높았던 선진 자본주의적 합리성이 유교적 이상의 렌즈를 통해서 도덕화, 절대화돼 있다.

향일向日(지난 번)에 어떠한 선비 하나가 본사에 와서 자기 몽중夢中의 지난 바 일을 이야기하거늘, 우리가 꿈이라 하는 것은 근본 허사虛事로 알되 그 선비의 꿈이 가장(매우) 이상한 고로 그 말을 아래와 같이 기재하노라.

그 선비가 가로되, 내가 아세아의 편소한 동방나라에서 생장하여 문견이 고루한 고로 평생에 구라파 세계의 문명한 나라 풍속을 한번 보고자 하더니, 금년 춘삼월에 춘곤을 이기지 못하여 수간 초당에 북창을 의지하여 누웠으매, 몽혼夢魂이 잠시간에 천만 리를 행하여 법국(프랑스)파리 시에 이르니 시정의 번화함과 누대樓臺의 장려함이 평일의 울적한 회포를 상활爽闊(상쾌)케 하는지라.

몇십 년 전에 보로샤(프로이센)와 법란서(프랑스)가 싸울 때에 덕국(독일) 명사 비사막(비스마르크) 씨의 계책으로 법란서가 패진하던 말씀을 듣고, 또 영길리(영국)로 향할 때 이전 법국왕 라파륜(나폴레옹)씨가 구라파 천지에 임의로 횡행하다가 영길리 바다에서 수군 제독 네리숀(넬슨) 씨에게 패진하던 곳을 구경하고, 론돈(런던) 서울에 이르니 수백만 인구는 천하 각국 도성 중에 제일 크다 하며 처처에 학교와 중중重重(겹겹이 쌓여 있는 모습)한 기계창機械廠(기계공장)은 처음으로 온 사람의 안목을 놀라게 하는지라.

며칠 동안 유람하기만 일삼더니, 한 곳에 이르매 큰 돌로 샘물을 덮어 내왕하는 사람과 그곳 백성까지 그 물을 먹지 못하게 하였거늘 마음에 이상하여 그곳 사람에게 물은즉 대답하되, "그대가 타방 사람으로 이곳에 처음 와서 이 우물의 내력을 듣지 못함이로다. 이 우물 이름은 '탐천貪泉'이니 아무 사람이나 이 우물 물을 한 번 먹으면 순전히 착한 사람도 도적이 되는 고로, 백성이 마시면 불한당이 되고 관원이 마신즉 백성의 재물을 토색하는 고로, 우리나라 정부가 이 우물을 돌로 덮어 아무 사람도 마시지 못하게 하였느니라." 내가 말하되, "동양에도 이전에 탐천이 있었던 것인지 옛글에 가로되 사람이 탐천을 한 번만 마시면 천금千金(많은 돈)만 생각한다 하였더니, 서양에도 과연 탐천이 있도다."

그 사람과 같이 또 한 곳에 이르니 그와 같은 우물이 있고 돌로 막았거늘 곡절을 또 물은대 그 사람이 대답하되, "이 우물 이름은 '아천啞泉'이니 아무 사람이

든지 마시는 자는 벙어리가 되어 마음이 정직한 관인이라도 바른말로 송사를 결처하지 못하고 곧은 말로 극진히 간諫하던 관원도 한 번 마시면 충직한 말에 벙어리가 되는 고로, 정부에서 이 샘물을 막아 사람이 먹지 못하게 하였느니라." 내가 말하되, "아세아 남방에 아계啞溪란 시내가 있어 먹는 사람이 말을 못한다 하더니 서양에는 아천이 있도다."

그 사람과 같이 또 한 곳에 이르니 큰 들이 앞에 있어 시초柴草(풀)가 무성한데, 산 밑에 구멍이 있고 큰 돌로 그 구멍을 단단히 막았거늘, 그 곡절을 또 물은대 그 사람이 가로되, "이 구멍의 이름은 '풍혈風穴'이니 이 구멍에서 간혹 바람이 맹렬하게 나오면 이 들에 있는 풀이 자라지 못하고 쓰러지는 폐단이 매양 있는 고로, 정부에서 이 구멍을 막아 들에 있는 풀로 하여금 임의대로 자라게 하였느니라."

내가 말하되, "아천과 탐천은 사람에게 해로운 고로 막았거니와 풀이 자라지 못함이 무슨 큰일이기에 정부가 돈을 많이 허비하여 구멍을 막았느뇨? 그대의 나라는 참 일이 없는 나라로다." 그 사람이 가로되, "그대가 동양 선비 중에 학문이 있다 하더니, 이같이 고루하뇨. 동양 글에도 말하되 군자의 덕은 바람이요 소인의 덕은 풀이라. '바람이 풀 위에 더하면 풀이 반드시 쓰러진다' 하였으니 군자는 정부의 관인이요 소인은 들에 있는 백성이라. 군자의 좋은 바람이 때를 따라 잘 불거드면 소인의 풀이 잘 자라려니와, 만일 혹독한 바람이 불거드면 풀을 압제하여 쓰러지게 하느니라." 내가 그 사람의 말을 듣고 크게 기뻐하여 "옳다" 하는 소리에 스스로 놀라 깨달으니 일장춘몽이라 하더라.

5. 《윤치호일기》, 1890년 2월 14일자

출처: 박정신 역,《국역 윤치호일기 2》, 연세대학교 출판부, 2003, 34~36쪽.
주해: '미국에서 자유권을 누리려면 백인으로 태어나야 한다'는 것을 윤치호 본인이 직접 당해서 깨달았지만, 그는 그렇다고 해서 세계 자본주의의 불평등 구조와 싸울 의사는 추호도 없었다. 그의 마음속에는 유교적인 진리의 위치를 이미 '힘이 곧 정의'라는 백인 지배층의 이데올로기가 차지한 것이다.

웨슬리 홀Wesley Hall 기숙사 월례 선교 모임에 참석했다. 틸레트 박사가 일본에 대하여 강의하였다. 그는 일본 사람들이 중국 사람들보다 더 나은 인종이라고 했다. 그렇다. 일본 글이 중국 문자보다 좋다고 하는 것은 사실이다. 다시 말해서 일본 글은 배우기 쉽고 숙달하기 쉽다. 그러나 일본글은 사실상 중국 문자에서 나왔다. 일본 글이 실제 사용하기에는 더 적당하나 중국 문학이 일본 문학보다 우수하다는 사실은 누구도 부인하지 못한다. 이와 마찬가지로 일본 사람은 더 진보적이지만 중국 사람처럼 깊지 못하다. 더욱이, 정직하고 편견이 없다면, 일본 사람들은 정치, 문학, 철학, 그리고 예술 방면에서 모두 중국 사람들에게 배웠다는 점과, 중국 사람들은 일본 사람들과 다른 처지에 있다는 사실을 잊지 말아야 한다. 간단히 말해서, 이 인종 저 인종을 좋아한다고 말하기 전에 바로 이러한 점들을 고려해야 한다. 어쨌든 사람들이 중국과 중국 인민들에 대하여 더 나은 견해를 가질 때가 곧 올 것이다.

중국 노동자들의 미국 이주가 중국 사람들에 대한 미국 사람들의 편견을 낳는데 큰 영향을 주었다. 이 문제에 있어서 미국 쪽과 중국 쪽에 대하여 두 가지 의견이 있다.

미국 사람들이 '양도할 수 없는 권리the inalienable right'나 '인간의 자유 Liberty of man'라는 말을 으시대며 자랑하는데, 이에 속는 사람보다 더 어리석고 바보같은 이는 없다. 그들의 웅변가들, 설교가들, 시인들과 정치인들은 인간의 평등, 자유, 박애에 대하여 많은 이야기를 한다.

그러나 실제에 있어 미국 사람들의 평등 따위에 대한 그들의 신조는 그리 깊지 못하다. 다시 말해서, 이 '자유의 땅Land of Freedom'에서 이른바 양도할 수 없는 권리를 누리기를 원한다면 백인이 되어야 한다. 서부에서 중국 사람들을 박해하는 것, 남부에서 흑인들을 천대하는 것, 그리고 전역에서 벌어진 인디언들에 대한 조치를 이야기하는 것은 '양도할 수 없는 인간의 권리'라는 '미국의 신조'를 뽐내며 내세우는 이들에 대한 정당한 비평들이다. 나는 한순간이라도 미국 사람들이 가진 민족적·인종적 편견을 비난하지 않는다. 그러나 나는 원초적 편견으로 가득찬 그들의 행위와 아주 고상한 것들로 가득차 있으나 결코 실현될 수 없는 보편성 사이의 완벽한 모순을 비난한다.

내 뜻을 쉽게 말하면, 다음과 같은 이유로 나는 미국 사람들이 중국 사람들을 배척한다고 비난하지 않는다.

첫째, 중국 사람들은 모두 미국 사람들에게 분명히 외국 사람들이다. 공공의 삶과 사사로운 삶이 구분 없이 화석처럼 붙어 굳어진 동양 전통을 가진 중국 사람들은 미국 사람들의 사회적·정치적 신조에 동화되기가 어렵다. 내 배가 자갈과 같은 소화할 수 없는 것을 마음놓고 받아들일 수 있을 때, 나는 미국 사람들이 중국 사람들을 배척한다고 비난할 것이다.

둘째, 미국에 온 중국 이주자들은 분명 중국의 찌꺼기들이다. 그들의 미신, 무지, 민족의 부끄러움에 대한 무감각, 가르치기 어려운 기질에 더하여 개인적 야망의 결핍, 이러한 것들은 개명한 공화국의 시민이 되고자 하는 사람으로서는 분명 매우 부족한 자질이다.

이 문제에 대하여 중국 쪽에 몇 마디 한다.

이론가들, 사색가들, 웅변가들, 그리고 바보들이 말하고자 하는 바가 무엇이든지 말하게 하라. 그러나 실제에 있어 이 세계를 지배하는 원리는 '정의right'가 아니고 사실상 '힘might'이다. '힘이 정의다'는 것이 이 세상의 유일한 신이다. 그러면 중국은 미국에 있는 중국 사람들의 권리를 지원할 힘을 가지고 있는가? 그렇다면 그렇게 하라. 독일, 러시아 또는 아일랜드가 누리고 있는 똑같은 이주자의 권리를 중국 사람들에게도 허용하라고 미국 사람들에게 강요하라. 그렇게 못한다면, 중국이 그러한 힘을 가지고 있지 못하다면, 중국이 미국 사람들에게 중국 사람들에게도 '양도할 수 없는 인간의 권리'라는 신조를 실행하라고 강요할 수 없다면, 그러면 중국 사람들이 이민하는 것을 중지시켜라. 약하게 되는 법을 아는 것은 강하게 되는 법을 아는 것과 똑같다. 이것은 나라에 있어서나 개인에 있어서나 진리다. 아니, 내가 아는 한 이민제한법the Exclusion Bill(미국 최초의 이민 제한법은 1862년에 제정됨. 그러나 유입이민의 증가와 노동조합 반대, 유색인종 배척에 따라 많은 제한법이 마련됨. 여기서는 1882년의 중국인 노동자의 입국을 저지할 목적으로 제정된 중국인 배척법을 의미함)은 미국에 이로운 만큼 중국에도 이로운 것이다. 이 법안은 주민 가운데 있는 소화할 수 없는 요소로부터 미국을 구할 것이고, 또한 이 법안은 또 다른 이러한 법안으로부터 중국을 더 창피 당하지 않게 구해 줄 것이다. 여는 때보다 아주 늦게 잠자리에 들었다.

6. 이승만, 〈미국 남북방 전쟁 사적〉

출처: 이승만, 《독립정신》, 정동출판사, 1993, 95~99쪽.
주해: 실제로 북부의 대자본가와 남부의 농장주들의 권력 다툼인 남북전쟁을 '북부 시민들이 지혜가 부족하고 못생겼지만 같은 인간인 남부의 흑인 노예를 불쌍히 여겨 그 속량을 위해서 전쟁을 일으켰다'고 묘사한 것은 미국의 어용적 사관을 여지 없이 받아들였다는 뜻이다. 그러

나 여기에서 재미있는 것은, 이승만이 새로운 이성적 모델로 취급되는 미국의 노예해방을 전거로 들어 조선에서의 노비 혁파의 정당성을 적극 옹호하는 것이다. 미국의 이상화는 조선에서의 제한적인 근대적 개혁의 추진이라는—긍정적으로 평가할 수 있는—일과 직결되기도 했다.

이렇듯 힘들게 벌어 얻은 독립 권리를 대대로 유전하며 지켜 사람마다 재 권리를 일호도 잃지 아니하며 남의 권리를 조금도 빼앗지 못하고 인하여 남의 권리를 보호하는 것이 또한 제 도리로 아는 고로 타국 백성이나 타국 정부의 자유 권리를 위하여 행한 일이 사기에 많이 들어난지라.

그 중에 가장 빛난 사적을 들어 대강 말하겠노라. 자초로 미국에 물건이 부요하고 사람이 귀중한 중 더욱이 자주 권리를 저렇듯 중히 여기는 천지에서 아무리 못생긴 사람인들 권리를 어찌 남에게 머리를 숙이고 노예 노릇 하기를 즐겨 하리오.

저마다 재주를 닦으며 지혜를 늘여 제 손으로 벌어먹고 제 손으로 남을 도와주기를 사람의 마땅한 직분으로 아는고로 부자가 재물은 아무리 많으되 부릴 사람이 만만치 않은지라.

이때에 대서양을 건너 사다니는 사람들이 아프리카주 해변에 가서 배를 대이고 살빛 검은 인종을 혹 유인하여 값을 치르고 사기도 하며 혹 군기를 가지고 겁박하여 서로 잡기도 하다가 그중에 나이 적당하고 부리기 좋은 아이와 계집을 동여 배에 몇 백 명씩 싣고 바다를 건너가서 북아메리카주 동남 해변에 하륙하여 중가를 받고 나누워 팔아 큰 이익을 도모하매 사서 부리는 자 한량 없는지라. 비록 말은 통치 못하고 모양은 흉하나 사지가 든든하여 힘센 일을 잘하며 먹고 입는 것은 심히 싸고 천하니 값싸고 편한 것을 뉘가 사고자 아니하리오.

인하여 장사하는 자 해마다 늘어서 43년(1861) 전에 미국남방에 있는 흑노 수효가 4백만 명에 이른지라, 부모 처자와 고국산천을 잃고 생소한 사람에게 끌려 대해를 건너 오매 여러 달 동안에 배에서 죽는 자도 무수하며 불합한 기후와 수

토에 병도 잦은 중 저의 주인되는 자들은 돈을 주고 우마 같이 부리려고 사온것인즉 곧 인류와 같지 않게 대접하는 폐단이 생긴지라. 그 인종들의 정경을 생각하면 실로 가련 긍측하도다.

이에 미국 북방 사람들이 그 불가함을 의론하여 왈, 세상에 사람은 다 한 가지니 저 흑인들도 다 우리의 동포라. 그 형용이 다르고 지혜는 부족하나 하느님이 품부하신 권리는 다 같은즉 우리가 우리 권리를 중히 여기며 남의 권리를 멸시하는 것도 도리가 아니라 하물며 사람이 사람을 사고 파는 것은 형이나 아우를 물건이나 짐승으로 대접함이니 어찌 교화 받은 사람의 참아 할 바리오.

마땅히 흑노들은 속량贖良하고 종을 부리거나 매매하는 풍속을 금하여 평등으로 자유하자 하고 글을 지어 전파하매 감동하여 좇는 자 날마다 성하는지라, 이에 남방 사람 더러 종을 다 내어놓으라 한즉 남방 사람들은 돈 주고 사서 부리는 것이 또한 자기들의 권리있는 일이니 남이 간여할 수 없다 하여 피차 상지하다가 필경 전쟁이 생겨 수년 동안을 크게 싸워 마침내 남방이 지고 북방이 이겨 1863년에 노예 속량하는 영을 반포하니 전국에 그 가긍한 흑인들이 일시에 굴레를 벗어 자유로 돌아가니 그 목숨들의 즐겨함도 측량할 수 없거니와 그 호대한 은택이 어디까지 미치리오.

이후로 영영히 노예 부리는 풍속을 금하기로 법률을 정하여 지금 미국에서는 종이라는 이름도 없으며 차차 그 주의가 확산하여 지구상 각국이 이 법을 모본하매 지금 세상에는 대한과 청국 외에 종 부리는 풍속을 폐하지 않은 나라가 없는지라.

나라마다 모든 백성이 다 평등으로 권리를 가져 남에게 의뢰하거나 남을 위하여 살지 아니하고 각각 제 몸을 의뢰하며 제 나라를 위하여 일하기에 등분이 없는고로 사람을 고용할 일이 있을 때에는 몇 시나, 몇 날이나, 몇 달, 몇 해를 약조하고 무슨 일에 얼마 고전을 작정하매 그 시간과 그 일에는 약조를 따라서 고용하는 것이오. 그 언약 외에는 조금도 상관이 없나니 이는 남의 집에 심부름꾼이나, 회사에 사무원이나, 나라에 벼슬하는 이나 다 같은 규모라, 이러므로 사람마다 제 나라 법률에 매였다 할지언정 하나도 어떤 사람에게 매인 자는 없으니 이런 나라에서는 전국 백성이 가령 만명이 될 것 같으면 만명이 다 살아 활동하는 기계가 되에 나라를 받들고 보호하나니 그 힘이 어찌 강대치 않으며 남이 어찌 무인지경으로 보리오만은 그렇지 못한 나라는 충층이 등급을 분별하여 차례로 남에게 매이다가 필경은 위에 한 두사람에게 매여 그 웃사람의 손과 발이 될 뿐이니 그 나라안에 백만명이 있을지라도 실상은 한 사람 뿐이라, 백만명을 결박지어 한 두사람이 누르고 앉는 나라에 자유활동하는 12만 명 백성이 합하여 침노하면 어찌 무인지경 같지 않으리오.

　노예를 없이 하고 권리를 평균하는 사람들의 날마다 부강 문명이 전혀 씨 연고 한 가지 뿐이니 인심을 자유로 놓아 평등으로 대접하는 효험이 실로 어떻다 하겠느뇨. 이렇듯 굉장한 이익이 효험을 볼진데 근본인즉 다 세상 사람이 동등으로 낳았다는 뜻을 깊이 궁구하여 확실히 지킨 힘에서 생긴 것이라. 미국 백성들이 자기네 권리를 보호한 힘으로 남의 권리를 또한 회복하여 이렇듯 빛난 사적을 이룬 것이 어떻게 힘들이고 된 것인가 깊이 생각하여 보라. 사람 같지 않게 생긴 야만 흑인들의 권리를 위하여 저의 나라에 같은 동포끼리 전쟁을 일으켜서 이 싸움에 상한 인명이 거의 백만명에 지나며 재물 허비한 것이 30억만원 가량에 이르렀는지라.

　자유 권리가 무엇인지 모르는 나라에서들은 곧 이런 사적을 보면 도리어 미친 사람이라 이를지라. 어찌 인애와 의리가 지극하여 사람의 생각밖에 뛰어나는 일이 아니리오. 슬프다!

　우리 대한 형제들아 각기 옛법의 습관된 소견을 깨치고 세상에 공번된 사상으로 바꾸어 생각하여 보시오. 저 사람은 어이하여 남의 권리 보호하기를 이렇듯 힘 쓰거늘 우리는 어이하여 우리 국권의 당당한 권리를 찾고자 아니하며 내 나라 동포들을 압제하고 학대하여 우마 대접하며 노예 같이 부리기를 당연하게 여기는가. 우리 나라에서도 갑오경장 초에 노예법을 혁파하여 율문을 정하였으나 상하가 다 그 본의를 깨닫지 못하여 그 법을 버리면 곧 천지에 떳떳한 이치를 어기는 줄로 여기는 고로 지금껏 그 법이 실시되지 못함이라.

이 문제 한 가지에 관계가 심히 크니 설명코자 하는 말이 또한 한이 없으나 이 책에 다 말할 수 없은즉 다만 위에 말한 것만 보아도 극히 그 관계를 짐작할지라. 어서 바삐 깨달아서 남에게 노예 대접도 받지 말고 남을 노예 대접도 하지 말며 제 몸을 남과 같이 여겨 하나도 평등 권리를 찾지 못한 사람이 없도록 할지어다.

나도 또한 대한 신민이라 내 나라 예전 풍속을 어찌 무단히 버리고자 하리오만은 지금 세상이 과연 전과 달라 만국이 상통함에 자주 자유하는 나라에 각국 백성들이 날마다 모여들어 분분히 입적하나니 이는 물이 아래로 흐름과 같이 자연한 인정이라. 이것을 알지 못하고 다만 내 백성만 압제하여 나가지 못하게 할진데 이는 바다와 통하여 놓고 고기를 병속에 있게 하고자 함이라. 어찌 부지하기를 바라리오.

7. 유길준, 〈샌프란시스코-합중국의 제대도회〉
출처: 유길준 저, 허경진 옮김, 《서유견문》, 한양출판, 1995, 432~435쪽.
주해: 유길준은 미국 호텔의 승강기와 같은 기술에 대단히 압도 당하는 모습을 보이기도 하고, 중국인의 배제와 차별에 대해서 '저들이 무식하고 더럽기 때문' 이라고 백인의 입장을 애써 항변한다. 아시아 노동자들을 요즘 구미의 백인이 하는 그 이상으로 차별, 착취하는 등 구미 백인 지배층의 일체 편견과 악행을 배우고 따르는 것을 영광으로 삼는 오늘 대한민국 지배층의 모습을 예견하는 듯한 느낌이 든다.

샌프란시스코

1) 이 항구는 캘리포니아 주의 목구명에 해당되는 곳이며, 미국 서쪽 지방의 요지다. 이 주는 원래 멕시코의 관할 아래 있었는데 40여 년 전 이곳 사람들이 반기를 들고 본국을 배반하자 온 지역이 이로 말미암아 소란해졌다. 그러자 몇 년 뒤에 미국이 거금으로 이 땅을 사들여 자기나라 판도에 넣었다. 그 뒤부터 인구가 많이 늘어났다. 처음 주민의 수가 150명에 지나지 않았지만, 5년 지나자 5만 7,000여 명이 되었고, 다시 5년 세월을 거쳐 10만 이상이 되었으며, 1883년 호적을 살펴보면 20만에 가깝다. 이제 그 원인을 찾아보면, 이곳의 기후가 온화하고 토양이 비옥하여 물산이 풍족하고 농사도 잘 되거니와, 여러 산에서 금이 많이 나와 온 세계에 맞설 곳이 없으므로, 외국 사람들 가운데 이주해 오는 자들이 구름처럼 몰려들기 때문이다. 이 항구에서 해마다 수출하는 금이 6,000만원이나 되어, 온 세계의 금값을 올리고 내리며 조종한다고 한다.

2) 이 항구의 지형이 반도의 한 모퉁이에 자리잡고 있어서, 큰 바다를 바라보면서 높은 산을 등지고 있다. 높이 솟은 푸른 절벽과 넘실거리며 흐르는 물결 사이에 울긋불긋한 고층건물들이 즐비한 광경은 부유함을 서로 자랑하며 호사스러움을 서로 다투니, 참으로 일대 명승지며 웅대한 도시다. 커다란 두 강의 흐름을 따라 내륙 천여 리까지 운송이 편리하고, 남쪽으로 파나마 운하와 통하고 동쪽으로 아시아까지 항해하여 외국과의 무역이 번성하니, 이곳이야말로 온갖 물자가 모여드는 항구다.

3) 암정巖亭(Cliff House)이란 바위 위에 세운 정자를 가리키는데, 시내에서 서쪽으로 3리 떨어진 곳에 있다. 태평양을 맞대고 있기 때문에 사나운 물결이 섬돌

앞까지 드나드는데, 산처럼 솟아오르기도 하고 눈처럼 뿜어오르기도 하여, 유람객들에게 장관을 제공한다. 멀리 바라보면 아득한 만경 창파가 하늘 끝에 닿아 끝이 없으며, 눈 아래의 금문교金門橋(Golden Gate Bridge) 풍경은 움직이는 그림을 펼쳐 놓은 듯하다. 수없이 많은 물개들이 물결 따라 떴다 가라앉았다 하면서 암초Seal Rock에 모였다 흩어진다.

4) 골든 게이트 공원은 시가지 남쪽에 있는 명소다. 동물원과 식물원이 구별되어 있고, 또 박물관과 장서실도 모두 굉장한 규모에다 뛰어난 미관을 지니고 있다. 작은 언덕 위에는 꽃을 줄지어 심고 그 사이에 무대를 설치하여 유람객들의 흥을 돋우어 준다. 이 공원의 시설들은 이학理學을 권장하자는 뜻에서 관람료를 받는데, 한 사람에게 우리 돈으로 다섯 냥 정도씩 거둬 대학교의 비용을 보조한다고 한다.

5) 미국의 객점客店(호텔)은 정결하고 굉장하여 세계에 이름이 높은데, 이곳의 팔레스 호텔은 세계에서도 첫째 간다고 한다. 구층의 굉장한 건물을 흰 돌로 지었는데, 3,000명이나 수용할 수 있을 정도로 크고 넓다. 기둥이나 들보로 쓰인 철근만도 철로 200리를 깔 만한 물자라고 한다. 아래층 바깥으로는 가게를 내어 술·과일·담배 및 약 종류와 옷·모자 등 여러 가지 물건과 영세한 종류들을 판매하여 여행객들의 수요를 공급한다. 각층을 오갈 때에는 기계의 힘을 빌려 오르내리므로, 이 일을 맡은 자가 있어서 여러 사람들이 오르내리는 수고를 대신한다. 또 넓은 정원을 유리지붕으로 덮어서 비나 눈을 가려 준다. 저녁마다 수십 명의 음악가가 음악을 연주하여, 멀리서 온 여행객의 회포를 달래 주기도 한다.

방 안의 시설을 설명해 보자. 백회를 바른 반자에 짙게 채색한 벽이거나, 또는 채색된 벽지로 도배하기도 했으며, 유리창에는 비단 휘장을 드리웠다. 꽃무늬 놓인 양탄자 위에는 비단이나 가죽을 씌운 의자가 테이블 주위에 놓여 있으며, 테이블 위에는 문방구들이 정돈되어 있다. 가스등을 반자로부터 드리우거나 또는 벽에 붙여 놓아, 불을 밝힐 준비가 다되어 있다. 용수철 침대 위에는 깨끗한 이불과 베개가 있어 여행객의 마음에 들고, 또 방마다 욕실·변소·곁방이 갖춰져 있으며, 옷이나 모자를 걸 수 있는 의장 시설이 있다. 세수하기 위해서 대야·수건·빗·거울 등도 준비되어 있다. 종업원을 부르기 위해서 전선(벨)과 방의 호수가 연결되어 있어, 크고 작은 일에 편리하기가 그지없다. 상등실에 머무는 자는 하루에 은화 7원이고, 하등실은 2원 또는 3원이다. 부유한 서양 여러 나라 도시의 호텔들은 그 규모가 대략 비슷하니, 이제 그 한 곳만 예로 들어 다른 곳까지 설명한 것이다.

6) 이곳에는 이주해 온 중국 사람들이 아주 많다. 그들이 생활하는 방도는 공장이나 광산의 일꾼이며, 남의 집 고용인도 있다. 또 미국에 귀화하여 영주하는 자들도 있다. 이들은 시가지 한 귀퉁이를 차지하여 마을을 이루었는데, 집의 구조나 시가지의 배치 및 물건의 판매까지 중국풍 그대로다. 대개 이곳으로 이주해 온 자들은 모두 중국에서도 불학무식한 하류층이라서 아편을 좋아한다. 이들이 거주하는 양식이 미국 사람들처럼 깨끗한 풍속에 적응하지 못하였으므로, 여러 나라 사람들이 모여드는 도시에서 섞여 살 권리를 잃고, 중국 사람들끼리 거주지를 따로 정해 준 것이다. 다른 도시에서 예전부터 살던 큰 상인에게는 이러한 수치가 미치지 않겠지만, 미국에서 청나라 사람들이 이주해 오는 일만은 허락하지 않는다고 한다.

□ 대중관

1. '큰일났다 – 청국과 대한의 위급한 정세', 〈독립신문〉(1899년 6월 17일 논설)
출처: 서울대 정치학과 독립신문강독회, 《독립신문, 다시 읽기》, 푸른역사, 2004, 68~70쪽.
주해: 완고한 청국이 유럽인들에게 분할을 당하기 시작한 모습이 묘사되면서 일본을 맹주로 한 동아시아 국가들이 하나로 연대해 대항해야 한다는 것이 암시된다. 초기 개화파 인식에 있어서의 중국에 대한 불신, '완고한 청국' 미래에 대한 비관, 그리고 서구 세력에 맞서 "동양인"들이 뭉쳐야 한다는 아시아주의적 감정 등이 묘하게 겹치곤 했는데, 이 논설이 이와 같은 교차점을 잘 보여준다.

우리가 천하 대세를 살펴보건대 서양 사람들은 정신을 가다듬고 이목을 새롭게 하여 날로 앞으로 나아가기를 힘쓰는 고로, 그 나라들은 점점 문명하고 부강하며 인구가 해마다 늘어가고 재정이 날마다 풍비하되, 동양 사람들은 그렇지 못하며 이전의 악습을 버리지 않고 새 학문을 싫어하며 무슨 일이든지 궁구할 생각은 도무지 없고 뒤로 물러가기만 좋아하고, 혹 자기보다 학문이 고명한 이가 있으면 포양(널리 알림)하기는 고사하고 도리어 시기하며 모해코자 하니 가위 취리견곤醉裏見困(술에 취하여 곤란을 당함)이요 혼몽의 세계라. 국세가 점점 빈약하고 위태하여 인구가 해마다 줄어들고 재정이 날로 궁핍할 뿐만 아니라 민심이 산란하여 내란이 자주 일어나니, 이것은 세계의 유지有知한 군자들이 자세히 아는 바라.

지금은 세계 각국이 다 문호를 열고 통상 약조를 정하여 그 전에는 상관도 없던 나라들이 서로 이웃집 다니듯 하는 고로, 어느 나라든지 개명에 뜻이 있어 진보코자 하면 오주五州 세계에 먼저 개명한 각국들이 힘써 보호하고 도와주어 아무쪼록 동등국으로 대접하지만, 만약 그 나라의 정치가 밝지 못하고 법률을 실시치 아니하며, 정부관인이 창자에 비기지욕肥己之慾(제 몸만 이롭게 하는 욕심)만 가득하여 백성을 학대하고, 교만한 마음으로 타국을 능멸히 여기며 교제 상에 신信이 없어서 아무리 보호하고 도와주어도 효험이 없을 것 같으면, 그 나라를 흥망간에 월시진척越視秦瘠(월나라가 진나라를 대하듯 남의 나라 환란에 개의치 않음)으로 상관치 않는 것이 아니라 그 땅을 오이쪽 나누듯이 한 조각씩 차지하여 그 도탄에 있는 백성들을 구원하여 주니, 요전에 아비리가(아프리카)를 분식分食(나누어 먹음)한 것이 또한 그 뜻이로다. 그런즉 옛적에 문을 닫고 혼자 살 때보다는 대상부동大相不同(매우 다름)하여 한 나라와 한 사람의 힘으로 주장치 못할 뿐더러, 비록 자기 나라 일이라도 혼자 독단치 못하는 것이 많이 있으니, 어찌 더욱 조심하고 삼갈 것이 아니리요.

십수 년 이래로 서양 형세가 점점 동으로 나오는 것이 날로 크고 때로 더하여 동양의 위태한 화근이 완연히 목전에 있도다. 우리가 근일에 외국 통신을 열람한즉, 청국 형편이 말이 못되어 아라사는 요동을 점령하고 덕국은 산동성을 점령하고 영국은 양자강 일대와 광동성 동북을 점령코자 하며, 의대리국(이탈리아)은 절강에 뜻이 있고 법국(프랑스)은 관동성 서남을 웅거하고 미국은 기틀을 따라 직예성을 취코자 하며 일본은 복건성을 점령코자 한다 하였으니, 이 소문을 적실히 믿을 수는 없으나 만약 그리 될 지경이면, 이 여러 나라들이 청국 일판을 한 점씩 베어먹으려 할 제, 진평陳平이같이 고기 나누기를 평균하게 할 사람이 없을까 염려하여 각기 욕심을 채우고자 할 터인즉, 이것은 비록 청국이 당하는 일이나 동양 세계의 위급한 존망의 기틀이로다.

동양에 다만 대한과 일본과 청국 세 나라가 있는데 일본은 30년 이래로 무던히 개명된 고로 세계에 행세할 만하거니와, 대한은 이가 망하면 입술이 찬 걱정이 없지 못하여 어느 지경까지 이를지 알 수가 없으니, 우리가 미리 말하지 않거니와 이제는 동양에 큰일이 났으며 대한 정부의 당국하신 제공은 어떻게 들으실 터이오.

2. 이승만, 〈청국의 완곡한 내력〉

출처: 이승만, 《독립정신》, 정동출판사, 1993, 137~139쪽.

주해: 이승만이 분할을 당하는 청나라 비극의 원인을 무엇보다 '완고한' 유교적 화이관의 '오만함'에서 찾는 것이며, 분할의 주범인 유럽 열강들에 대한 비판을 거의 하지 않는다. 다만, 이승만이 가장 혐오했던 러시아를 '원흉'으로 삼아 그 침략성을 부각시켰다. 이렇듯, 이승만이 제국주의적 침략을 '적자생존' 세계의 당연한 일로 여겨 오히려 '적자'가 되지 못하여 야수들의 먹이가 된 '부적자'를 더 탓하려 했다. 이승만도, 그 당시의 대다수 개화파도 제국주의의 사회진화론적 인식을 그대로 답습하여 제국주의 희생자들의 '완고함'을 문제의 본질로 생각하면서 제국주의를 '문명'의 이름으로 합리화하고 있다.

청국인 즉 요순 이후로 문명이 일찍 되어 교화와 정치가 선미한 정도에 이른고로 인하여 교만한 생각이 생겨 천하에 나 혼자만 나라이요 그 외에 토지를 상접한 여러 나라는 다 동이·서융·남만·북적의 모든 오랑캐라 하여, 자고로 혹 화친을 청하거나 사신을 보내는 나라가 있으면 곧 군사를 보내어 쳐 물리치거나 힘이 부족하면 공주를 시집 보내며 물건을 후이 주어 달래어 퇴하거나 할 뿐이오.

급기 곤욕을 심히 당할진데 마지못하여 하는 말이 오랑캐들에게는 좋은 말을 들어도 기쁠 것이 없으며 악한 말을 들어도 성낼것 없다 하여 한고조 시절부터 항상 이렇게 지내어 왔음에 교만방자한 생각으로 세상에 나 하나만 있다 하여 남과 상통하기를 엄금하였나니 천하에 이렇듯 고루하고 편벽됨이 다시 어디 있으리오.

설령 테 밖에도 강한 나라가 있을진데 마땅히 얼마나 크며 어떻게 강한 것을 비교하여 보아 나도 더 강하게 하여야 쇄폐하기에 이르지 않을 것이오.

만일 다 야만이나 오랑캐 같아서 나와 비교할 수 없는 줄로 알진데 더욱 나의 문명 개화를 널리 드러내서 모두 다 교화에 들어와 같이 문명의 복을 누리게 하는 것이 도리에도 공평하고 나의 세력도 더욱 드러날 것이니, 이는 곧 영국·미국이 천하에 행세하는 본의어늘 어찌하여 나의 높은 교화와 나의 좋은 문명은 나 혼자만 알 것이오 내 나라만 행할 바- 라.

남의 것을 보기도 싫고 내 것을 남 보이기도 싫다 하여 세상을 통치 아니하기로 작정함에 이상한 인물과 이상한 의복이 내 지경에 들어서면 잡아 죽이기로 작정이요 내 백성이 지경을 넘어 남의 지방에 들어가면 곧 잡아 없이 하기로 만고에 바꾸지 못할 국법을 삼았나니 천하에 이렇듯 편녁됨이 어디 있으며 악한 풍속이 어디 있으리오.

이렇듯 지키어 거의 60년 전에 이르러 영국과 프랑스가 비로소 통상하기를 청하거늘 청국이 그 인종들을 서편 오랑캐라 하여 막고 들이지 않는지라, 영국이 군사를 하륙하며 북경에 돌입하여 대궐에 불을 놓으매 전국이 소동하여 위태함이 조석에 달린지라. 부득이 통상하기를 허락하고 광동에 거류지를 터서 외국인을 살게 하매 영국 사신이 북경에 들어갈새 영인이 한문을 모르는고로 사신의 수레에 크게 새겨 가로되 영국이 항복하러 온다 하여 보는 사람들을 속게 하며 또한 사기에 기록하여 왈 모년 모월 모일에 영국이 와서 조공한다 하였나니 이는 세상을 어리석게 하여 형세를 강하게- 하고자 하는 어두운 누습이라.

이후로 프랑스가 베트남을 차지하며 타일랜드가 따로나되 아무 말도 못하였고 영국이 미안마를 점령하며 일본이 유리琉里국을 빼앗으되 또한 어찌하여 못하였나니.

이는 다 청국의 속국으로 오래 그 밑에 들어 감히 벗어나기를 생각지 못하며 또한 감히 침노할 자- 없던 바- 러니, 일조에 양인의 세력으로 분분히 떼어냄에 그 형세를 가히 탓하지 못할 줄을 깨달은지라. 다만 그 형세에 장한 줄만 알고 그 나라가 어디 있으며 대소가 얼마나 하며 정치 법률과 인정이 어떠하고 풍속이 어떠한 것은 적연히 알지 못하매 모르는 중에서 의심이 생기며 의심 중에서 겁이

나서 서양 사람이라면 곧 호랑이와 같이 두려워하며 대하여서는 감히 머리를 들지 못하며 돌아서면 곧 양국 귀신 자식이라. 혹 서방 오랑캐 종류라 하여 만일 그 사람들의 교화와 풍속을 알아보려는 자-있으면 곧 이단의 교를 배운다, 이국인과 잠통한다 하여 약을 먹여 사람의 마음을 혹하게한다, 어린아이를 쪄먹는다, 사람의 눈을 빼인다 하여 모든 어두운 생각으로 무단히 의심하매 관원들이 위력으로 잡아 죽이지 아니하면 백성끼리 모여 혹 살해하거나 근칙謹飭하여 견디지 못하게 하나니. 이러므로 상하 관민을 물론하고 세상 형편을 알 수 없으며 제나라 토지가 어떤지 몰라서 어디서 어디까지 제 땅인지 아는 자도 없고 알고자 하는 자도 없는지라. 러시아가 이 뜻을 살피고 비밀히 청국 정부를 꾀여 가로되 저 영·프 양국은 다 남의 토지를 탐내어 호랑이 같은 욕심이 있는 자들이니 심히 위태한지라, 우리는 천하에 형세도 부강하고 토지도 또한 넉넉하여 남의 것을 원치 아니하니 우리와 합력하면 가까운 이웃에 서로 돕기도 쉽고 세상에 두려울 것이 없다 하는지라.

청국이 얼마쯤 의뢰하는 마음이 생기는고로 러시아가 해마다 청국지방을 누에가 뽕잎 먹듯하여 들어오되 청인은 그 지경을 분간하지 못하고 전부터 그러하던 줄로 알아 부지중에 잃은 것이 흑룡강 일대 지방으로 대한 북편 지경까지 연락하여 합이 2, 3성 가량에 이르거늘 청인은 종시 깨닫지 못하니 동방에 위급함이 이렇듯 급급하도다.

3. 유길준, 〈答淸使照會〉(1889)
출처: 허동현 역,《유길준논소선》, 일조각, 1989, 21~22쪽.
주해: 1889년에 작성한 〈答淸使照會〉는 미국에서 청국공사의 지휘·감독을 받기로 약속했던 '영약삼단(另約三端)'을 어기고 자주 외교를 펼친 초대 주미공사 박정양朴定陽에 대한 위안스

카이의 처벌 요구에 대응해 박정양을 변호하는 내용이다. 천자가 제후를 감시하기 위해 보낸 관리라는 뜻인 감국監國 위안스카이는 조선을 보호국으로 만들려고 기도하였다. 당시 중국의 간섭정책의 실체를 잘 보여주는 문서이다.

본년 7월 24일에 받은 貴總理의 조회에 회답합니다.
본국의 미합중국 주재 공사 朴定陽이 이미 漢城에 入城하였으므로 조회하신 데 따라 본 정부에서 상세하게 잘못을 따져 조사하였읍니다.
朴公使는 다음과 같이 말하고 있읍니다.

본 公使가 사명을 받들고 실수를 저질러 잘못을 조사받게 되어 실로 송구스럽고 황송하오나, 〔淸國公使와〕 함께 〔美國〕 外部를 방문하기로 한 〔另約三端〕의 조항을 지킬 수 없었던 데에는 그만한 까닭이 있었읍니다. 본 공사가 워낙 외교에 어두우면서 외람되게 專對의 명을 받았으므로 부득불 外邦의 불정을 採探함에 萬國의 公例를 따라야 하겠기에 합중국에 도착한 뒤에 조심해 들어 본즉, 어떤 나라에 명을 받들어 공사로 가는 자는 마땅히 먼저 그 나라의 外部에 가야 하며, 만약 이보다 앞서 딴 나라의 공사관에 간다면 이는 그 나라를 경시하는 것이 된다 하였읍니다. 또 어느 나라 使節이든 제3국의 사절과 함께 외부에 가서 國書의 副本을 전하는 공례는 없으며, 만약 자신이 예법대로 하지 않고 제3국자를 정해서 중개하게 하여도 역시 그 나라를 멸시하는 게 된다고 하였읍니다.
交際하는 데에는 예절과 공경을 중히 여기니 天下에 自主·自立하는 나라가 남의 경멸을 받을 수는 없는 일이며, 만약 그런 일이 있다면 恥辱으로 여겨서 필시 공례를 위반하는 것이라 하여 國書를 접수하지 않을 것이라고들 하였읍니다. 그러므로 만약 중국의 大臣과 동행했다가 함께 辭絶당한다면 조선만의 욕이 아니라 중국에도 또한 수치일 것입니다. 이는 일거에 두 나라가 다른 나라의 업신

여김을 자초하여 함께 천하의 웃음거리가 되는 것입니다.

본 공사가 생각건대, 직무로 외국에 나옴에 먼저 국가의 이익을 우선하되 君命을 욕되게 함은 죄가 크고 朝令을 위반함은 사소한 것이라, 진실로 輕重을 참작하여 상황에 맞게 행동해야 할 것이니, 공례에서 벗어나는 행동으로 중국과 조선이 모두 체면을 깎이게 하기보다는 權道를 따라 專擅함으로써 사절의 임무를 온전히 하고 그 죄책을 감수하는 것이 낫겠다고 생각하였으니, 얕은 소견은 바로 여기에 있었읍니다.

본 정부에서는 바닷길이 멀어 매사에 알지 못할 일이 많기로 朴公使가 망령되게 잘못했는 줄 여겼더니, 이제 그의 진술을 들어 보니 실로 고의로 위배한 것이 아니고, 일의 형편상 그럴 만했다고 여겨집니다.

본국의 합중국 주재 공사 朴定陽을 심문한 사유를 이와 같이 회답하오니, 貴總理는 諒察하시기 바랍니다.

□ 대러관

1. 오정희, 〈불망비〉, 《문예중앙》(1983),
출처: 《불꽃놀이》 문학과지성사, 1995, 20? ~208쪽)
주해: 러시아를 야만시하는 부정적 대러 인식은 1880년대 초 위정척사운동을 주도한 보수적 유생, 1894년 斥洋斥倭를 외친 동학농민군 같은 민중, 그리고 일제 하 윤치호 같은 황인종주의자들의 대외 인식의 저변에 꿈틀거리며 잠복해 있다가, 한 세기를 건너 뛰어 20세기에 북한을 점령한 소련군의 '야수적' 행태에 의해 한국인의 마음속에 다시 한 번 새겨졌다. 이는 오정희(1983)의 소설 《불망비》에 잘 묘사되어 있다.

가을이 오기 전 그들은 진주해왔다. 붉은 벽돌의 작은 역사 앞에 현수막이 세워지고 단이 마련되었다.

읍내 사람들은 아침밥을 먹고 해가 퍼지자 비석거리로 모여들었다. 멀리 떨어진 면面과 포구의 사람들도 시오릿길을 걸어, 해방군를 맞으러 나왔다. 두만강 철교를 타고 나온 로스케들이 회령, 나진, 웅기 등의 북쪽 산간 지방에 주둔하고 있다는 소문은 이미 널리 퍼져 있었다. 키가 구척이고 눈은 화등잔 같고 얼굴은 취발이처럼 붉다더라.

기차는 좀체 들어오지 않았다.

아침부터 동원된 환영 군중들은 나누어 받은 깃발을 부채 삼아 흔들어 부치며 역 앞의 작은 광장과 네거리에 주저앉아 해방군들을 기다렸다.

오후 서너 시가 좋이 되어서야 기차는 도착하고 마침내 해방군들이 밀어 닥쳤다.

누런빛 군복에 붉은 견장을 단 무리는 끝없이 역사를 빠져 나왔다. 이토록 많은 사람들이 한꺼번에 빠져 나온 것은 역이 선 이래 처음의 일이었다.

흔들리는 깃발과 만세의 물결 속에서 놀람과 호기심의 수군거림이 퍼져갔다. 듣던 대로 키가 크고 낯빛은 익은 듯 붉었다. 그러나 그보다 더욱 놀란 것은 그들의 낯선 얼굴에 한결같은 주림과 무관심의 표정 때문이었다.

정의로운 붉은 군대의 힘에 의해 일제는 패망하고 조선은 일제 식민지의 통치에서 벗어났습니다. 붉은 군대야말로 우리의 동지요, 우리를 노예 상태에서 해방시킨 명실공히 해방군입니다. 압록강을 넘어 신의주와 평양을 거쳐 이제 비로소 우리 해령 땅에 온 이들을 뜨겁게 환영합시다―.

짧은 환영식이 진행되는 동안 그들은 박수 치며 환호하는 군중들을 무표정하게 바라보거나 이를 드러내고 웃기도 했다.

환영식이 끝나고도 그들은 역시 광장에 그대로 머물러 있었다. 머리에 뜨거운 햇살을 받고 땀을 흘리는 그들에게 치안대원은 양동이에 물을 채워 날랐다. 그들은 양동이에 손을 넣어 김 오르는 머리에 끼얹거나 입안에 가득 물고 부녀자와 아이들에게 푸우, 푸우 내뿜기도 했다. 여자들이 얼굴을 싸쥐고 비명을 지르고 달아났다.

사람들은 고개를 흔들어 석연치 않은 얼굴로 뿔뿔이 흩어져 갔다. 개중에는 난생처음 보는 낫과 망치가 겹쳐 그려진 붉은 군대의 깃발을 가족에게 보여주고자 소중히 말아 쥐고 가는 사람도 있었다. 사람들은 은연중에, 전장의 포연에 찢긴 피묻은 군복과 승리자의 자랑스러운 면류관, 불리우는 그대로 시혜자로서의 넉넉함을 기대했는지도 몰랐다. 아니 그 무엇보다도 그 불안하고 어지러운 시절을 다스려갈 강한 질서를 원했다. 그러나 그들은 다만 거칠고 남루했다.

그들의 거취는 쉬이 정해지지 않는 모양이었다. 뉘엿뉘엿한 황혼 속에서 그들은 짐승처럼 웅크리고 기다리고 있었다. 귀리로 만든 검고 거친 빵을 뜯어먹거나 그것을 베개 삼아 베고 눕기도 했다. 찢긴 깃발이 어지러이 널려있는 비석거리,

그들 주위에서 떠나지 않는 것은 이제 거지들과 호기심 많은 아이들뿐이다.

밤이 되어서야 그들은 비석거리를 떠났다. 심상 소학교 건물이 숙소로 정해지고 집집마다 침구와 식량이 거두어졌다. 밥과 국을 지어 나른 아낙네들은 그들의 무서운 식성에 대해 몸서리를 쳤다.

다음날 아침, 그때까지 걸려 있었던 심상 소학교 팻말이 내려지고 대신 '해병부 주둔 소련군 부대'의 팻말이 걸리게 되었다.

(중략) 조합 창고의 일본인 수용소와 여전히 로스케들의 병영으로 쓰이는 심상 소학교. 거의 날마다 열리는 비석거리의 집회는 이제 해령의 새로운 풍물이며 풍속이었다. 부모들의 불안을 알 리 없는 아이들은 학교가 끝나고도 쉬이 집에 돌아가려 하지 않았다. 그 중에서도 아이들의 발길을 유혹하고 오래 머물게 하는 것은 로스케의 부대였다. 심상 소학교의 낮은 담에 매달려 안을 들여다보면 제법 추운 날씨에도 웃통을 벌거벗고 운동장 주위를 뛰는 로스케들을 볼 수 있었다. 가슴팍에 무성한 털과, 벗은 팔뚝에 찬 두 개 세 개씩의 시계를 자랑스럽게 쳐들어 보이는 로스케들을 보며 담밖에 매달린 아이들은 히야, 두려움과 감탄에 찬 소리를 질렀다.

그들은 언제나 무엇이든 먹고 있었다. 검은 빵을 먹고 자동차 타이어에, 비계가 허연 돼지고기를 얹어놓고 날고기를 썰어 먹었다. 익어 가는 수수대를 끊어 씹고 옥수수를 떼어 갉아 먹었다. 때문에 그들이 지나는 곳에는 어디나 흔적이 남았다. 익히지 않은 것을 예사로 먹는 그들을 가리켜 사람들은 짐승 같은 것, 거지 중의 상거지, 북쪽에서 온 야만인이라고 불렀다.

밤이면 수수밭에서 키가 구척이고 눈이 화등잔 같은 도깨비들이 돌아다닌다고 했다. 그리고 새벽 일찍 밭에 나가는 농부는 밤이슬 보얀 밭이랑에서 찢긴 옷을 추스리며 기어 나오는 여자들을 보기도 했다.

여자들은 바깥출입을 하지 못하고 날이 저물기가 무섭게 집집의 대문은 굳게 잠겨졌다.

일찍 저문 거리에는 떼지어 다니는 로스케들의 반장화 저벅거리는 소리만이 요란히 울렸다.

그들은 끊임없이 여자와 시계를 요구했고 잇사이의 반짝이는 금을 탐했다.

2. 허동현 역, 유길준, 〈중립론中立論〉,《유길준논소선》, 일조각, 1989, 13~20쪽

대개 국가의 중립에는 두 가지 방법이 있는데, 하나는 戰時中立이라 하고 다른 하나는 恒久中立이라 한다. 중립이라는 것은 萬國의 중간에 서서 諸國과 전쟁을 하지 않는 것을 이르는 것이다.

전시중립이란 무엇을 이르는 것이냐. 甲國·乙國 두 국가가 事端이 있어 서로 다투다가 무력으로 충돌하기에 이르면, 그 인근의 帝邦들이 中立令을 선포하고 군대로 수비를 엄히 하여 갑국·을국이 自國 경내에서 임의로 전쟁을 벌여 서로 승부를 겨루는 것을 허용치 않음을 이르는 것이다. 그러므로 한 나라가 약소하여 自力으로 중립의 城柵을 지킬 수 없으면, 이웃나라들이 서로 협의하여 행하기도 함으로써 자국 보호의 방책으로 삼기도 하니, 이는 바로 부득이한 형세에서 비롯된 것으로, 公法이 허용하고 있는 바이다.

항구중립이란 무엇을 이르는 것이냐. 이는 어느 한 나라가 있어, 그 영토가 각국의 요충에 위치하여 부강하였으나 후대에 와서 自守하지 못할 정도로 그 형세가 절박해져서 강국의 수중에 들어가게 되면 시국대권이 흔들리고 이웃나라에도 禍機를 미치게 되므로 여러 나라들이 協議·立約하여 그 나라를 중립국으로 만들

어 平時·戰時를 막론하고 外國軍이 그 국경에 진입하는 것을 허락치 않는 것이다. 만일 조약을 어기는 나라가 있으면, 여러 締約國이 공동으로 그 나라를 쳐서 그 죄과를 묻는 것이다.

현재 유럽 대륙의 벨기에, 불가리아 및 흑해 주변의 2~3개 섬은 혹은 중립국이거나 혹은 중립지이다. 萬國公法을 보면 自主國만이 중립권을 가질 수 있다고 하는데, 벨기에의 경우는 본래 자주국이지만 불가리아는 바로 터키에 공물을 바치는 일개 소국이며, 흑해 주변의 섬들도 주변국에 분할·예속되어 국가라고 할 수 없는 데도 중립권을 갖고 있으니, 이는 공법으로도 설명할 수 없는 바이다.

현재 우리나라는 지리적으로는 아시아의 咽喉에 위치하고 있어 마치 유럽에서의 벨기에와 같으며, 그 국제적 지위로는 중국의 貢邦이어서 불가리아와 터키의 관계와 같다. 그러나 同等之禮로 세계 각국과 조약을 체결할 권리를 불가리아는 갖고 있지 못하나 우리나라는 갖고 있다. 貢邦의 반열에 서서 외국의 책봉을 받는 일은 벨기에의 경우에는 없지만 우리나라는 이런 일이 있다. 이런 까닭에 우리나라의 體勢는 실로 벨기에와 불가리아 양국의 典禮를 겸하고 있는 것이다. 불가리아를 중립화 한 조약은 유럽의 강대국들이 러시아의 남하를 막으려고 한 계책에서 나온 것이고, 벨기에를 중립화한 조약은 유럽 강대국들 상호간의 자국보호를 위한 방책인 것이다. 이로써 논하면 우리나라가 아시아의 중립국이 되는 것이 실로 러시아를 막는 큰 계기가 될 것이며, 또한 아시아 강대국들의 相保하는 정략도 될 것이다.

대저 러시아라는 나라는 만여 리에 달하는 거칠고 추운 땅에 위치하고 있으면서 백만 명의 精兵으로 날마다 그 영토를 넓히는 데 힘쓰고 있다. 중앙아시아 지역의 작은 나라들을 회유하여 보호국으로 만들기도 하고 혹은 그 독립권을 보장하기도 하였지만, 그 盟血이 채 마르지도 않았는데 그 토지를 모두 郡縣化하고 그 인민들을 노예화하였다. 강한 나라가 약한 나라를, 큰 나라가 작은 나라를 倂吞하고자 하는 것은 본래 인간세상의 枝癢이다. 그런데 러시아는 특히 無道하기 때문에 천하가 탐욕스럽고 포악한 나라로 지목하고 있는데도, 그 虎狼之心은 오히려 더욱 왕성하여져서 그칠 줄 몰랐다. 敎徒의 일을 假托하여 터키와 전쟁을 일으켜 그 나라를 없애고 君斯坦丁堡를 근거로 하여 장차 유럽을 잠식할 기반으로 삼으려 하였다. 영국·프랑스 등 여러 나라가 함께 일어나 터키를 원조하여 그 銳鋒을 꺾고 그 계략을 저지하였다. 러시아인이 강대한 인접국과 반목할 수 없다는 것을 깨달아 마침내 그 군대를 동쪽으로 옮겨 重兵을 海蔘威에 주둔시키고 西伯利亞 철로를 가설하기에 이르렀다. 그 비용이 매우 거대하여 얻는 것이 잃는 것을 보충하지 못하니, 그 노리는 바는 智者가 아니라도 알 만한 것이다.

그러니 우리나라의 위태로움은 그 절박함이 얼마나 심한 것인가. 우리나라가 금일과 같은 형태로도 만국의 사이에서 토지와 인민을 보전할 수 있는 것은 중국이 내려 준 바인 것이다. 러시아인이 우리에게 눈독을 들여 온 지 오래되었으나 아직 감히 움직이지 못하는 것은 비록 均勢의 법칙이 저지한 바라고는 하지만, 실제로는 중국을 두려워하고 그런 것이다.

일본도 우리를 침략할 뜻이 없었던 것이 아니지만, 그 형세가 부족한 바가 있고 힘도 미치지 못함을 알기 때문에 스스로를 보전하기에도 겨를이 없으니, 어찌 감히 중국과 항쟁할 수 있겠는가. 그러므로 우리나라가 의뢰하여 나라를 보전하는 것은 중국이 돌보아 주는 데 달려 있다고 할 수 있는 것이다.

혹자는 "중국이 우리나라를 병탄하려 하지 않는다는 것을 어찌 알 수 있겠느냐"고 하지만, 이는 그렇지 않은 것이다. 진실로 중국이 병탄하려했다면 왜 고생스럽게 여러 나라와 조약을 맺도록 권유하고서 금일에 와서야 비로소 병탄하고자 하겠는가. 먼나라 사람을 대하는 중국의 道는 예로부터 지금까지 대개 寬柔함을 주로 하여, 단지 그 공물을 받고 책봉을 해주어 스스로 자치하게 할 뿐이며 나머지는 더 이상 간섭하지 않았다.

혹자는 "미국은 우리나라와 우의가 두터우니 의지하여 도움을 받을 만하다"고 하지만 그렇지 않은 것이다. 미국은 멀리 대양의 저편에 있으며 우리나라와 별로 깊은 관계도 없다. 더구나 蔓老約을 표명한 후에는 유럽이나 아시아의 일에 간섭할 수 없게 되어 설사 우리나라가 위급해지더라도 그들이 말로는 도움을 줄 수 있을지언정 군대를 동원해 구원해 줄 수는 없다. 옛 말에도 천 마디 말이 탄환 한 발과 같지 못하다고 했다. 그러므로 미국은 通商의 상대로서 친할 수 있을 뿐이며, 위급함을 구해주는 우방으로서는 믿을 바가 못된다.

그러나 중국은 우리나라와 몇천 년간 奉貢·受冊해 온 나라이며, 衣冠·文物도 모두 다 모방해 왔고, 俗尙·好惡도 서로가 비슷하거나 동일하다. 우리나라 사람들은 箕聖의 餘風을 지켜왔고, 지리적으로도 燕京의 동쪽 울타리에 해당하여 親附해 온 관계가 깊었으므로 믿고 의지해온 것이 돈독하였다. 중국이 다소 時務에는 뒤떨어졌다고 하나 이번 원병을 청했을 때의 한 가지 일만 보아도 평소의 愛好는 짐작할 수 있는 것이다.

그런데 일본은 우리나라에 대해 걸핏하면 중국을 본떠 한층 더 심하게 하니, 내륙무역과 해변 漁採 및 漢城開棧 등 여러 가지로 이미 우리나라는 그 폐해를 두루 입고 있다.

그리고 이번에 중국군이 2백 리 밖에 주둔했는데도 일본군이 멀리서 몰려와 서울로 진주하여 마치 사람이 없는 것 같이 행동하였으니, 이는 우리나라를 깔본 것 뿐만이 아니라, 거기서 그들이 방자하게 중국을 경시하고 있다는 점을 알 수 있는 것이다. 진실로 우리가 힘이 있으면 역습을 하여 그들을 모두 죽여버리지 못할 것도 아닌데, 한 마디 詰難도 하지 못하고 벌벌 떨면서 失和할 것만을 두려

위하였으니, 이는 우리나라 인민들이 自强하지 못한 데 책임이 있는 것으로, 다시 누구를 탓하겠는가.

가령 일본군이 지금 철수하여도 우리가 무턱대고 기뻐할 것이 아니며 백 년 동안 주둔한다고 해도 우리가 더 이상 근심할 일이 못된다. 왜냐하면 그들이 비록 오늘 물러가더라도 내일 다시 오고 싶으면 올 수 있기 때문이다. 그들이 오고자 한다면 어찌 구실이 없음을 근심하겠는가. 이후로부터는 비단 일본만이 그러한 것이 아니라 천하에 군대를 보유한 모든 나라들이 다 이와 같이 하려 할 것이다. 그러므로 지금 일본군이 잠시 撤兵한다 하더라도 이는 단지 눈앞의 군대가 물러갈 뿐이며, 각국이 품고 있는 胸中의 침략욕이 소멸되는 것은 아니다.

압록강과 두만강 두 강의 사이에서는 날마다 은연중에 萬國에 영향을 미치는 군대들의 각축이 그칠 때가 없다. 러시아인의 우려는 이 때문에 더욱 커지는 것이 아닌가 한다. 대저 버마나 월남 같은 나라는 그 有無가 중국과 그다지 깊은 관계가 없다. 그런데도 영국과 프랑스가 발호하는 사태가 벌어지자 중국의 聲威를 손상시켰던 것이다. 지금 러시아가 우리나라에 대해 하려고 하는 것이 또한 영국이 버마에, 프랑스가 월남에게 하려 했던 것과 같은 것이다. 가령 우리나라가 침략을 받게 되면, 중국의 환난은 이가 입술을 잃은 것 같아 더욱 위태롭게 될 터이니, 어느 겨를에 聲威를 논하겠는가.

설사 중국이 우리나라를 평소에 적국시하였다 해도 영국과 프랑스가 우리나라의 영토를 탐낸다면 오히려 피흘려 싸워서 우리나라를 保存하는 것이 스스로를 지키는 방책이라고 여겼을 것이다. 하물며 4천 년간 관계를 맺어 왔고 수백 년간 服事해 온 사이에서랴. 내란 같은 작은 문제에도 구원해 주었는데 하물며 外憂存亡의 계제임에랴.

모든 일은 미연에 방지하는 것이 최상이니, 중국은 장차 어떤 계책으로 우리나라를 보존하려 하는가. 만일 러시아인이 움직이기를 기다려 군대를 동원해 멀리서 구원한다면 先後가 이미 갈라져서 승패를 알 수 없으며, 설혹 러시아군을 국경 밖으로 내몬다 해도 병력과 비용의 소모가 커서 폐해가 매우 클 것이니 良策이라고 볼 수 없는 것이다. 군대를 미리 파견해서 우리나라 북변에 주둔시켜 러시아에 대비하려 한다면, 바로 러시아인에게 구실을 주게 되는 것이며, 일본 또한 오늘과 같은 妄動을 할 것이니, 그것은 도리어 평지풍파를 일으켜 그 화란의 단서를 재촉하는 것이 된다.

그런 즉 어떻게 하면 좋겠는가. 아마도 우리나라가 아시아의 중립국이 되는 것이 좋을 듯하다. 대저 한 나라가 自強하지 못하고 여러 나라와의 조약에 의지해 간신히 자국을 보존하고자 하는 계책도 매우 구차한 것이니 어찌 즐겨 할 바이겠는가. 그러나 국가는 자국이 형세를 아는 것이 가장 중요하니 억지로 큰소리를 치면 끝내 이로운 일이 없는 것이다. 사람은 遠慮가 없으면 반드시 近憂가 있게 되나, 나라는 小亂이 있어야 큰 업적을 세울 수 있는 것이다.

우리나라는 통상을 시작한 이후 현재에 이르기까지 無憂하다 할 수 없으며, 또한 無亂하다고도 할 수 없다. 오직 중립 한 가지만이 진실로 우리나라를 지키는 방책이지만 이를 우리가 먼저 제창할 수 없으니, 중국이 이를 맡아서 처리해 주도록 청하는 것이 좋을 듯하다. 만일 중국이 혹 일을 핑계삼아 즉시 들어주지 않으면, 오늘 청하고 내일 또 청해서, 중국이 조약의 주창자가 되어 영국·프랑스·일본·러시아 등 아시아 지역과 관계가 있는 여러 나라들이 會同하는 자리에 우리나라가 참여하여 공동으로 그 조약문을 작성하도록 요청해야 한다.

이것은 우리나라의 입장만을 생각한 것이 아니고 중국에게도 이익이며 여러 나라가 서로 보존하는 계책이기도 한데, 어찌 근심만 하면서 이를 행하지 않는가. 유럽의 大國들이 러시아의 남하정책에 맞서 자국을 보존할 계책에 급급하다가 벨기에와 불가리아 양국의 중립이 한번 제창되자 모두 동의하여 잠깐 사이에 성취되었는데, 어찌해서 아시아 지역의 대국들은 단지 우려할 줄만 알고 러시아의 남하정책을 막을 계책은 알지 못하는가.

지난 날에는 본래 그럴 기회가 없었으나 지금은 그 시기가 왔고 분위기도 무르익었다고 할 수 있다. 우리나라가 이때에 반드시 이 기회를 이용하여 중국에 청하여 중립을 달성할 수 있는 것이다. 이는 러시아인의 匈心을 우호적인 외교관계에서 가만히 제거하여 살벌한 분위기가 웃으면서 이야기하는 사이로 바뀌게 될 것이며, 중국은 군대를 쓰지 않고도 동쪽에 대한 우려를 영원히 끊을 수 있고, 우리나라는 믿음직한 長城을 얻은 것과 같아 앉아서 萬世의 이득을 얻게 되는 것이다. 그 모든 방략은 중국에 달려있을 뿐이고 우리나라가 親信할 바도 중국만한 나라가 없으니, 우리 정부가 간절하게 청하기를 바랄 뿐이다.

3. 박종혁,《해학 이기의 사상과 문학》, 아세아문화사, 1995, 171쪽

대호와 중호 두 호랑이가 서로 노려 보며 버티고 있는데, 大中兩虎見相持
중호는 도리어 소호의 도움만 바라고 있네. 中虎還望小虎助
이러다가 머뭇거려 싸울 기회를 놓친다면, 因此逗遛先機會
아마도 대호의 한 입에 먹히게 될까 두렵다. 恐爲大虎一口飱
세인들 모두가 소호를 탓하지만, 世人亦多咎小虎
나만은 중호가 기대해서는 안 될 일을 바라고 있음을 꾸짖노라. 吾責中虎望非望
대호가 비록 크다고 하나 뭐 그리 두려워 할 만한가? 大虎雖大何足畏
먼데서 오느라 피곤하여 기력도 응당 손상되었기에, 遠來疲弊力應傷

단번에 그 대가리를 잡아 뜻을 수 있으리니, 但能一擧推其頭

모피와 다리를 이리 저리 발라 내면, 皮毛脚足隨紛披

집집마다 고르게 고기를 나누고, 四家五戶均分肉

비린 피는 삼만리 동양 방방곡곡에 뿌려지리라. 腥血縱橫三萬里

아하! 중호의 오늘의 형세는, 吁嗟乎中虎今日之勢

첫째도 쉴 수 없고 둘째도 머무를 수 없으니. 可謂一不休二不住

싸우지 않으면 단지 죽음이란 한 글자만 있을 뿐이나, 不鬪只有死一字

싸우게 되면 죽음과 삶 두 길이 있도다. 鬪有死生兩條路

어찌하여 두 길을 버려 두고 한 길만을 좇으려 하는가? 如何捨此而趣彼

사신을 두었지만 관직이나 지키고 있으니 애석하고 경악스럽다. 致使看官惜且驚

그대는 보지 못했는가 동양천지 진동하는 곳, 君不見四海九州豥虎

모두가 영웅의 박수소리이던 것을. 盡是英雄的手聲

(각주 48 : 이기 〈삼호사三虎詞〉, 《유저遺緖》 권12).

이 시는 해학이 당시 노 · 일간의 각축을 보고서 러시아의 남진 위협을 염려하여 일본의 적극적인 대항을 부추긴 시다.

4. 황현, 허경진 옮김, 《매천야록》, 한양출판, 1995, 302~303쪽

평남대 병사들이 러시아 군대를 막다

평남대平南隊 병사들이 박천에서 아라사 군사를 막아 서른다섯 명의 목을 베었다. 당시에 아라사 군대는 압록강 서쪽에 있었는데, 몇 개의 진영을 옮겨 와서 왜

군을 유인했다. 또한 기이한 병법을 써서 두만강을 따라 남쪽으로 건너오거나, 청나라 비적들을 몰아 선봉으로 삼고 서북 지방의 여러 고을로 흩어져 들어왔는데, 감히 그 예봉과 부딪칠 수가 없었다.

평남 순초병巡哨兵이 갑자기 박천 들판에서 그들을 만났는데 회피할 길이 없어서 드디어 죽을 힘을 다해 싸웠다. 남녀 피난민들도 큰 소리로 외치며 관군의 세를 도왔다. 아라사 군대는 드디어 피해 달아났고, 관군은 사상자가 없었다. 이튿날 왜군이 와서 싸움터를 돌아보고,

"한국군도 또한 적을 죽였다."

라고 칭찬하면서 크게 잔치를 벌여 주고 돌아갔다.

아라사의 서북부에 가살극哥薩克(코사크족)이 있는데 그 사람들은 사납고도 악독하여 유럽 사람들이 두려워하였다. 그들은 우리나라에 와전되어, '가살극 병사들은 퇴화되지 않은 꼬리〔肉尾〕가 있으며, 사람 고기를 식량으로 삼는다'고 소문났는데, 그들이 요즘 우리 나라에 들어와 강토를 짓밟으며 남하하였다. 안주의 어느 백성이 암말을 잡아매고 편자를 박다가 갑자기 돌아다니던 아라사 병사를 만나자, 말을 미처 풀지도 못하고 달아났다. 아라사 병사들이 이 암말을 보더니 돌아가며 음란한 짓을 하였다. (이 소문을 듣고) 어떤 사람이 이렇게 말했다.

"이들이 가살극인데 성품이 가장 음탕해서, 부녀자를 만나면 늙었는지 젊었는지도 묻지 않고 문득 범한다. 숫양처럼 하루에 수십 번이나 교합하므로, 그들이 지나는 곳에는 부녀자의 그림자도 없었다."

그들은 또한 의심이 많아서, 늘 약탈하다가도 네댓 명이 모여 있는 것을 보면 침입하지 못하며, 먹을 것을 만나면 소나 말처럼 반드시 생채로 씹어 먹었다 그들은 말도 잘 타서 한번 휘파람을 불며 달리면 눈 깜짝할 사이에 십여 리를 달렸다. 용모가 비록 사납게 생겼다고는 하지만 사람을 만나도 죽이지는 않았으

며, 도리어 부드러운 빛을 보였다. 그들을 볼 때마다 이를 가는 자는 오직 왜놈뿐이었다.

이때 왜군은 황해에 퍼져 있으면서 자기 나라의 식량과 기계운반 말고는 통행하지 못하게 하였다. 그리고는 다른 배를 타고 우리 나라 사람으로 분장하여 평안도 지방을 드나들며 아라사를 정탐했는데, 아라사가 그것을 알고 엄히 수색하여 머리 깎은 자를 보면 그 자리에서 죽였다. 그래서 스님들 가운데 죽은 자가 수백 명이나 되었다. 날씨가 추워서 사람들이 방한모를 썼는데, 아라사 군사들이 사람들을 만나면 칼 끝으로 모자를 벗겨 머리를 깎았는지 아닌지를 조사하였다.

5. 범일영문화단,《한국신문사설선집》, (1995)

1909.6.10
萬人의 危害論

아력금월 二일에 쎄쎄르불그 셔빅리아인민연구위원회에서 국회뎌의소 칠리씬씨가 한쳥량국인의 흑룡 연해쥬로 류입을 방어ᄒᆞᄂᆞᆫ 방침에 대ᄒᆞ야 긔초ᄒᆞᆫ 법률을 평론ᄒᆞ야 보고ᄒᆞᆫ 대기에 히씨가 요량ᄒᆞᆫ 건디 법률긔초ᄒᆞᆫ 뜻은 한쳥량국인의 흑룡연희량쥬로 류입을 방어홈에 필요가잇서 ᄒᆞᆫ 일이 아니오 뎍확히 정부에서 다른연고를 인연홈은 황인덜에게 슈세ᄒᆞᄂᆞᆫ 돈을(집죠까) 왕년이후로 총독부에부쳐 관리를 확장ᄒᆞᄂᆞᆫ디 리용ᄒᆞ얏는 지라

총독의게 슈세ᄒᆞᄂᆞᆫ 권ᄒᆞᆫ을 금년 十月까지 부속ᄒᆞ게 ᄒᆞ야시나 정부에서는 이시로 긔초ᄒᆞᆫ 법률을 의지ᄒᆞ야 한쳥량국인에게 그 슈세홀 권리를 영원이 계속홀

쥬의일쑨이라ᄒᆞ얏시며 ᄯᅩ 정부에서 아모리 집죠쌰를 고등ᄒᆞ게ᄒᆞ야 슈세홀 지라도 한쳥량국인의 류입을 엇지 용이히 방어ᄒᆞ리오 이ᄂᆞᆫ 황인종에게 돈을 거더 황인종 류입을 방어ᄒᆞ기위ᄒᆞ야 경찰관리를 증가홀 터인즉 그관리를 원슈로 싱각ᄒᆞᄂᆞᆫ 악감정만 나게홀 지라 ᄒᆞ야시며 ᄯᅩ 히씨가 셔빅리아 ᄃᆡ의ᄉᆞ덜에게 향ᄒᆞ야 황인의ᄃᆡᄒᆞ 법률긔초흠을 반ᄃᆡ덕으로 의론을 데츌ᄒᆞ쟈 ᄒᆞ야시며 그 보고의 평론이 졍대ᄒᆞ고 ᄌᆞ셰ᄒᆞ야 즁ᄒᆞ게 알앗다ᄒᆞ며

ᄯᅩ 칠리씬씨가 말ᄒᆞ기를 진실히 황인의 위히를 방어홀 방침은 류리ᄒᆞᄂᆞᆫ 황인과 본방 인민간에 로동경졍이니 각 관부역쟝이 각 회ᄉᆞ역ᄉᆞ에ᄂᆞᆫ 한쳥량국인은 금지ᄒᆞᄂᆞᆫ 법안을 결뎡ᄒᆞᄂᆞᆫ 것이 가ᄒᆞ다ᄒᆞ야 히보고원이 국회 지졍위원회 여러 동지同志회원의게 인도홈을 힘닙어 히ᄉᆞ건으로 군부에 문의흔즉 군부협판 쏠리와노프씨가 말ᄒᆞ기를 지금 극동형편이 군ᄉᆞ샹 건츅ᄉᆞ건에 대ᄒᆞ야 五긔년은 황인의 로동쟈를 고용치 아니ᄒᆞ고ᄂᆞᆫ 홀 슈 업ᄂᆞᆫ 일이라 ᄒᆞ즉 위원회에서 다시 히협판에게 三긔년후에 군ᄉᆞ샹 건츅에 황인 로동쟈 금지ᄒᆞ기를 열어번 쳥ᄒᆞ야시나 군부에서 응죵치 아니ᄒᆞᄂᆞᆫ 고로 히문뎨를 치용치 못ᄒᆞ엿다ᄒᆞ며

칠리씬 씨의 의견이 그려케 관부로동과 용달과 공급을금지ᄒᆞᄂᆞᆫ 것이 필요ᄒᆞ다 홈은 남이 질시ᄒᆞᄂᆞᆫ 류입방어의 법안을 데츌ᄒᆞᄂᆞᆫ 것은 결코 불가라홀 지라 엇지 그런고 ᄒᆞ니 관부 역ᄉᆞ에만 황인의 로동을 금지ᄒᆞ고 보면 류입은 별로 방어치아니 ᄒᆞ더라도 다만 경쟉홀 농부와 금광역부에서 지나지 아니홀 지라 자연방어가 된다ᄒᆞ여시며 그보고에 ᄃᆡ하야 흑룡연히 마병ᄃᆡ표 국회 ᄃᆡ의ᄉᆞ만쪼프씨ᄂᆞᆫ 변론ᄒᆞ기를 아쳥량국 경계가 런졉ᄒᆞ야 본쥬 마병덜과 쳥인의 교의가 수십년래로 돈목ᄒᆞ여 오거늘 경찰관리를 증가ᄒᆞ야 그 친목을 파렬코져 홈은 누가원ᄒᆞᄂᆞᆫ바 인요 알슈업다ᄒᆞ야시며 연히쥬 국회 ᄃᆡ의ᄉᆞ 실로씨ᄂᆞᆫ 려셩ᄒᆞ야 말ᄒᆞ기를 한쳥량국인을 관부역ᄉᆞ에ᄂᆞᆫ 금지ᄒᆞ되 농디를 조셰ᄒᆞ고 경쟉ᄒᆞᄂᆞᆫ것은 금ᄒᆞ지 아니ᄒᆞ

는 것이 가ᄒᆞ다 ᄒᆞ야시며 시종 아쎄뷰ᄆ씨는 말ᄒᆞ기를 황인 비쳑은 미국에셔도 ᄒᆞ는 것인즉 공연ᄒᆞᆫ 문뎨가 아니니 본디방으로 돌니는 것이 가ᄒᆞ다ᄒᆞ얏고 칠리찐 씨가 다시 이문뎨를 연희쥬에 뎨五회 쥬회州會를 긔ᄒᆞ고 결뎡ᄒᆞ는 것이 가ᄒᆞ다고 쳥구ᄒᆞ야시나 밤이 깁프도록 분쟁 ᄒᆞ다가 회집ᄒᆞ얏던 디의ᄉᆞ덜이 결뎡ᄒᆞ기를 황인 문뎨에 디ᄒᆡ야 국회에 뎨출ᄒᆞ기로 ᄒᆞ얏다ᄒᆞ며 이 보고를 탐보ᄒᆞᆫ 통신원이 가셕히 녁이는 것은 칠리찐 씨가 그러케 ᄌᆞ셰히 보고ᄒᆞ면서 황인방어에대ᄒᆞ야 긔초ᄒᆞᆫ 법률이 결뎡되는 날에는 극동에 아국 외교의 형세가 곤난을 당ᄒᆞᆯ 것은 알지못ᄒᆞᆫ지라 일간에 다시들은즉 칠리찐 씨가 열어회원덜과 ᄉᆞ담으로 일본사ᄅᆞᆷ에게도 류입의 졔한을 뎡ᄒᆞ는 것이 가ᄒᆞ다ᄒᆞ야 지졍 위원회에서 다시 의론이 업ᄉᆞᆫ것을 가탄이 녁이노라 ᄒᆞ야시며 ᄯᅩ 통신원이 말ᄒᆞ기를 가이 확실ᄒᆞᆫ 말을 들은즉 외부에셔는 황인법률의 안에 디ᄒᆞ야 뎌항ᄒᆞ얏다ᄒᆞ나 졍부에서 一九〇四년젼부터 외교가에서 ᄒᆞᆯ ᄎᆡᆨ임을 외부 밧게셔도 ᄒᆞ는 일이 만이되더라 ᄒᆞ얏더라

　본긔쟈 이상 황인을 방어ᄒᆞ는 방침에 대ᄒᆞ야 어리셕은 의견 두어가지를 딘슐ᄒᆞ건디

　대기 인세를밧는 일관에 디ᄒᆞ야는 만국에 디ᄒᆞ야 헐ᄒᆞ게 ᄒᆞ는 일을 유독 한쳥 량국인의게 과다히 수봉ᄒᆞ는 것은 불공평 ᄒᆞ다ᄒᆞ야 한 쳥량국인은 언졔던지 억울ᄒᆞᆫ 마음을 포함 ᄒᆞᆯ터이며 ᄯᅩ 동일ᄒᆞᆫ 황인인디 방어방침에는 다만 한쳥 량국인만 거론ᄒᆞ고 일본인의게는 밋지도 아니ᄒᆞ니 실로 한쳥량국인을 방어ᄒᆞᆷ이오 황인을 방어코져ᄒᆞᆷ은 아니라 이는 한쳥량국인으로 불평ᄒᆞᆫ 심ᄉᆞ를 포함케 ᄒᆞᆷ이오 ᄯᅩ 특별히 한국사ᄅᆞᆷ 의게 디ᄒᆞ야는 좌긔ᄒᆞᆫ 세가지 방면으로 헤아려 볼진디 결코 방어가 업슬줄로 아는 것은 一은 리익샹 방면으로 말ᄒᆞᆯ 진대 한인이 이나라에 들어온 쟈가 몃만명이라 ᄒᆞ지만은 셩업은 각 금광과 텰도의 로동ᄒᆞᆷ과 토디를 경작ᄒᆞ는디셔 지나지 못ᄒᆞ고 다른나라 사ᄅᆞᆷ 과 ᄀᆞᆺ치 상업을 확장ᄒᆞ며 공쟝을 ᄎᆡᆨ

슈흠은 젼무홀뿐더러 또 다른나라 사룸과 ᄀᆞ치 의복음식품을 자긔 나라에셔 가져오는 일이 업고 다 이나라의 물품을 슈용훈 즉 이나라에셔 엇은 돈은 도로 이나라에셔 허비ᄒᆞ야 지금ᄭᆞ지 남은것은 다만 젹슈공권 뿐이라 그런즉 이나라의 리익뿐이오 한인의 리익될것은 업스며

一은 졍치샹 방면으로 말홀 진ᄃᆡ 훈번 동을 도라보아 강포훈 나라를 억졔ᄒᆞ며 쇠약훈 나라를 붓들어 동양의 평화를 유지ᄒᆞ며 만국의 리익을 균뎜케 ᄒᆞ고져홀 지면 죠만간 동으로 일이 이슬터 즉 그 ᄯᅢ에는 이나라를 ᄯᅡ라 죽는 것을 도라보지 안코 열심으로 젼쟝에 죵ᄉᆞ홀 한인이 몃만명이 될 것은 확연훈 리치라 지금 비쳑ᄒᆞ지 안코 둘디경이면 은근히 졍병을 양셩홈에셔 다름이 업슬터이며

一은 도덕샹 방면으로 말홀 진ᄃᆡ ᄉᆞ면으로 쇽박ᄒᆞ야 갈곳이 업고 만가지 학졍에 살길이 업셔 독소의 독을 피ᄒᆞ며 호랑의 입을 피ᄒᆞ야 오직훈길뿐 되는 이곳으로 들어오는 불샹훈 민족을 비쳑ᄒᆞ면 진퇴유곡의 참샹을 면치못ᄒᆞ고 진멸을 당훌 터이니 대자 대비훈 하ᄂᆞ님의 교를 슝봉ᄒᆞ는 나라에셔 훈 번 구휼을 베풀만ᄒᆞ도다 이외에 여러가지 방면으로 말홀지라도 한인을 비쳑홈에 히는이스되 리는 업슬뿐더러 한인이 무삼 이나라를 져바릴 일이이스리오 당국졔공의 훈 번 깁히 싱각홀 일이라ᄒᆞ노라

□ 대일관

1. 최제우, 〈안심가〉 제5절 (《용담유사》 소재)

가련하다 가련하다, 우리 나라의 운수가 가련하다. 임진왜란이 일어난 지 몇 해나 되었는가? 240년이 아닌가. 십이제국의 괴질 운수 다시 개벽될 조짐이 아닐런가? 요순성세堯舜盛世가 다시 와서 국태민안國泰民安되지마는, 기험하다 기험하다, 우리 나라 운수 기험하다.

개 같은 왜적놈아 너희 신명 돌아보라. 너희 역시 이 땅에 내려와서 무슨 은덕이 있었던고. 전세 임진년 그때에 오성鰲城과 한음漢陰이 없었다면, 옥새 보존 누가 했겠는가. 우리나라 명현名賢 다시 없구나. 나도 또한 한울님께 명을 받들어 옥새 보존할 것이네.

무병지란無兵之亂 지난 후에 살아남는 인생들은 한울님께서 복록福祿을 정해주실 것이니, 수명壽命일랑은 나에게 비네. 우리나라 무슨 운수 그다지도 기험할꼬.

거룩한 내 집 부녀 자세히 보고 안심하시오. 개같은 왜적놈들이 전세 임진년에 우리 나라를 침략하여 못된 짓을 많이 했기 때문에, 벌을 받아 숟가락 쓰는 문명을 한울님으로부터 받지 못했다. 그래서 쇠로 만든 숟가락을 쓰지 못한다는 것을 세상 사람들 누가 알 것인가. 그것 역시 원수로다.

만고 충신 금덕령金德齡이 그때 아직 살아 있었다면, 이런 일이 왜 있었을까? 소인들의 참소讒訴가 기험하다. 불과 석 달이면 끝마칠 것을 팔 년이나 걸린 것은 무슨 일인가?

나도 또한 신선으로 이런 풍진風塵 무슨 일인고. 나도 또한 한울님께 신선神仙이라고 명을 받았어도, 이런 고생 다시 없다. 세상 사람들의 음해陰害 많고도 많구나.

내 집 부녀 기장하다. 내가 또한 신선이 되어 하늘로 날아 올라 간다고 하여도, 개같은 왜적놈을 한울님으로부터 조화를 받아 하룻밤 사이에 멸망시키고, 그 멸망시킨 사적史蹟을 후세로 무궁하게 전할 것이다.

대보단大報壇에 맹세하고, 한이汗夷 원수 갚아보세. 중수重修한 한이 비각碑閣 헐어버리고 나니 초개草芥와 같고, 부수어 버리고 나니 산산조각이구나.

이러한 걱정 모르고서, 요악한 세상 사람들 누구를 대하여 이러한 말을 하는가? 우리 선조를 기리는 공덕비公德碑가 험천險川 땅에 높이 세워져 있으니, 만고유전萬古遺傳하여 보세. 송백松柏같은 이 내 절개 금석金石으로 세울 줄을 세상 사람들 누가 알 것인가?

애달프다. 저 인물들이 누구를 대하여 저렇듯 말들을 하는가? 한울님께서 내 몸 내시어 우리 나라 운수를 보전하네.

주해: 수운은 여기에서 '쇠순가락을 사용할 줄도 모르는' 일본에 대한 적개심과 임진왜란에 버금가는 재침에 대한 불안 심리를 나타내는 동시에 명나라에 대한 충성심과 같은 성리학적 의식의 일단을 보여주기도 한다. 성리학의 보편화와 임진왜란의 경험으로 일본인들을 이적시하는 화이관은 수운과 같은 잔반층을 매개로 해서 민중 사이에 깊이 스며들어 반일 의식의 한 밑바탕을 이루기도 했다.

1879년 4月 27日(庚午) 日本公使花房義質 이 禮朝에서 館所로 돌아가는 途中에 投石하는 사람이 있었다. 花房 公使는 禮曹判書 沈舜澤에게 書契로써 이 事實을 알리자 伴接官 洪祐昌으로 하여금 해명케 하는 동시에 禁止條項을 坊曲에 揭示토록 하다. (伴接使洪祐昌問答 倭使入天然亭問情記己卯年 4月 28日)

주해: 서울에서 주재하게 된 하나부사 대사에게 투석전을 벌였던 백성들은 그 당시 민중의 대일 인식의 형태를 정확하게 보여주는 것이었다.

東學黨揭榜 夫倭洋之如犬羊, 我東邦三千里, 雖五尺之童, 莫不知之, 莫不察焉, 奈之何 以巡相之老成且明察, 反斥我斥倭洋者爲邪類, 則臣伏於犬羊者爲正類乎, 以擊倭洋之士, 罪之以捉囚, 則主和而賣國者, 受上賞乎, 嗚呼痛哉, 運耶命耶, 豈以吾巡相之明, 有此不 燭之甚耶, 揭此通衢者, 恐或迷惑者之臣僕於倭洋, 以順官令也 – 聚語,〈동학난기록〉

주해: 동학의 이 격문은, 대원군의 '주화 즉 매국론'이나 위정척사파의 '척왜척양론'의 논리와 거의 그대로 상통한다. 적대적인 대일 인식이라는 측면에서는, 대원군이나 척사론자, 그리고 대다수 민중의 민심을 대변했던 동학들은 큰 차이를 보이지 않았다.

夫以日本民言之則磅礴 鬱結之外交思想을 卽於一二事에 槪見矣로다. 四十年前美國 一軍艦이 始到日本而不過一測量海岸者耳라. 然而 擧國이 無論爲男爲女爲軍爲民ᄒᆞ고 莫 不瞋目切齒ᄒᆞ야 風起水湧에 畢竟은 倡破壞之主義ᄒᆞ야 成維新之大業ᄒᆞ며 甲午之役에 俄德法三國이 逼日本還遼於淸國而不過以其奪取於人者로 還其原主者耳라. 然而 擧國이 無論爲男爲女爲軍爲民ᄒᆞ고 莫不攘臂扼腕ᄒᆞ야 畢竟은 擴張! 巨大之軍備ᄒᆞ고 獲有滿洲 之勝利ᄒᆞ며 年前 日俄和約之成은 卽因局勢之不得已者而不過未經民議之咎耳라. 然而 擧 國이 無論爲男爲女爲軍爲民ᄒᆞ고 疾首痛心에 大起騷擾ᄒᆞ야 僅以政府之誘解而止焉ᄒᆞ니 其止焉者는 將來控轄東亞之策이 知有大於今日之激爭也라. 日本民之思想은 何以得此오 卽使韓國之民으로 易之則其能乎否아." – 金喜成, '論外交上經驗的歷史', –〈대한협회 회보〉, 1908년 11월.

주해: 이 글이 1900년대 후반기 온건 계몽주의자들의 일본관을 잘 대변한다. 일본의 '남녀군민'이 '하나가 되어 외국인의 모욕을 막아 외국을 이기는' 것, 삼국 간섭의 치욕 이후에 '전국이 일체가 되어' 결국 러일 전쟁에서 '설욕'을 한 것 등은 '한국 미래를 위한 전범'으로 제시된다. 즉, 일본 식의 총동원적 권위주의가 매력적인 모델로 보이는 것이다.

■ 찾아보기

〈대한매일신보〉 27, 233
〈독립신문獨立新聞〉 25, 36, 87, 232
〈멸국신법론〉 27, 28
〈중립론〉 108, 167
〈한성순보漢城旬報〉 22, 81, 82, 104, 143
〈한성주보漢城周報〉 23, 81, 82, 83, 85, 106, 143
6·25전쟁(한국전쟁) 56, 57, 98, 124, 175, 182, 214, 227, 229, 246, 251
《북학의北學議》 177
《열하일기》 162, 177
《윤치호일기》 24, 35, 167, 168
《조선책략》 81, 102, 107, 110, 111, 130
《천일책千一策》 87

【ㄱ】

갑신정변 37, 114, 125, 128, 145, 167, 180, 196, 216, 241, 271
갑오경장(갑오개혁) 180, 196, 216, 241, 245, 271, 273
개화파 25, 26, 27, 30, 60, 62, 63, 70, 72, 73, 74, 112, 146, 150, 232, 241
고종 54, 71, 72, 87, 90, 104, 110, 112, 113, 114, 124, 125, 127, 130, 131, 132, 145, 150, 166, 167, 168, 196, 209, 271, 274
공로증恐露症 97, 101, 102, 103, 104, 107, 108
공산주의 92, 137
광무개혁 125, 127, 271, 273
국민국가 37, 59, 60, 61, 73, 126, 127, 136, 150, 151, 180, 194, 196, 197, 198, 240, 241, 243, 248, 249, 260, 261, 263, 272
군국주의 139
급진 개화파 166, 169, 170, 180, 181, 196, 271
기독교 37, 64, 73, 169, 193, 196, 259
김구 92
김규식金奎植 40, 41, 170, 171

김기수金綺秀 103
김옥균金玉均 112, 198, 241
김윤식 181, 193, 208
김홍집 102, 104

【ㄴ】

나선정벌羅禪征伐 99
남종삼南鍾三 101
네오콘 20, 43, 61, 139, 154

【ㄷ】

대륙 세력 115, 123
대한제국 98, 132
독립협회 74, 127, 128, 150, 193, 211, 272
동북공정 182, 184, 213, 214
등소평鄧小平 184, 215, 217

【ㄹ】

러시아혁명 40, 92, 154
러일전쟁 90, 96, 97, 98, 125, 130, 132, 148, 151, 153, 226, 227

【ㅁ】

메이지 유신 125, 165, 180, 232, 272
모택동毛澤東 172, 173, 184

문화혁명 184, 185, 199
민씨 척족 71, 72, 114, 124, 196, 209
민영익閔泳翊 113, 140, 210
민영환閔泳煥 72, 87, 88, 96, 114
민족주의 136, 137, 139, 140, 155, 200, 201, 214, 242, 243, 248

【ㅂ】

박영효朴泳孝 37, 38, 112
박은식 64
박정희 171, 184, 215, 216, 217, 230, 270, 272
박제가朴齊家 177, 178
박지원朴趾源 161, 162, 163, 164, 171, 177
박헌영朴憲永 40, 41
방북러동맹 85
방아론防俄論 102, 107, 110
버린게임 사절단A. Burlingame Mission 144
베베르Veber, Karl Ivanovich 113, 129
베트남전쟁 43, 154, 227, 242
부국강병 73
부라쿠部落 246, 247
북학파 161, 164, 177, 178

【ㅅ】

사회진화론 21, 28, 29, 34, 39, 40, 53, 54, 63, 64, 169, 211
삼국 간섭 97, 114, 116, 125

서구 중심주의 166
서재필徐載弼 25, 38, 73, 74, 87, 150, 166, 197, 232
소중화주의 207
수정주의 사관 58, 264
스탈린주의 92, 93
신채호申采浩 27, 28, 64

【ㅇ】

아라사俄羅斯 99, 100, 108
아시아 연대론 104, 111
안중근安重根 90
안창호安昌浩 92, 170, 229
애민사상 70
약육강식론 21, 39, 47
양계초梁啓超 27, 28, 29, 30, 39, 43, 170, 217
양무운동 125, 164, 165, 180, 183, 196
어윤중魚允中 165, 198, 241
오리엔탈리즘 25, 170, 171, 172, 176
온건 개화파 164, 165, 166, 180, 181, 192, 196, 197, 198, 208, 209, 210, 271
원세개袁世凱 125, 167, 207, 209, 210
유교 70, 74, 197
유길준兪吉濬 24, 34, 74, 108, 110, 114, 141, 167, 198, 210
윤치호尹致昊 24, 34, 63, 73, 74, 87, 96, 114, 141, 166, 167, 168, 169, 170, 171, 193, 235
이광수李光洙 22

이기李沂 90
이라크 19, 20, 42, 43, 60, 61, 68, 135, 136, 154, 163, 194, 228, 242, 270
이승만 38, 73, 150, 197, 229, 232, 246
이와쿠라 사절단Iwakura Mission 144, 145
이완용 141
이용익 87, 131
이최응李最應 107
인아引俄(책) 87, 113, 114, 124, 125, 209
인종주의 168, 169, 170
임오군란 43, 47, 112, 124, 167, 181, 214

【ㅈ】

제국주의 20, 21, 22, 28, 29, 30, 39, 41, 48, 56, 61, 150, 242, 243
조사시찰단 108, 144, 145, 241

【ㅊ】

차르 체제 124, 125, 126, 127, 196
천황(제) 126, 196, 225, 235, 239, 250
청 162, 163, 166, 177, 209, 233
청일전쟁 97, 165, 166, 210

【ㅎ】

한규직韓圭稷 113
해양 세력 115, 123

홍대용洪大容 99
화이사상 99
황인종연대론 62, 63

열강의 소용돌이에서 살아남기

- 2005년 5월 30일 초판 1쇄 발행
- 2008년 11월 3일 초판 6쇄 발행
- 글쓴이　　　　박노자 · 허동현
- 펴낸이　　　　박혜숙
- 편집인　　　　백승종
- 영업 및 제작　변재원
- 인쇄　　　　　백왕인쇄
- 제본　　　　　정민제본
- 종이　　　　　화인페이퍼
- 펴낸곳　　　도서출판 푸른역사
　　　　　　우 110-040 서울시 종로구 통의동 82
　　　　　　전화: 02)720 - 8921(편집부) 02)720 - 8920(영업부)
　　　　　　팩스: 02)720 - 9887
　　　　　　E-Mail: bhistory@hanmail.net
　　　　　　등록: 1997년 2월 14일 제13-483호

ⓒ 박노자 · 허동현, 2008
ISBN　978-89-91510-04-3　03900

· 잘못 만들어진 책은 교환해드립니다.